U0945123

如何让老公宠你一辈子

（修订版）

李 红◎编著

时事出版社

图书在版编目(CIP)数据

如何让老公宠你一辈子 / 李红 编著. —北京:时事出版社,2008.1

ISBN 978-7-80232-139-7

Ⅰ.如… Ⅱ.李… Ⅲ.婚姻—通俗读物 Ⅳ.C913.13-49

中国版本图书馆 CIP 数据核字(2007)第 197326 号

如何让老公宠你一辈子 (修订版)

出版发行:时事出版社
地　　址:北京市海淀区万寿寺甲 2 号
邮　　编:100081
发行热线:(010)88547590　88547591
读者服务部:(010)88547595
传　　真:(010)68418647
电子邮箱:shishichubanshe@sina.com
网　　址:www.shishishe.com
印　　刷:北京京安印刷厂

开本:880×1230　1/32　印张:8　字数:180 千字
2008 年 9 月第 2 版　2008 年 9 月第 5 次印刷
定价:28.00 元

前 言

QIANYAN

男人以世界为家，女人以家为世界。

每一个女人都想有个温暖、稳定的家，都想让自己心爱的老公宠自己一辈子、疼爱一辈子，都想让老公一辈子也跑不出自己的手掌心。可是，滚滚红尘之间，男人说：人生来去匆匆，为何要辜负了眼前的良辰美景？男人的现实，让很多女人觉得他们是如此残酷无情。

于是，有人说：女人的痴情是一辈子，男人的痴情往往就那一阵子。其实不然。男人都像孩子，需要女人的疼爱和引导；好女人就像是一所学校，可以培养出最优秀的毕业生。

并且，我们要记住：在这所学校里，妻子们培养好丈夫都是自产自销，没有男人能自学成材。男人能否对妻子痴情一辈子，女人能否让老公宠一辈子、疼爱一辈子，主动权其实完全在于自己。

那么，那些好命的幸福女人，是如何施展招数，让老公宠一辈子、疼爱一辈子的呢？她们施展了什么样的魔法，一辈子将老公握在自己的手掌心呢？

婚姻家庭问题专家说：婚姻是一个需要不断呵护、建设、更新，需要付出耐心、资源和技能的过程。

聪明贤惠的妻子往往会在生活中使用一些技巧，给婚姻加点佐料。不论是酸的、甜的还是咸的，使得婚姻的味道总是合老公的口味。当婚姻这碗米粥有点凉的时候，你可以给它加点火，升升温；淡了，你也可以动用恋爱时的小智慧，摇晃摇晃手中的五味瓶，给它加点料。

备受老公宠爱的妻子懂得感恩，能够享受生活的细节。感恩让我们学会爱和被爱，给我们带来爱和被爱的快乐，而这恰恰是充实我们的最大财富，它像清澈的湖水一样盈溢在我们内心。没有哪个内心干瘪的女人会招人喜欢。相反，让人爱不释手、难以割舍的，恰巧是那些内心世界泉流淙淙、绿野芳菲的女人。

但偶尔给心爱的男人投点小暗器，倒也是一段美好的记忆。比如小性情、小花招、小眼泪、小温柔……迷幻得像一本小人儿书。

做人，做女人，做个让老公宠你一辈子的好命女人，看似简单，实则是一门很深的学问，其过程漫长而曲折。但只要你按照本书介绍的方法，生活中常常花点心思、耍点“小手段”，恐怕想不让他对你乖乖就范、宠爱备至都难哦！

希望天下的夫妻都够相互理解，互敬互爱！

祝愿天下所有的男人、女人都快乐幸福！

祝福天下所有的婚姻都合合美美，幸福百年。

目录

MULU

一、会爱，更要会哄——让老公宠你一辈子，就要懂他

（一）读懂老公

男人和女人一旦生活在一起，就以为已经了解了对方，其实他们都忽视了这样一个真理：自己最熟悉的事物，往往是最不了解的。女人总说：男人不懂女人心。可有时候，女人不也常常忽略了男人的感受？女人都把男人当作靠山，当作一生的支柱，当作可以依赖的港湾。在男人面前，她们肆意地宣泄着情感，她们哭、她们笑、她们闹……她们总以为男人是坚强如盾的，男人的脆弱她们从来不屑，男人的娇柔也常遭耻笑，但往往最刚强的人也会有最脆弱的一面。同样是肉体凡胎，男人也与女人一样，有着各种情感。他们也想笑，也想哭，也想发泄，也想找个臂膀靠靠。作为女人，你是否明白这一点？想让一个男人宠你一辈子，就要懂他。

（二）赞美老公

男人需要赞赏，因为这种赞赏能直接唤醒其男性的一面，给他最大程度的满足。要懂得赞美他的优点，因为人总是喜欢奉承的，即使明知对方讲的是奉承话，心中还是免不了会沾沾自喜，这是人性的弱点。换句话说，一个人受到别人的夸赞，决不会觉得厌恶，除非对方说的太离谱了。但要记住，赞美的话语一定要出自真心诚意，言之有物，要让人乐于相信和接受，不能像把傻孩子说成天才一样离谱。否则，这种虚情假意的赞美只会被男人认为是阿谀奉承。

（三）感激老公

男人必须懂得，女人渴望倾吐；女人也必须明白，男人需要感激。想让男人发自内心地疼你，就要感激他的付出，懂得感恩。这样一来，因为感觉付出得到了回报，就会做得更好。感激是一剂“强心剂”，使男人浑身充满力量，产生更大的动力，也更加尊重他的伴侣。

（四）理解老公

男女分工不同，社会赋予男人的定义是强者。男人在社会中拼搏，也许会“鲜血淋淋”，回到家需要有一个精神上的彻底放松，让女人用温柔和爱为他疗伤。要让他觉得：“不管我在外面多么失败，至少回家后我会感觉拥有你就拥有了一切，我就是最幸福的男人！”

（五）让老公宠你就要顺老公的心

男人都喜欢女人明事理，只要他觉得你识大体，你说的话在他心里就会很有份量。所以，聪明的妻子总是会在爱人面前扮演着不同的角色。当爱人不开心时，她可以像个大姐姐般地去安慰他，直到他的嘴角露出几许笑容；当爱人生病时，又像母亲一样把他抱在怀里轻轻拍打他双肩，并给他煲上一锅好汤，让他暖暖的；当自己委屈时，又会像个小孩子般在爱人面前哭泣，以博取他的呵护和安慰。男人其实都像孩子，需要女人的疼爱和引导。好女人就像是一所学校，可以培养出最优秀的"毕业生"。

二、老婆一流泪，老公就投降
——男人最见不得的是女人的眼泪

（一）眼泪是女人最柔韧的武器

女人倘若哭起来，就如同那"梨花一支春带雨"。泪水像鞭子一样抽打着男人的心，令铁石心肠也化为寸断肝肠。一个女人，什么都可以不会，甚至可以不会笑，但不能不会哭。这种武器对付男人尤其有效，因为眼泪是一种示弱的表现——我委屈、我可怜、我受了伤——任何男人都会对这样的女人产生保护的欲望。

(二)能哭,更要会哭

在婚姻里,会“哭”的女人绝大多数都是幸福的。“眼泪是女人最厉害的武器”。女人是感性的,女人是爱哭的。高兴时哭,悲伤时更要哭;激动时哭,气愤时更哭得难以控制。据说曾经有人做过计算,说女人一生中所流出眼泪的重量甚至超过了自己的体重。女人哭起来是会让旁观者心疼的,更会令爱她的男人手足无措。会“哭”的女人是聪明的,懂得在何时何地该以何种方式“哭”的女人,往往是战无不胜的。

三、会撒娇的老婆最可爱
——男人在“娇”女人面前没有办法

(一)撒娇才会显得自己很女人

薄怨微嗔是撒娇,刁蛮任性是撒娇,忸怩作态是撒娇,泪眼含愁是撒娇……女人撒娇的时候总显得很“女人”,而男人在女人撒娇的时候,不自觉地会更像个爷们。他们常常觉得自己臂里怀中撒着娇的女人是纤弱的、淘气的、无助的,不满足一下、疼爱一下,实在有点说不过去。

(二)撒娇不撒野

每个女人都曾经或正在被男人当成宝贝宠着,只是很多女人不懂得男人的累,认为男人天生就要包容女人,甚至恃宠生娇。一旦男人一不小心忽略了自己,便开始无事生非,撒娇闹小脾气之余,甚至开始发展成了撒野、撒泼。然而,男人常常不懂得女人撒野是希望他来哄,他们只会认为你不够温柔、不够体贴。面对一个整天发脾气的女人,男人只有一个想法,那就是逃离。

(三)“娇”女人最容易得到满足

撒娇,是女人迷惑异性的高明手段,会撒娇的女人一旦撒娇撒到男人的“死穴”,也就打中了男人心坎里的弱点。这时,就算要男人去死,男人也会带着微笑和满足的表情“从容就义”,在所不辞。

（四）撒娇小技巧让老公疼你一辈子

撒娇的必杀绝招，就是身段要温柔似水，声音要娇嗲、甜如蜜糖，“这个我不会呦，你可以教我吗？”“你一下就搞定了，真厉害耶！”女人爱听甜言蜜语，男人同样如此。适度地对男人散发出崇拜与需要的眼光，或是半开玩笑地说“唉唷，你好讨厌喔”，绝对让身边的男人全都融化……婚姻是讲究艺术的，聪明的妻子常常会用一些小技巧，让丈夫死心塌地地去爱自己。

四、做个聪明的“笨”老婆
——“示弱”能让老公处处让着你

（一）爱他，你就不妨装装傻

男人是种很单纯的动物，对于温柔娇弱的女人容易生起保护与怜爱之心。所以，千万别忘了善用女人与生俱来的本钱——装得“傻”一点、“弱”一点，绝对让男人无力招架！

（二）男人更爱“笨”老婆

男人往往希望陪在自己身边的是一个绝对安全的女人，而不是一个处处显得自己聪明的女人，即使她真的非常爱他，也会让老公心生反感。因此，一个真正聪明的老婆是应该知道怎样让自己适当地“笨”一点的。

五、用温柔征服老公的心
——哪个男人骨子里不怜香惜玉

(一)女人的温柔,男人最怕也最爱

男人与女人之间有一种生理磁性:刚与柔、阳与阴。女人的温柔越突出,对阳刚之力的吸引就越大。温柔中如有几分“羞涩”,则更动人,“一个女人的脸红胜过一大片情话”,古代哲学家老子说:“天下之至柔,驰骋天下之至坚。”所谓“以柔克刚”就是这个意思。在婚姻生活里,温柔的女人往往是家庭局面的控制者,是不败的战士。

(二)做个“爱情”的女人

常常发生这样的事:数年的感情敌不过一夜的诱惑,“一起打拼”在“不劳而获”面前丢盔卸甲。情感热线也时时传来男人的声音,爱情不再是美好的信念,就像换个包包一样轻易遭遗弃。任何时候,懂得坚守爱情的女子必定有一颗火热的心,有藤蔓一样柔韧的性格。这样的女人才会令男人念念不忘、痴心不改。

(三)做个会“笑”的女人

有一句歌词叫做“一见你就笑”。笑是人类共同的语言,人们互相微笑致意是友好的表示。总是面带笑容的女人是快乐的,总是面带微笑的女人往往也能带给别人快乐。甜甜的微笑也是女人非常厉害的一种武器,“回头一笑百媚生”,在这一笑里融化了多少英雄豪杰。一笑倾城,你说这笑厉害不厉害?在婚姻里脸上总挂着甜甜微笑的女人,在矛盾和冲突发生时,总是不战而胜的。

(四)几种行为要不得

也许你不知道恐怖电影大师WES CRAVEN,但你一定对他拍的那部提起名字就不禁要尖叫的《夺命狂呼(SCREAM)》记忆犹新。把女人吓哭不过是男人的伪装,其实有些男人心底怕女人怕到四肢发凉、浑身筛糠……男人喜欢女人不假,但有几种女人他们不喜欢,甚至会让他们逃之夭夭,你可千万不要是其中的任何一种。

六、美、媚、眉
——让老公欲罢不能的“女人味”

（一）可以不漂亮，但不能没有女人味

一般来说，漂亮的女人不一定有女人味，但有女人味的女人一定会流露出夺人心魄的美。那种伴着迷人眼神的嫣然巧笑、吐气若兰的燕语莺声、轻风拂柳一样飘然的步态，再加上细腻的情感、纯真的神情，都会让一个长相并不炫目的女子溢出醉人的娴静之味、淑然之气，置身其中，暗香浮动，女人看了嫉妒，男人看了心醉。

（二）有一颗永远的爱美之心

长相丑与美没关系，但你要以一个美丽女人的姿态陪伴在他身旁。请记住：不管你老到什么程度，都要学会对着镜子穿衣打扮自己，而且要懂得穿衣的法则。自己的睡衣、内衣更要讲究，因为外衣是给别人看的，而睡衣、内衣可是专门给自己的老公看的哦。经常打扮自己，你会传递给他对生活积极的讯号：有这么热爱生活的妻子，又有谁能够不满足呢？此外，经常以光鲜的一面出现，也会给自己增加很多的自信，而女人是会越自信越美丽的，你这种美丽会让他尽收眼底。想抓住一个男人的心，就要给他奉献出一顿视觉宴飨，并且每天都“上菜”。

（三）做一个“媚”女人

假如女人不想让老公被“狐狸精”给迷走，就要自己学会各方面的媚术，自

己做老公心目中的“小妖精”，把他迷得神魂颠倒。只要多一点点勇气，生活里处处可以找到爱情的惊喜。要知道该如何眉眼含春、嘴角带笑，才能让男人忍不住向你靠近。但是，聪明的妻子千万不能失去自我，必须自信，要做到媚而不俗、娇而不骄、艳而不妖。

(四)生活中不能没有“醋”

婚姻看似两个人的事，却有很多的学问在里面。要懂得男人追求新奇的本性，让他一辈子研究你，而你总能给他征服的感受，他才会感觉到你是迷人的女人。

七、给老公“性”福
——老婆不妨“坏”一点

(一)性秘密

在性爱这个话题上，即使是最相爱的夫妻，有时也会难以沟通。你常常会抱怨他不了解你的心事。那么现在，你是否愿意慢慢走进他的心里，听听他想说什么？作为妻子，理解丈夫的性秘密，对增添闺房情趣无疑是大有裨益的。

（二）性技巧

如果说婚姻是身体和灵魂的彼此交付，那么可以说生理的需求是婚姻中一个最基本的需求，身体的快乐也是最根本的快乐，失去这一切，婚姻的幸福美满就会大打折扣。请不要再为身体的欲望感到难为情，大胆地说出你的感受以及期望的状态，之后是彼此诚意的调整，让身体仍为对方深深迷恋，让快乐历久弥新。和谐甜蜜的性爱生活并不一定要依靠什么奇特的方式和新鲜的刺激，只需要一点点了解、一点点体贴，再加上一点点的小技巧……

（三）性纪律

性活动过程中所洋溢着的爱慕、深情、依恋、温柔、分享，都能产生十分美好的感觉。然而，由于不当的方式或行为而导致出现这样那样的问题，你遇到过吗？下面这些出自医学、社会学和行为科学各行专家的建议，相信会对你在性生活中遇到的问题提供有益的帮助。

八、满足老公的口福
——要管住老公的腿，先管住老公的胃

（一）了解老公的饮食习惯

男人比女人强壮，他们肌肉发达，消耗的热量更多。但是，男人的胆固醇代

谢经常遭到破坏，因此他们易患高血压、缺血性心脏病、中风、心肌梗塞等疾病。如果你是一位细心、体贴丈夫的妻子，就应该了解男人的饮食习惯，从老公的一日三餐上关怀他。

（二）让老公就“好”你的“这一口”

这里要说的可不是泛泛的美食，你可以不会做番茄蛋汤，但是你一定要会做老公喜欢吃的红烧肉；不需要你会做山珍海味，但是一定要会做你老公喜欢吃的几道家常菜。这样他出去的时候就会说“这个还不如我老婆做的呢”。这样一来，他就会想快点回到你的身边，就是你拿菜谱学习的样子，也会让他记得你。所以，你必须在烹饪艺术上下一番功夫，以博取他的宠爱。当他发现离开你就不可能吃到一顿称心如意的晚餐时，他这一辈子就会跟定你。

九、为老公分忧——给他一个温馨的家

（一）幸福婚姻里的六个“补了”

很多男人喜欢妖艳的女人，喜欢征服的感觉，但只是喜欢而已！他们更愿意做倦鸟的浪子，可以疲惫、孤独、无助、逃避、怠惰，而你是能接纳他的黑夜，给他安静，做他恢复能量的空间。一般来说，婚后的男人更需要关怀。

(二)吵架也是一门学问

一个男人和一个女人,从陌生到相识,从相识到相爱,从相爱到一起走入婚姻的这一过程,往往是夫妻二人一生中最为甜蜜和充满激情的时段。一对夫妻走进婚姻以后,由于不同的成长环境和生活背景;由于现代社会日渐风行的更为自我的思维方式;由于锅碗瓢盆、柴米油盐等家庭琐事;由于婚后日渐平实朴素的生活和恋爱时的浪漫激情所存在的反差……矛盾的产生是在所难免的。哲学家说:没有矛盾就没有社会。一个家庭也可以看成是一个小社会,出现纷争和矛盾并不可怕,关键是对待纷争、矛盾的态度和解决问题的方式、方法是否合理。

(三)公婆爱你,老公会更爱你

都说婆媳难相处,就算两人有些什么矛盾,你也要牢牢地记住:你最爱的这个男人就是他们一把屎一把尿养大的。仅凭这一点,你也该像对自己的父母那样待他们,你若是真做到了这一点,你就是一个十足的好媳妇,一个标准的好老婆!

(四)管好家里的钱

结婚以后,如果不能搞好收支平衡,就会出现家庭财务危机,影响夫妻感情。有些家庭,钱归一方总管,如果不能将财务公开,当一方经济要求得不到满足时,也会产生家庭矛盾。这些都是值得警惕的。因此,夫妻要共同理财,坚持量入为出的持家原则,勤俭节约、精打细算。手中要始终留有一些机动经费,以防不测之用。这样,就能防财务危机于未然,夫妻感情也会更和谐。

十、看好老公——经营得好又要守得住

(一)绝不可犯的错误

一生只爱一次是幸福的。但不幸的是,那些被情感伤害了的人们,却往往会不止爱一次。所以,只要你还不想把太多的时间花在为自己的情感疗伤上,就该审视一下:是不是在这场婚姻里,曾经为爱犯了“错”。

(二)爱他,但不惯着他

二十岁时那个愿意为你付出一切的男人,可能会在你三十岁的时候抛弃你;而三十岁时懂得去迁就你的男人,可能就是陪伴你一生的男人。要爱他、疼他、宠他、尊重他,但一定不要惯着他。

(三)出格的男人别依着他

男人出格叫风流,女人出格则叫放荡。这本身是不公平的说法。绝大多数男人出格的原因,往往都与薄弱的责任心有关。此外,这样的男人常常还带有很强的孩子气,因为只有孩子不需要对许多事负责。虽说男人大都生性花心,但只要妻子控制得好,他们也不是那么容易得逞的。

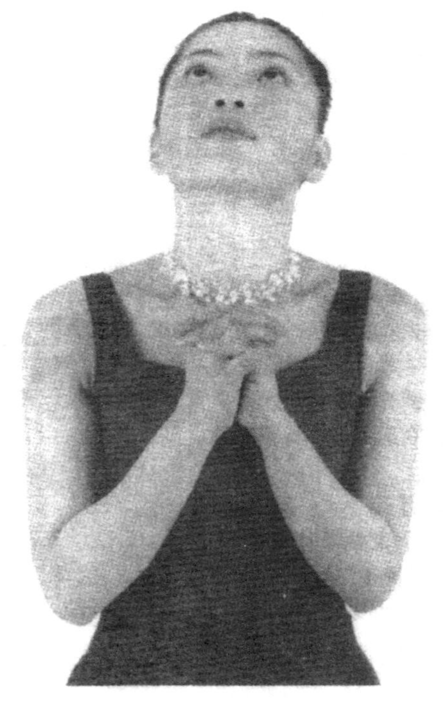

一、会爱，更要会哄

——让老公宠你一辈子，就要懂他

(一)读懂老公

男人和女人一旦生活在一起,就以为已经了解了对方,其实他们都忽视了这样一个真理:自己最熟悉的事物,往往是最不了解的。女人总说:男人不懂女人心。可有时候,女人不也常常忽略了男人的感受?女人都把男人当作靠山,当作一生的支柱,当作可以依赖的港湾。在男人面前,她们肆意地宣泄着情感,她们哭、她们笑、她们闹……她们总以为男人是坚强如盾的,男人的脆弱她们从来不屑,男人的娇柔也常遭耻笑,但往往最刚强的人也会有最脆弱的一面。同样是肉体凡胎,男人也与女人一样,有着各种情感。他们也想笑,也想哭,也想发泄,也想找个臂膀靠靠。作为女人,你是否明白这一点?想让一个男人宠你一辈子,就要懂他。

1. 男人难

在中国人的一般观念里,男人要成家,要立业,要在社会中有所成就,要有地位,要名利双收。他们既是妻子儿女所倚仗的支柱,又是父母可依靠的大树,还要面对各种残酷的社会竞争。这一切犹如一块块沉重的磐石,压得男人喘不过气来。

人常说:“做人难,做女人更难。”其实,做男人更是难上加难。

当大多数男人还是小男孩的时候,就被戴上了“男子汉”的美誉,在不知不觉中被男子汉的各种美德所感染。耳边也会常常听到这样的声音:你是小男子汉;男子汉就要坚强;男子汉在被脚下的石头绊倒后,要一个人站起来;不可以哭,男子汉不能轻易流泪,男儿流血不流泪,男儿有泪不轻弹;你是小男子汉一定要让着小妹妹,不准欺负小妹妹,你还要保护她……男人,注定从他出生的那一天起,这辈子就要艰难地跋涉。因为他要承受的是“男人”这重若千斤的称呼。无论如何,这面鲜红的旗帜决不能倒下,男人要坚强不屈地扛着这面旗帜,昂首前进,为了这个家庭,也为了实现男子汉的尊严,去奋斗、去拼搏。

男人只能前进不能后退,还不能流露出一丝的软弱。稍不留神,男人就会被指责为“不像个爷们”。女人喘不过气来的时候,在老公面前可以哭、可以吵、可以打、可以闹;而男人呢?心灵之门永远是一把已锈死的锁,男儿的眼泪永不轻弹!

男人难,其实也是为名所累,因为是男人,因为是男子汉。这种刚强的、宁折不弯的精神,被强加到了男人头上,从小就被这种行为准则所熏陶。女孩子流泪会使人同情,男孩子流泪则会使人蔑视。面临恐惧的时候,女人可以大声地尖叫，男人则必须临危不惧，尽管内心里也怕得要死，可是还必须将这种恐惧感压在心里，不能发泄出来。女人不论是酸、甜、苦、辣、咸，都可以毫不避讳地表现在脸上，发泄给老公。而男人则不能轻易地流露出来，一切都要埋在心里。偶尔在你面前流露一次，那是因为他心里憋得太狠，实在埋藏不住了。

男人之所以为男人，因为都一个共同的特点：好战，战必赢。不论是在求学的崎岖小路上，还是在一路暗礁的商海中，为了男子汉的尊严，一定要出人头地，挺直腰杆，只要还有一滴血，也不会停止前进。即便是好战心理偏弱的男人，也要在茫茫的大海中劈风斩浪，否则便无立身之地。

社会给男人塑造的这个高大的形象，就像一棵苍天大树、一个避风的港湾，给予家人一个可以遮风避雨的空间，而他则必须紧咬牙关去迎接烈日的骄阳，抵御狂风海浪，接受狂风暴雨的洗礼。

男人迈着坚实的步伐，时而迈向崎岖的山路，时而踏过高高的山梁，满身的伤口在啄食着他强壮的肌肉，还要忍受着那份寂静的孤独，可就是不能停下前进的脚步，因为一旦止步，便会前功尽弃。

男人难还在于社会的激烈竞争，他们摔倒了再爬起来，再摔倒再爬起，以这种顽强的精神来体现男人的价值和尊严。可是在男人的内心深处，有多少情感不可以言语表达，又有多少酸楚不可对自己的妻子讲出来。

在这样的压力下，男人的身心很是疲惫，男人也想静静地躺在妻子的身边，踏踏实实地睡上一觉。

婚姻专家点评： 男人的高大和强壮是被迫的，是被逼出来的。他们不得不装出冷峻，不得不装出坚强，不得不装出铁面无情，其实在他们的内心世界，是多么的脆弱，多么的软弱无力，多么的无奈，多么地需要帮助。作为男人，不妨换一种思考方式，从另一个角度去审视社会，可以又说又笑，可以大声地哭出来。不是有这样一首歌曲吗，歌名叫《男人哭吧哭吧不是罪》。何必伪装坚强呢？坦诚地说出自己的感受，跳出这个怪圈，不做“男人”的奴隶。而作为女人，要理解男人的艰辛和痛苦，懂得男人铁面无情背后的那份柔情，要懂他、爱他、哄他、管他，伴着你的老公一起走过生活的风风雨雨。

2. 男人累

自古以来，男人就被定位为“一家之主”，是家庭的顶梁柱、社会的中坚力量。他们既担负着历史和社会所赋予的责任，也担负着家庭所赋予的责任。

在老婆眼里，老公在家里是一个能干的苦力：既是电工，又是修理工，还是水暖工，得常修修水龙头；要为N间卧室和客厅奋斗，还要懂得如何孝敬岳父、岳母;要为家中的柴米油盐操心,为孩子的玩具学费奔波,还不能整天喊累叫苦……就因为是他男人,是家庭的顶梁柱。

在男人眼里,事业是生命的核心,不仅可以养家糊口,可以让妻儿过着富裕的生活,更可以显示男人的尊严,是体现男人价值的外在表现。事业是男人的城堡,是男人可为之一奉献生的追求。事业的成功使得男人可以在社会这个大舞台上,体现出作为男人的自豪、作为男人的骄傲。

所以,对于男人来讲,事业和家庭在这一生中是缺一不可的。对于事业型的男人来说,他们在为自己的事业拼搏,一路过关斩将,实现着自己的价值,最终收获的是丰厚的物质财富,也带来了舒适的生活,同时也可以在人前展示自己的丰硕成果。但是这一切都付出了沉重的代价:失去了作为儿子应对父母的孝道;失去了对妻子的关爱体贴;失去了对子女作为父亲的职责;失去了人生本应享受的天伦之乐……

如果光有事业而没有一个完美、温馨的家庭,也是不幸福的,即使拥有很多的财富,也不会感到快乐。然而,只拥有家庭缺少事业的男人,也是痛苦的。因为没有了事业,就缺少了可以使家庭这只小船前进的动力,只能呆在原地打转。要让妻子享受财富带来的快乐,孩子接受一流的教育,在休假的时候全家一起去风景优美的城市旅行,这些都需要物质财富来支持。缺乏事业心的男人,只能整天小心翼翼地守护着自己的尊严不受到伤害,整天在失落中度过,这种失落是家庭无法弥补的。既使偶尔有过的快乐,也是短暂的、瞬间即逝的。

所以,家庭和事业对于一个成功的男人来说,都是很重要、缺一不可的。男人的双手劈风斩浪,掌着事业的舵盘;男人的双肩扛着家庭的重担。男人在挖空心思地经营自己的事业,还担负着建设自己温馨的家园,多为妻子儿女铸造避风的港湾。家庭和事业就好比两条平行的铁轨。家庭需要经营,需要时间的投入;金钱也需要经营,也需要时间的投入。所以家庭和事业这两条轨道,都在相互争夺着时间,而上帝给我们的一天只有 24 小时,而且这短暂的时间总是在我们忙忙碌碌中轻易地溜走了。往往是给了家庭时间,就没有事业的事了。所以,男人总是在这两者之间不停地交叉前行。

婚姻专家点评: 男人需要面对家庭和事业两座大山的压迫。没有家庭,有人会说你老大不小了,连个家都没有,没有家也就没有根,做事情也就漂浮不定。而若没有事业,在工作当中总是忍受上司的气,别人又会说你没有能力。所以对于男人来说,家庭与事业总是互相矛盾的。作为他的妻子,应当在他闲暇的时候邀请他,伴他走走,踏踏夕阳的余晖,赶赶清晨的阳光,寻找一下昔日的浪漫。这样才能缓解他心情的压力,给予他前进的动力。

3. 男人的一生都在奔波拼搏

男人，注定一辈子都在拼搏；男人，一辈子的拼搏永远是靠自己。

在当今这个物欲横流的社会里，人们为了追寻理想的生活，或是为了适应变幻莫测的社会，整天疲于奔命，或奔跑于商道，或驰骋于官道，或为其事业而努力奋斗……每个人都希望自己的生活充满阳光、充满乐趣。有地位、有车、有房、有票子，但这些都全靠自己去争取、去营造。这在很大程度上也是社会衡量一个成功男人的标准。因此，挣钱的欲望和想要活出个男人的样子，迫使男人拼命奔波，拼命挣钱。

男人作为父母的儿子，要成大器，要有所作为以光宗耀祖，要尽孝道，以使父母颐养天年。

作为妻子的老公，男人需要给妻子一个安乐的小窝，需要给妻子一个温馨的家庭，需要让妻子感到关爱，使妻子感受到生活的幸福。这些都需要男人在社会上取得一定的社会地位和经济的基础，在时间和物质满足的条件下，方可实现。

作为儿女的父亲，男人更不能松懈怠慢，更要加倍地努力，在事业上获得成功，在社会中得到地位和尊重，从而成为儿女的榜样。

为了肩头的责任，男人必须付出更大的努力才行。拼命地工作，实现销售额、业务量、年终指标的突飞猛进，因为一切工作都以明确的数字作为考核的标准。为了完成一份完美的商业计划书，为了完成本月的销售任务，为了可以更好地为客户服务，男人不得不加班加点地工作，开夜车成了家常便饭。面对如此高强度的工作压力，男人必须咬紧牙关往前走。

作为男人，这辈子注定要用毕生的精力和智慧去奔波拼搏。不拼搏，父母看见了会伤心；不拼搏，妻子会受一辈子的苦；不拼搏，儿女在人前会直不起腰杆、抬不起头。

婚姻专家点评： 社会和家庭赋予了男人太多的责任和义务。面对社会的需求、家人的渴望、也为了体现自身的价值，男人奋力地奔波、拼搏。这样给男人造成了很大的身心压力，这其中既有外界工作中的压力，也有自己给自己强加上去的压力。作为女人、老婆，一定要在生活中给老公适度地减压，以缓解来自方方面面对老公心理上造成的压力。这样会给他，也是给你带来更多的温馨和快乐。

4. 男人多变

在当今这个社会瞬息万变的时代，男人为了更好地生存，为了可以给妻子儿女优越的生存条件，也为了体现男人自己的社会价值，会随时随地根据周围环境的变化来调节心态和处理事务。

很多女人感到奇怪：男人总是琢磨不透，总是捕捉不到男人的心。她们并不知道，男人的善变有时也是被女人的多疑和社会的大环境给逼出来的。女人总怀疑男人背后的东西，男人不在她身边的时候，会在想他在做什么、在哪里。其实，男人是容易把握的，无论在你的脑海里有多少假象，只要你爱他，就可能找到他多变的规律。女人爱男人会有许多乐趣，透过对男人的爱，也许还能发现男人背后那个无限的隐密世界。

男人所受的社会待遇和社会压力，是造成男人变化的根本原因。不是男人天生善变，而是生活要求男人必须学会善变，不会变的男人是要失败的。工作中的男人要迎和上司，搞好上下级的关系，这样有利于工作的开展；在与客户沟通的时候，要从客户的角度着想，拉近与客户之间的关系，尽快完成这笔交易——除非你不想接这个订单；恋爱时期的男人，变得多情和细心，变得忍耐和温柔；结婚后的男人，变得主观和坚持，负责但有点冷漠；创业中的男人，变得坚忍而向上，节俭而开朗；成功后的男人，变得宽厚而大方，大都喜欢涉足公益性的事业，想为不发达的地方做点贡献；失败后的男人，变得颓废而堕落，关在颓废后的迷茫中寻找着自己的方向；从低谷中解脱出来的男人，变得奋进而顽强，顽强得像一诸刚刚铸好的铜墙。

男人，不变就会被社会所淘汰，不变就永远得不到社会的认可。当男人变得在生活和工作中得心应手；当男人变得在遇到棘手事情时不再紧皱眉头；当男人变得遇到一切事情都可以迎刃而解，都可以化干戈为玉帛的时候，就会得到女人的认可也会得到男人的赞赏。

婚姻专家点评： 不论在家庭中、工作中，还是在激烈的社会竞争中，男人都需要不断地调整自己的位置，处理好各种人际关系，这就要求男人必须学会多变、善变。在这种高压的情况下，男人的心理压力在逐渐地增加，使得男人心力憔悴，长期处在亚健康中。作为老公的爱妻，可记得在适当的时候，给老公减减压，适当地放松放松，缓解一下心理压力。

5. 男人也孤独

男人在女人心里是钢铁一般的汉子、大山一般的脊梁，从来都是流血流汗不流泪的中流砥柱。许多人只要一谈论起男人，就会用到这些坚强的词语来修饰。其实，男人也是脆弱的，他们也会孤独，也需要关怀。

当工作的压力、生活的重担、亲人的期盼一股脑儿落在男人双肩上的时候，男人会产生一种莫明其妙的烦躁——这样的工作可以应付自如吗？可以让家更温馨吗？能承载起亲人的期盼吗？这些问题困扰着脆弱的男人，毕竟成功的男人还是少数。于是，为了发展、为了更好地生活，他们只有将委屈、愤怒、不满、压力暗暗吞下肚子，独自品味其中的艰难与心酸。

而女人总是梦想着能找到一个好男人。他既有男人的尊严，又有男人的气魄；既能吃苦，又不轻易流泪；既是一堵挡风雨的墙，又是一部会赚钱的机器；既是一个烦恼时的出气筒，又是一个称职的跟班和保镖……

其实，男人孤独时需要女人的关怀，就如同女人需要男人的怜爱一样。男人外在的坚强是给别人看的，其实内心深处有多么的孤独和寂寞也只有自己知道。一种来自女性的关怀，是男人得以在纷繁交错的世事中获得片刻休息的镇静剂。这种关怀很简单，就是理解和爱。作为女人，也是他们的爱人，若能多付出些信任和理解，多给予几分支持和关爱，男人便会撑起一片天。反之，若一味指责、怀疑、嘲笑甚至打击，男人的内心世界便会崩溃。

小王是一位性格开朗的大男人。不论在任何时间、任何场合，他都是公众的焦点，只要有他在场，周围的空气都会活跃起来，单位同事和朋友都视他为开心果，没有一个人会想到他也会孤独。有一天深夜，他独自一人饮酒，喝得大醉，放声大哭，醉头醉脑东一句西一句地唠叨着，说他心里十分孤独，没有人可以说说心里话，没有人理解他。同事小明听来却一点也不诧异，因为小明心里很清楚，所有的快乐背后都隐藏着许多的孤独和痛苦！

婚姻专家点评： 男人的孤独感主要是由于生活、家庭、工作等外在的压力太大，加之没有合适的倾诉对象，不能及时地得到化解，总是憋在心里造成的。特别提一个人独处的时候，这种孤独的感觉最为严重。在这个时候，妻子应以理解和关爱来化解老公内心的那份孤独感。

6. 男人更理性

女人像水，感性；男人像山，理性。

人的思维可以分为两部分：感性思维和理性思维。感性思维包括“爱”、“恨”、“愉快”、“悲伤”等感情部分；理性思维则包括“演绎”、“归纳”、“推理”、“论证”等理性部分。

人类大脑的右半球负责感性思维，左半球负责理性思维。现代医学已经发现：男人的大脑结构和女人有所不同，男人大脑的左半球更发达一些，所以男人比女人更善于理性思维，这也是男性在人类社会中占据支配地位的生物学原因。

理性男人多为成熟之人，凡事三思而后行，遇事冷静。不论在工作中，还是在与朋友的交往中，或是在处理复杂的社会关系中，都是在深思熟虑后，才会做出决定。特别是在处理十分棘手的问题又不得不做出决定的时候，就更需要理性的思维，做出正确的判断后，才会有两全其美的处理方法，才不会留下更多的遗憾。在遇到突发事情的时候，理性的男人会很冷静地对周围的事物进行仔细地观察，并进行全面的思考，深思熟虑后才开始行动，不会贸然行事，不然将对社会造成无法挽回的人力、财力方面的损失。

有人说，女人像水，感性；男人像山，理性。理性的男人一般情况下都会克制自己的情绪，理智地判断事物，将自己的想法埋藏在心里。当女人向理性的男人发脾气时，理性的男人通常是就事论事，摆事实、讲道理，不会与你大吵大闹，使问题变得激化。

当然，凡事有利就有弊。理性的男人会理性地看待现实和生活，就不可避免地缺少了想象和情调，也就没有了夕阳下的浪漫、大海边的追逐与嬉戏。在人生的道路上，也就缺少了那么一点快乐的时光。

婚姻专家点评： 在复杂的社会中，在处理各种事务时，都需要理性的思维，都需要周全的考虑。这就使得理性男人的内心世界，隐藏了太多太多的东西，并且都实实在在地压在心底。作为老公的妻子，就需要你的纤手来弹拨埋藏在他心里的那根琴弦，相互激荡，让悠扬的旋律在生活中响起，使灿烂的笑容时时刻刻都挂在脸上。

7. 男人爱要面子

在现实生活中，男人什么都可以丢，就是不能在人前没有面子。男人最看重的就是面子。在事业上飞黄腾达、爱情上春风得意，就是男人最有面子，也是最可炫耀的时候。即使不幸落得穷困潦倒，他也决不会失去面子，逢人便会讲“想当初如何如何”……

那天是周末，一个要好的姐妹来张燕家做客。

好久不见了，张燕与客人聊得很开心。眼见到了吃午饭的时间，两个人好像还有许多话要说。所以，张燕就希望老公能做中午的饭。

但老公是个好面子的人，让他一个大老爷们在来客人的时候下厨房，的确有点难为情。所以，张燕就想了个“坏点子”。

张燕叫来他的宝贝儿子，说：“肚子饿了吗？叫爸爸做香香的饭菜吃，好吗？阿姨到咱们家也想尝尝爸爸做的美味呢！”

她又对老公说：“我在同事面前常说我老公炒得一手好菜。”

她老公被戴上这顶高帽，只好乖乖做饭。

其实，她丈夫做的饭菜味道一般，不过不用自己动手有饭菜吃，已经是一种享受了。如果张燕命令他去做，他肯定不情愿，会觉得一个大男人的面子都没地搁。因为在男人心里，觉得在外人面前被老婆指挥是很没有面子的事。

张燕的脑子转了一个弯，就解决了老公的面子问题。

男人所做的一切，几乎都是为了这个面子。男人拼命地赚钱，男人拼命地干事业，男人进出于高档场所，男人打扮得衣冠楚楚……目的不过是为了活得更有样子，活得更高人一等，活得更有面子。男人常说为了女人、为了孩子，他会付出一切，而且显出很悲壮的样子。其实，女人和孩子的面子就是男人的面子。

为了面子，男人可以高谈阔论，男人可以装得很绅士，男人甚至可以一掷千金。为了面子，男人很累。男人不愿意在他人面前显出自己的弱小，显出自己的无能，显出自己的寒酸，显出自己的不如意。男人，有苦也只能藏在心里，有泪也只好往肚里流。这不能说明男人坚强，只不过是男人为了捍卫自己的面子，不得不表现出来的坚强。

然而，大多数男人的面子下面，包藏的是一颗容易受伤的心。男人太注重面子，所以自尊心便很容易受到伤害。男人其实也很脆弱，他们通常都没有什么依靠，能依靠的只是自己。

婚姻专家点评： 面子是人人都需要的，只不过通常男人比女人更爱面子，男人的面子是不可碰触的底线。有时候，男人会打肿脸充胖子，即使是死要面子活受罪，他也愿意。因为男人失去了面子，也就没有了尊严。所以，为了生活和家庭的幸福美满，还是多给男人留点面子吧。

8. 男人远不如女人坚强

坚强是男人的特点，柔弱是女人的天性，但现实中最能抵抗命运打击的却往往不是男人，而是女人。

在人们的传统思维之中，男人总是与强者联系在一起的。男人之所以被视为强者，是因为他们从小就被进行性别强化教育，即性别角色的适应。在婴儿出生后，人们便根据其性别进行引导。如果是男孩，大人则向他灌输隐忍、坚强、勇敢的意志。当男孩受到损伤啼哭时，大人总是告诫他们："男子汉不能哭鼻子。"有时男孩会模仿女孩的行为举止、音容笑貌，人们总要说："你是男孩，不要学得女里女气的。"成年后，社会则要求男子富有竞争意识和自强、自信的心理状态，要善于克制和忍耐，处处表现出强者的姿态。这种性别教育，使男孩脆弱的一面被忽略了，但这种脆弱却实实在在地存在着。由于社会和环境所赋予男人对角色的适应，以及他们所接受的宣传和教育，使得他们不得不以强者的面目出现。

但事实上男人远不如我们想象的那么坚强，有时甚至比女人还要脆弱。美国健康研究专家琼安·艾莉欧博士指出："女人在身心各方面都比男人坚强。例如：发生海难时，女人的生存能力通常要强于男人。因为她们对于隔离具有很好的适应性，而且脂肪代谢力也较大。"所以，有人主张太空人不应该只由男人来担任，也许女人较男人更为适合。因为在太空失重的状态下，男人所受到的冲击要比女人大得多。事实已经证明，由于女人在生物学方面比男人略胜一筹，在陷于饥饿、险情、劳累、疾病、意外等丧失生存条件的情况下，能较男人更具耐受力和适应力。女人除了肌力较弱外，真可谓不折不扣的强者！

在面对压力时，女性一方面会把注意力暂时转移到照顾孩子，另一方面则会找寻倾诉的对象和征求朋友亲人的意见。女性这种处理压力的方法，令她们在面对压力时能保持镇定。而男人们却习惯于自我承受，用烟酒来麻醉自己，以此来消除压力，甚至靠声色刺激来缓解压力。他们习惯于压抑自己的感情，有泪不轻弹，有苦不愿诉，导致心理状况经常处于阴郁和委屈之中，严重腐蚀了他们的心理健康。有一项测试表明：在压力面前，男性的血压升幅比女性大；男性癔病患者多于女性，精神病院的男病人比女病人多；男性自杀几率是女性的 4 倍多。

在面对诱惑时，男人也比女人表现得更脆弱。面对诱惑，女人会学会转移自己的视线，比如工作、家庭、孩子，时刻提醒自己不要出轨。而男人，却因为生理原因，面对诱惑更容易不受控制，因此会影响到自己的家庭与工作。

在面对拒绝时，由于男人喜欢争强好胜，因而比女人更容易走人极端；由于比女人更爱面子，所以面对挫折时，他们把一切都放在心底，独自承受一切，而女人却喜欢诉说，把自己的痛苦与悲伤说出来，然后慢慢地消化掉。

除此之外，男人的生理方面也比女人脆弱。与女性相比，男性免疫力较低、耐久力较差、生命力较弱。世界卫生组织一份调查数据表明：男性的预期寿命要比女性短 6 年！而且即使不考虑寿命的问题，男性的生命质量也通常比女性低。

所以，当我们把男女两性放在一起作某种比较时，你会吃惊地发现：男人要比女人“脆弱”得多，这与他们伟岸的躯体、强有力的心搏和厚重的气息实在不相称。

婚姻专家点评： 男人的强与女人的弱其实都是社会化的结果，无论男人与女人都要对此有深刻的认识。作为女人，更应关注男人。要知道，再强的男人也是肉体凡胎，只有将男人的男子汉心结打开，才能还原一个真实的男人、优质的男人。

9. 男人有时候像孩子

男人果真如社会所定论的那样成熟勇敢吗？其实很多男人，包括很成功的男人都有其幼稚、脆弱的一面，甚至在某些方面是很孩子气的。“所有的男人都是女人的孩子”。只要你了解了这一点，你便了解了男人的一切。

当今社会，男人的压力都是很大的。有的男人是因为生存；有的男人是为了发展；有的男人是为了理想。这就需要男人必须坚强、进取、果断、沉稳、临危不惧。但这种优秀品质并不是与生俱来的。

许多男人在处境艰难的时候，经常依赖于妻子的安慰、劝解才能重新鼓足勇气。男人稍不如意时就会借酒浇愁，很多男人在经历几次挫折后就会一蹶不振，玩世不恭。古时许多隐居者，开始都是雄心勃勃，但没过多久就“采菊东篱下，悠然见南山”了，一副隐者的超然之态。

男人有时候会像一个孩子似的，这是男人的天性。他们在心里很渴望女人的鼓励和肯定，哪怕是一个温柔的眼神，他们也会感到兴奋不已。即使他们知道这些话里有很多鞭策的成分，还是会非常感激你的。男人的孩子气，意味着男人希望以此来缓解外界的各种压力。

家庭是男人事业上坚强的后盾和生活中的温柔港湾。由于男人在平日里工作压力太大，他们希望自己能以一种简单的方式，让自己高速运转的生活节奏放慢些，使外界的压力得以缓解，甚至无忧无虑。所以，他们潜意识里是渴望爱人能够关心自己的。男人希望寻找到一种强烈的归属感，甚至是那种回到童年时代的感觉。

所以，男人比女人更迷恋游戏，男人有时候可以对着娱乐节目狂笑。面对男人的这种解压方式，他也不会认为自己是无能，他不过是想放松一下。

婚姻专家点评： 男人不论年纪多大，心底都有被疼爱的需要。这是男人的天性，是与生俱来的，且一辈子都不会消失。爱他的女人应该了解这一点，尝试着去抚慰他的心灵，帮他缓解压力，甚至陪他玩一会儿，一起回味美好的时光，聊聊天、打打游戏。事实上，在你帮助他放松的同时，也缓解了自己的压力。

10. 重视哥们友情是男人的天性

女人重感情，男人重义气。这是毋庸置疑的常理。男人最重的是哥们义气，从古到今有多少男人为朋友两肋插刀，忠心耿耿，真情意切。男人如果没有义气，就会被瞧不起。

男人的哥们义气很重，80%的男人都注重哥们义气，即使是没有钱的男人也毫不吝惜哥们义气。一般来说，讲哥们义气的男人重情重义，喜欢帮忙，十分豪爽，办事干脆利落，在关键时刻总能慷慨解囊。这使人不难联想到一部古代的名著《水浒》，里面的"忠、义"演绎得淋漓尽致，为情和义可以赴汤蹈火，在所不惜。

但在当今的社会中，男人太重义气，且盲目地追求"义气"却是不可取的。比如《三国演义》中所讲的关羽来说，他的侠肝义胆实为后人所称颂，但他不也因此曾误了刘备的大事吗？出于义气，放走了唾手可擒的曹操，枉费了诸葛孔明的一番心血，也误了刘备的复国大业，不免让人遗憾。人活于世，虽不能缺情，更不能少义，但无知地、盲目地义气用事是断不可行的。

讲义气是要有原则、有界限的，不能违反法律，不能违背社会公德。诚然，如果不辨是非地为"朋友"两胁插刀，甚至不顾后果，不负责任地迎合朋友的不正当需要，这不是真正的友谊，也谈不上真正的义气。

婚姻专家点评： "哥们义气"是古代的江湖道义。如今文明的脚步已进入了科技时代，我们就要重新审视哥们义气的含义。在老公为哥们义气两肋插刀的时候，要做老公的贤内助，告诫老公要保持头脑清醒，理智地做出判断，不要感情用事，以免头脑一热，行事草率，酿成大祸。这是为了老公，也是为了自己。

11. 男人有用情不专的毛病

男人的天性是什么？女人们会很快地说：贪色。"自古窈窕淑女，君子好逑"，有多少风流才子、情话佳人的故事流传于世。陷落在桃花堆里的男人，眼见香吻飞送，身子骨早已飘飘欲仙，所以才有了这句话："不色不男人。"似乎为了成就做一个"真"男人，好色与花心成了考核的一个标准。

滚滚红尘之间，男人说：人生来去匆匆，为何要辜负了眼前的良辰美景？男人的现实让很多女人觉得他们如此残酷如此无情。男人还说：女人喜欢云中飘的感觉,他们则更喜欢水里的欢畅。花心不是他们的错,因为一个巴掌拍不响,诱惑让男人无法抵抗。有的男人说:“我有女人喜欢的资本,所以我可以风流。”还有的男人说:“眼见如此诱人的女人,使我失控一样地全情投入。无论如何,我们都可以因此而享受一段美丽的欢愉,何乐而不为呢?”

男人的确有用情不专的毛病。看见漂亮的女人,第一反应便是幻想与之相伴的感觉。这种幻想令男人为之兴奋,可当更靓的女人出现时,男人就会淡忘上一个兴奋点,对新靓女重来一次这样的游戏。

因《失乐园》而轰动一时的日本作家渡边淳一,在他的《男人这东西》一书中写道:“男人的爱往往是相对的,眼下最爱这个女人,但是不久第二位、第三位会相继出场。不论先前的这个女人是多么的出色,男人总免不了偶尔心有旁骛,希望更有新人。”

其实,多数男人一生不可能只有一段感情。一位美女作家曾经写过,每个男人的心里都有两朵玫瑰:一朵红玫瑰,一朵白玫瑰。但事实不止如此,一般男人心里至少都藏着三个女人。

男人的初恋女孩像朵白莲花,如周敦颐所说,莲花“香远益清,亭亭静植,可远观而不可亵玩焉”。那是在少男青涩梦里一朵可望不可及的圣花,心目里的梦想情人。可是,白莲太超凡脱俗,不食人间烟火,不适合与她携手跋涉、风雨人生。

男人的热恋情人,这是朵浓烈的红玫瑰。激情如火,震撼如电。红玫瑰激起了男人的征服欲和雄性的本能。男孩经过红玫瑰的洗礼,变成了男人。对男人来说,红玫瑰是爱不释手的酒,让人流连忘返、回味无穷,一辈子难忘。但要和这热情如火的女人生活一辈子,许多男人却没信心,担心会引火自焚,所以只可停留在情人的角色。

男人相濡以沫的妻子,是朵康乃馨。温馨淡雅、含情脉脉。她是男人心灵的港湾、奋斗的动力,是男人的第二位母亲。男人天生是个被宠坏了的孩子,习惯于被人照顾,喜欢被呵护的感觉。老婆用微笑来容忍他的顽皮,耐心等待他玩累了回家。许多男人就是需要这样一个温情宽容的妻子,一个温馨的港湾。男人最需要、也最离不开的就是自己的老婆——这朵康乃馨。

婚姻专家点评: 男人的用情不专是他的天性,也可以说是一种浮想、一种向往。在男人的心里,美丽的女人是一道亮丽的风景线,只是看上几眼就行了,并不是将她占为己有,这样就失去了观赏的价值。老公的这点爱好被你看到了,也不必大哭大闹,时不时地敲打敲打便可。要让老公知道,你在时时刻刻地“关心”着他。

(二)赞美老公

男人需要赞赏,因为这种赞赏能直接唤醒其男性的一面,给予他最大程度的满足。要懂得赞美他的优点,因为人总是喜欢奉承的,即使明知对方讲的是奉承话,心中还是免不了会沾沾自喜,这是人性的弱点。换句话说,一个人受到别人的夸赞,决不会觉得厌恶,除非对方说得太离谱了。但要记住,赞美的话语一定要出自真心诚意,言之有物,要让人乐于相信和接受,不能像把傻孩子说成天才一样离谱。否则,这种虚情假意的赞美只会被男人认为是阿谀奉承。

1. 好老公是夸出来的

好老公是夸出来的,只有毫不吝惜地赞美他,让他深刻感受到你的爱意与体贴,让他在你的赞美中觉醒奋起。这样,婚姻才会变得更坚固、更美满。

男人都喜欢听好听的话,最希望得到妻子的赞赏、鼓励和肯定。适当的赞赏可以增强他的自信,提高他做事的兴趣,使他心甘情愿地围着你转。

其实,男人就是一个长着胡子的大孩子。无论外表多么的坚强,他的内心都是柔软脆弱的,需要你的安慰抚摸,需要你温柔肯定的言语。

可是,当男人带着期望踏进家门的时候,迎接他的却是妻子皱着眉头的脸和不停的唠叨:“小红的老公升了正局级,你什么时候……”当他带了一束玫瑰回到家,妻子却漫不经心地丢在一边,开始谈论小芳新买的钻戒多么漂亮。

当女人不再感激男人的付出,甚至有些鄙视他向自己表达的爱意时,他的心在她的无意唠叨中受到伤害时,男人还会渴望回家,还会觉得家是温暖的港湾吗?

一句“老公真好”,“我爱你,老公”,会让他在以后的日子里更加努力,做得更好。

小娟和老公终于如愿以偿,买了一套真正属于自己的房子。乔迁那天,小娟请来几位同事到家做客。为了向众姐妹显示在家里的威力,便摆出一副“一把手”架子,把老公支使得团团转。

老公已习惯了她的张牙舞爪,并不与之计较,而是让他们在客厅里高谈阔论,自己到厨房张罗饭菜。一阵忙碌,老公做了一桌子丰盛的佳肴。大家入座之后,小娟似乎觉得还没过足“一把手”的瘾,不住地抱怨菜淡了、汤咸了、饭煮得太硬了……弄得同事和老公都不自在。一次愉快的聚会,经这样一搅,最后在尴尬气氛中不欢而散。

第二天上班,闲聊时孙大姐对小娟说:“昨天你有点儿过了。其实,我们都觉着你家老公挺好的，让他做什么就做什么，你还在大家面前嘲讽他，这也太不给他面子了。你应该知道，好老公是夸出来的。”

婚姻专家点评： 一个幸福美好的家庭，是需要两个人精心经营的。人们往往很容易原谅朋友的过失，却很难坦然面对爱人的缺点和错误。其实宽容不仅仅适用于朋友之间，夫妻之间更需要宽容，更需要互相包容，何必对自己的老公吹毛求疵呢？多一份宽容，多一份理解，多一份鼓励、欣赏，丈夫肯定会变得更加体贴。聪明的老婆，对所爱的老公绝不会吝啬赞赏和鼓励。

2. 记着说声“谢谢”

在婚姻生活中，有些话似甘霖、似春风。常常将这些话说给你老公听，会给平淡的生活带来许多惊喜和快乐，给日渐粗糙的感情增添一些润滑剂。

女人，一般在得到别人的帮助——不论是义务的还是有偿的——定会说声：“谢谢，你辛苦了。”夫妻之间更应如此，作为老婆更不能心安理得地接受老公对你的关心和帮助而无动于衷。

贤惠的妻子，不要吝啬对老公的表扬。赞美男人为了事业、为了家庭在外辛苦打拼而付出的辛劳，你的一声“谢谢”，是对他付出的认可。不论是成功还是失败，即使有再多的苦和累，男人也都默默承受；再多的委屈和辛酸，男人也会深埋在心底。

在他拖着疲惫的步伐回到家里时，真诚地对他说一声：“老公，你辛苦了。”这会让他感到温暖和幸福，让他的疲劳消失殆尽。短短的一句话，表达的是你对他的理解和尊重，还有对他深深的爱和浓浓的情。

当他为你端上可口的饭菜、递上一杯清茶时，记着说声“谢谢”。当他用宽阔的肩膀为你遮风挡雨时，当他用温暖的目光融化你心中的坚冰时，记着说声“谢谢”。谢谢他给你真诚的爱；谢谢他在风雨中陪你一起前行；谢谢他让你成为骄傲的小女人。怀着一颗感恩的心，你们的情感定能一路走好。

婚姻专家点评： 婚姻生活是一门艺术，美满的婚姻需要两人用心经营、悉心呵护。男人在外面打拼，有太多的辛酸和不得意，在回到家里的时候，是多么希望得到老婆的安慰和爱抚，得到老婆的肯定。在婚姻生活中，嘴巴上多抹点蜜，真诚地说一声“谢谢”，一定能让婚姻生活更持久、更幸福！

3. 以鼓励代苛求

男人成家立业之后，背负着太多的责任。社会、家庭亦赋予了男人多重角色，最浓墨重彩的就是诸如“国家的栋梁”、“家庭的支柱”这样的定位。

当拼搏之后带来的并不一定是期待的结果时，男人也只得安慰自己：人生不如意是正常的，快乐才是偶然的。现代城市生活压力下的男性其实更脆弱。他们承受的社会责任、家庭责任和各种期待越多，承受的压力也越大。

男人在外面打拼后回到家里，是多么需要妻子的鼓励和温柔的体贴。若你在他的耳边说：“我不希望你当什么局长、处长，也不苛求你成为富豪，只希望你充分认识自己，弄懂自己，喜欢什么又能干些什么，然后努力认真地做自己最喜欢、最钟情的事情。老公，在人生的道路上，我们应该量力而行，不要苛求自己，该工作时就争分夺秒，该休息时就玩个痛快尽兴。”这些温柔体贴的话语流人老公心田的时候，是多么的感动，在他的心底里一定像翻江倒海一般，整日的疲惫和辛劳，都会被这理解的话语溶化。

假如对老公的要求太过苛求，那他宁可住到露天的屋顶上，或者一个人在酒吧里喝闷酒，也不愿回到家里来。以鼓励代苛求，那你的老公将成为世界上最快乐、最爱你的人，你也将成为最幸福的女人。

婚姻专家点评： 男人肩负的责任太多，男人的内心有多少的苦痛，也只有他们自己知道。好女人应该是男人的减压阀。一个和睦的家庭，需要两个人共同来呵护，相互之间应多一份鼓励，少一份苛求，那么两人的爱情就会像陈年老酒——越陈越香！

4. 奖赏好的行为

通过动物实验证明：因好行为受到奖赏的动物，其学习速度快，持续力也更久；因坏行为而受处罚的动物，则不论学习速度或持续力都比较差。研究显示，这个原则用在人身上也有同样的结果。很多情况下，批评不但不会改变事实，反而会招致愤恨。

走人家庭的男人和女人，难免会因为生活习惯的不同而磕磕碰碰。于是，夫妻双方往往迫不及待地想要去改变对方的生活习惯，以适应自己的生活方式。但遗憾的是，当双方为了改造另一方而使出浑身解数、筋疲力尽时，收到的效果往往会微乎其微。是的，双方都需要对方做出一些小小的改变，让两个人的生活更加和谐。但是,在改变对方的时候,却需要一点小小的技巧和智慧。

一天,小华和她的儿子一起去动物园玩,看到两只小海狮在水里嬉戏,旁边有一位驯兽师在喂小海狮小鱼吃。每当小海狮漂亮地完成一个规定的动作后,驯兽师就将一条小鱼递到小海狮的嘴里,小海狮为了这个美味的食物,很是卖力地在驯兽师的指导下工作。这使得小华想到了自己的老公,这个方法也同样适用于自己的丈夫啊。当老公做了一些好的行为时,也可以奖赏一下,而不要不加理会。毕竟,老是责备是不能让一只小海狮学会用鼻尖停球的。

其实,只要在家里把老公当成受驯的动物对待就行了,原则是他一有进步就为他鼓掌叫好,他稍做努力就为他加油鼓劲,就像小动物做完一个漂亮的动作,就要给它吃的一样,做个奖励的表示。如果你想让老公离远点,别在厨房碍手碍脚,不要唠叨发脾气,给他找点事干,然后再说两句好话表扬表扬,最后便皆大欢喜。

婚姻专家点评: 男人大都是大大咧咧、不拘小节,在家庭中更是这样,东西放的到处都是,把个屋子堆得乱七八糟不成样子,没有落脚的地方。这时,训他也无济于事,最好的办法就是循序渐进地疏导,他每做完一件小事,最好给一点精神上的奖励,不要视而不见。这样,久而久之生活便会变得井井有条了。

5. 赞扬要及时

即使你被老公像公主一样宠着,也要小心地呵护你的婚姻。

每个男人都希望通过自己的努力,让自己的女人得到最大的满足。为此,男人可以不惜一切。在家庭的两人世界,被老公宠着的女人是幸福的女人,可以自豪,也可以炫耀,却千万不可以忽略老公的感受。虽不必时时以老公为第一,但也不能全然不顾老公的感受。

女人最关键的是要有颗感恩的心,要对老公为自己所做的一切都心存感激,千万不能因为他很在乎你便凌驾于老公之上,要时常与老公进行平等的谈心和交流。不要认为老公所做的一切都是应该的、理所当然的,要对老公给予自己的爱充满感激,要用加倍的柔情来回报他,让他充分感受到你的温柔。这样他才会觉得为你所做的一切,即使再苦再累都是值得的,也会加倍地爱你。

及时地赞扬往往可以取得良好的效果,尤其是在众人面前及时的赞扬,效果更好。贤惠的妻子最好养成赞扬老公的习惯。你会感到这么做以后,你的老公是多么的开心!你自己也会因此而感到幸福、快乐和人生的充实。

当有一天老公一进家门,将一束鲜花递到你手里的时候,你一定要记得赞扬他一下。因为,他现在的心里是多么渴望你的赞扬啊。反之,当你开始没完没了的唠叨的时候:你买这个用了多少钱啊;这些钱你知道可以给孩子买几袋奶粉啊;可以够我们两天的生活开支了。这样便适得其反,对于男人来讲简直就是冷水浇头。

赞扬也是一门学问,那么该如何更好地赞扬你的老公呢?

(1)多在别人面前赞扬你的老公——这也是往你脸上贴金哦。

(2)注意赞扬的词语不要太夸张,一定要真诚,倘若这种赞扬不真诚还不如不赞扬。

(3)在赞扬的同时也可带点亲密的动作,比如拥抱一下。

(4)平时要注意观察,赞扬你老公自我感觉良好和擅长的一面。

(5)赞扬要及时。

婚姻专家点评: 一个幸福美满的婚姻是每一个男人和女人都梦寐以求的。作为老婆,不妨在生活中多给自己男人一点及时的赞扬。对老公来说,既是鼓励,同时也可以增强男人的自信。对老婆来说,这也是一种责任和义务。

6. 赞扬不能太离谱

赞扬老公对女人来说是手到擒来的事。每当老公做了一件令你心悦的事情时,及时地赞扬老公是最好不过的事情了,也是女人最拿手的技能。虽说赞扬不费大多力气,张嘴就来,可甜言蜜语中水分多了,就显得诚意不足,有点做作,使人听起来不舒服。毕竟有根有据的赞美和敷衍了事的话语还是有区别的。

赞扬自己心爱的男人,对任何女人来说都不是难题。但是,没有分寸、没有原则的赞美,只会让男人自负或自恋。因此,赞美就如一件衣裳,好看但未必适合每个男人。女人要将赞美准确送达,需要有独到的眼光。

男人在工作场上的拼搏、在深夜伏案疾书的辛劳,都写在了脸上。对于女人,自己的老公不仅要关怀他,更要崇拜他。如果他这个月的业绩又达标了,你就得赞扬:“我老公就是能干,工作中得心应手。”如果他在周末为你做早餐,你就得赞扬:“老公,你做的汉堡包真是一绝,比麦当劳的还好吃!”如果他是在修理水龙头,你就得赞扬他修水龙头的样子很有男人味。你夸得越多,你的老公便会干得越高兴。

婚姻专家点评: 男人也有虚荣心,愿意当大男人、大丈夫。在男人的心里,也很喜欢得到自己心爱的妻子的赞扬。但是,男人又是很敏感的,赞扬的要恰到好处，不可做作，要表达出你的诚意。要做一个合格的妻子，在赞扬的同时，不要忘记表达一下对老公的爱意，这也是必不可少的。千万不可在邻里朋友面前指责老公如何无能，那简直就是诋毁你与你老公在公众面前的形象，同时也在毁坏着自己的婚姻。

7. 女人不要轻易说出来的四句话

在婚姻生活中，女人常常口无遮拦，想说什么就说什么，毫无顾忌。其实，有些话是不能轻易说出口的，一旦说出，就有可能如凶猛的洪水，让爱的堤岸受到强大的冲击，让人后悔莫及。最重要的是，有四句话千万不要说。

第一句话："你真是个窝囊废。"每个男人都有很强的自尊心，都渴望得到别人、特别是自己心爱女人的肯定和尊重。也许他资质平平，也许他能力有限，也许他老实木讷，但他是你今生今世相依为靠的男人，你对他要多给予鼓励和赞赏，少些讽刺和否定。只有这样，才能激发他的潜能，让他能有所作为。如果你经常骂他是个窝囊废，也许他从此就放任自流、自暴自弃，最后真地变得一无是处。

第二句话："找到你真是倒了八辈子霉。"如果你说这句话，首先要责怪的应该是你自己。如今已不是包办婚姻的年代了，这个人不是你自己打着灯笼找的吗？你当初干嘛不把眼睛睁大点、擦亮点？现在再来抱怨为时已晚、于事无补了。所以，干脆就不要说出这话了。人只能活一辈子，你这一辈子找的就是他，只要你不打算让他"退役"，那就自认倒霉吧，和他好好过。也许换一个角度看他，你会渐渐发现，他其实也有自己的过人之处，找到他是找到了今生的幸福呢！

第三句话："这辈子我和你是过够了，我要和你离婚。"动不动就拿离婚来威胁男人的女人不是明智的女人。"离婚"二字像一把刀子，会深深伤害男人的心。带着这颗伤痕累累的心，他能全身心地爱你吗？在你没有真正做出离婚的打算之前，这两个字永远不要轻易从你嘴里吐出来。如果你一时赌气说出离婚，而男人立即赞同，并让你马上签协议时，你不是处在进退两难的尴尬境地吗？有的女人甚至因此葬送了原本美满的婚姻，这教训不得不吸取啊！

第四句话："你真是个乡巴佬。"相信大部分的人，在三代之前都来自农村，有多少男人背负着全家甚至全村的希望，实现了鲤鱼跳龙门的愿望而留在城市里发展。因此他们经历过许多城市人无法想象的困难，那种骨子里的伤痛，你千万不要去碰！碰了就会在你们心中划下一道永远的印痕。更不要因此看不起他来自农村的父母和兄妹，不要给他们摆脸色，不要因为他们身上的泥土弄脏了你的地毯而在男人面前絮絮叨叨，不要因为他偷偷给家里寄钱而吵架，更不要拿给他父母寄了多少钱，就要给你父母寄多少钱来比较。

婚姻专家点评： 在婚姻生活当中，两个人互相尊重，是保持爱情和婚姻美好基石的基础，这种尊重不但要放在心里，更要表现在语言和行为上。尊重即是信任，是对他的依靠。如同捧在手里的水，捏得太紧往往会从指缝中漏掉，轻轻地托起才能使之不脱离于你的掌心。

（三）感激老公

男人必须懂得，女人渴望倾吐；女人也必须明白，男人需要感激。想让男人发自内心地疼你，就要感激他的付出，懂得感恩。这样一来，他因为感觉付出得到了回报就会做得更好。感激是一剂“强心剂”，使男人浑身充满力量，产生更大的动力，也会更加尊重他的伴侣。

1. 感情不是考验出来的，是感动而来的

如果真正爱自己的老公，珍惜双方的感情，留恋自己的家庭，就不应该对老公进行无谓的考验。真爱需要用心去感受，真爱是不必刻意去考验的。一旦刻意了，爱情就会受到亵渎。要知道，两个人的感情不是考验出来的，是感动而来的。

贤惠的妻子从不会考验自己的老公。老公作为男人，同样具有对其他异性的好奇，也渴望一种意外的温柔，但并不意味着他一定会背叛自己的家庭，爱美之心人皆有之，喜新厌旧也是人之常情，通常情况下他只会将这种心情藏在心底。如果你认为自己的老公与别的男人不一样，可以经受来自围城之外的诱惑，将自己装扮成别的女人去考验去诱惑是很愚蠢的，这只会让你老公暴露出作为男人本性的一面，而看不到他作为丈夫的另一面。要知道，老公是用来爱的，不是用来考验的。爱是自然的流露；爱是双方感情的默契；爱需要信任，更需要理解和宽容。爱情需要适当的考验，但老公却不必去刻意地考验，因为他已经做了你的老公。

现在网络大行其道的时候，有一些女人通过 QQ 来考验自己的老公，看他对自己是否一心一意，小娇就是其中的一位。

一天，她闲着没事，在网上注册了一个新的 QQ 号，然后将老公加为好友，并说自己是在当地经商的香港人。从此，小娇经常在单位电脑上与老公聊天。半年过去了，两人聊得十分开心，无话不谈。一次，小娇在 QQ 上对老公说，自己的感情生活遇到挫折，很羡慕那些搞“一夜情”的人。可是，让她吃惊的是，老公居

然很老练地先问她有没有照片，然后立即要求当天晚上见面……

那天，小娇没有去约会，她的老公在夜幕里等了好久好久。当晚，老公回来，小娇问他为什么这么晚才回来啊，他撒谎说公司开会，小娇也没有戳穿这个谎言。

懂得爱的人会自爱，然后才有能力去爱别人，去爱这个世界！

婚姻专家点评： 妻子不必去考验自己的丈夫，而应该用情感来感动老公。感情不是考验出来的，而是感动出来的。如果他知道你在考验他的时候，他心里会怎么想呢？那是对他极度的不信任，也是对他人格的践踏。如此愚蠢的考验，只能使得两个人的感情背道而驰，最终使他离你而去。

2. 爱的付出体现在一些小事上

在男女情爱生活里，不仅要注意大事、讲原则，而且更为重要的是要注意生活中的一些细微之处，尤其是一些看似琐碎的小事。

从众多过来人的爱情体验来看，爱的付出常常体现在一些小事上，这些"小而不为"的生活细节影响却不小，会令男人深为感动，并感念你的关怀。如此，你得到的将是男人加倍的关爱。

（1）女人想使自己的爱情之花长久盛开，想打动自己的爱人，就需要从日常生活中的小事入手，从细微处着眼，用爱的事实感动他。

（2）了解他的口味。你注意过没有，他特别喜欢吃什么点心、喝什么茶、爱吃什么零食。即便他不说，你也要给他买回来，让他开心。这是让他快乐的"线索"。当然，零食不能当饭吃，只可不定期地买一样他最爱吃的东西，宠宠他的口味。

（3）向他表示感谢。当他为你做了一件事，不管是大事，还是举手之劳的事情，你都应该表示感谢。千万不能以为他做这些是应该的，如果那样你就大错特错了。你知道吗？爱要相互付出，谁都没有欠谁的。

（4）送上无微不至的体贴。工作了一天的他，刚刚进门，身心疲惫，加之又受了一些挫折，心情不太好。当他只想一个人待一会的时候，你及时给他送一杯热茶、递一条毛巾或问寒问暖一句，你的男人一定喜欢。因为，此刻他最需要妻子的照顾。

（5）照顾好老公的胃。你听过他讲"我妈做饭的味道"吗？问问你的婆婆，向她请教食谱及做法。然后，不要害怕自己做不好，只要你坚持，迟早也能做出婆婆的味道。千万不要认为"不就是吃饭吗"，不！这关乎他和你的身体健康，是生活中的头等大事。

（6）把他当大男孩哄。男人永远长不大，特别是伤心的时候，他更像个大男孩。这时你不妨哄哄他，双手抱住他，静静地陪伴着。或者抚摸抚摸他的头，像哄小孩那样抚慰他。你的善解人意与女性的温柔，肯定会让他激动不已。

(7)生活中多给他一点鼓励。传统社会给我们的教育是：男子汉总是勇猛刚毅的。其实男人也需要呵护，他们也是有七情六欲的动物。何况现代社会生活节奏加快、竞争激烈，男人的精神压力陡然增加。此时，他特别需要关怀和鼓励，你的一句问候、一个柔情的眼神、一个温馨的电话，都会给他巨大的鼓舞，他会感到妻子十分在意并关心着他。

(8)个性传情法。尽管今天情感沟通的手段已经十分发达便利，尽管你们天天相守，但用自己喜欢的方式表达爱意依然很重要。这种“方式”是你们爱情的润滑剂，它既能让你感受浪漫，又能消解生活中产生的许多误会，让爱充满新鲜感。

婚姻专家点评： 爱情在任何时候都需要滋养，需要用心地呵护。细心的呵护需要挂在嘴上，更需要表日常生活中琐碎的小事上。万万不能有“已经是一家人了，他还能怎样”的心理。如果这样想，那你的爱情就要亮起红灯了。

3. 爱不能单向索取

家庭是两个人的世界，爱当然是其中最重要的支撑。怎样保持这个“爱”，怎样让自己的婚姻不走味、不变质、不过期，需要女人认真地思考。

爱是理解、尊重和包容，这是爱的高级层次，也是爱得以永恒的必要条件。这种理解、尊重、包容应是双向的，不能是一方对一方的单向索取。夫妻双方应该将心比心，设身处地从对方的角度着想。

爱是不能单向索取的，对爱不能斤斤计较。任何单一的、单向的爱，都是不完整的爱。爱，既包括被爱，也包括去爱。爱，带给自己和他人的感觉，应是轻松的、愉悦的、积极的。所谓被爱，是指你能感受到被关怀、被呵护、被重视、被尊重；所谓去爱，是指你去关怀、呵护、重视、尊重你的爱人。

爱是轻松的，无论你所感受到的爱还是你所给予的爱，都不会让自己和他人有被控制、被约束、被依赖之感；爱是愉悦的，爱带给我们的是高兴、快乐和幸福，一想到自己爱的人和自己被爱的事，你就会情不自禁地笑了起来；爱是积极的，爱带给人的是人性的成长、是人格的完善。活在爱中的人，其人生必定是健康的、积极向上的。

爱一个人就意味着奉献而不仅仅是索取。但是，什么是真正的爱呢？真正的爱情不是单向的，而是双向的；不是索取的，而是给予的。爱一个人很幸福，但是被爱也是幸福的。所以，托尔斯泰说：“被你爱的人所爱，是世界上最幸福的人。”

婚姻专家点评： 爱不是单向索取，爱不是一个人的事情。爱一个人，幸福的是自己；被一个人爱，幸福的是爱你的人。幸福是彼此的，只有两个人相互爱着对方，那才能谈得上幸福，而缺少了任何一方的爱都是不完整的爱！

4. 当老公“受伤”的时候，像母亲一样关爱他

在市场经济的大潮下，男人也极易受到伤害。

不论在商场上，还是在战场上，男人都要向前冲，要是他们拒绝就会蒙受耻辱、受到谴责。男人的大部分精力都在工厂、矿山、公司中消耗殆尽，变成了商品。男人在社会里必须有所建树，要比父辈更出色。男人作为一个顶天立地的汉子，不论面对什么样的困难，都不会屈服。

作为一位称职的妻子，你要细心观察你的丈夫。特别是当丈夫心烦意乱、十分消沉的时候，你要用母爱般的情怀去抚慰男人受伤的心灵，让他从情绪的低谷中摆脱出来。虽然表面上看起来，你的丈夫是个顶天立地的男子汉，而你是一位柔弱的女性，但任何人都有其脆弱的一面，你的老公也非常需要你的爱抚。

那么，应该怎样去抚慰老公呢？

(1)请不要打扰他。如果你丈夫的个性十分刚强，那么在他情绪低落的时候，一般不喜欢别人打扰他，他只想一个人静静呆着，自己排遣内心的伤痛，过一会就会控制住自己，恢复心理平衡。如果此时你出于好心去劝解他，那么他不仅不会感激你，反而会厌烦，甚至对你大发脾气。因此，你最好不要打扰他，只要给他一个安静的机会就行了。

(2)鼓励他度过危机。如果你的丈夫性格外向，但意志比较脆弱，那么当他情绪不稳定的时候，可以通过交谈和体贴入微的鼓励来帮助他恢复心理平衡，使其重新振作起来。

(3)无言的理解。对朝夕相处、心心相印的夫妻来说，有时根本不需要语言，也不需要明显的照顾，你的一个微笑、一个会意的手势，就足以使他感到母爱般的温暖和力量。因为这种无声的语言蕴含着深深的理解和默契，一旦老公意识到这种特殊的爱抚和激励，他的情绪会变得轻松起来，紧张状态也会很快消除。

(4)润物细无声的关心。在丈夫心情忧郁的时候，你可主动帮他做些事情。但要记住，你的帮助一定要做到自然，否则会使他感觉到这是怜悯和同情。如果是这样，他会觉得你太小看他了，从而损害了他的自尊，因为所有男性都不喜欢女人的怜悯。

婚姻专家点评： 男人作为一个顶天立地的汉子，不论面对什么样的困难，都不会屈服。作为一位称职的妻子，你要细心观察你的丈夫。特别是当丈夫心烦意乱、十分消沉的时候，你要用母爱般的情怀去抚慰男人受伤的心灵，让他从情绪的低谷中摆脱出来。任何人都有其脆弱的一面，你的老公也非常需要你的爱抚。

5. 送上细心的体贴

一个成功男人的背后，都有一个支持他的女人。事业成功的好男人，其实都是体贴的女人塑造出来的。失去理智的男人，往往都是被唠唠叨叨的女人给激出来的！

要想男人与你恩爱一生，关键就在女人自己手上。通过微不至的体贴，来了解男人内心的苦衷、烦恼和渴望，让男人心甘情愿、死心塌地爱你一辈子。

任何一个女人都想做心爱男人的小女人，就算再强的男人也大多都是粗枝大叶，很少有细心体贴的。粗枝大叶是男人的本性，而细心体贴却是女人追求幸福的手段。

细心的女人，可以使细小的体贴融入到生活里。如天气凉了，为你的老公添一件衣服；看天气阴着，就为他的公文包里装一把伞；在你的老公深夜伏案工作的时候，为他煮一点宵夜……这些看似细小的事情，却可以使你的老公一辈子离不开你。

当男人工作了一天，身心俱疲的时候；受了一些挫折，心情不太好的时候；不为什么，只是想一个人静一静的时候……不要等他开口，你就为他端来一杯热茶或咖啡，然后离开，让他独处。如果他在卧房或书房，那就帮他轻轻地把门带上。

这种细微贴心的照顾，不是最爱他的人怎么能做得到呢？

茶的浓淡，咖啡要不要加糖或伴侣，那是你最能掌握的。此时切忌问他："要茶还是咖啡？""咖啡要加糖吗？""要不要加伴侣？""你要喝什么茶？乌龙？绿茶？普洱？还是铁观音？"疲惫的人或一心在思考问题的人，实在没有多余的心力想这个事情。你就照平常的方式做好了。什么样的茶或是否加糖的咖啡其实并不重要，重要的是它所表示的是你对他的体贴和关怀。

婚姻专家点评： 世上没有完美的男人，生活中的男人总是脏衣服乱扔，起床了不整理被子……没有女人的男人世界是一塌糊涂的。贤惠的妻子不会用唠叨来改变自己的男人，而是让他感受到你细心的体贴和对他的支持。这样，即使牺牲自己来爱你，也会在所不惜。

6. 帮他梳梳头，给他幸福感

爱情给我们带来的欢愉是无与伦比的。不过，要获得爱情，就必须付出精力和行动。

劳累了一天的老公回到家里，放下手里的公文包，走进浴室。当他洗完头、湿淋淋地走出浴室的时候，你会做什么？你想到要做些什么来表示你对这个男人的体贴了吗？是视若无睹，还是拿一条毛巾给他披在肩头？或者帮他把头发吹干？

假如你能拎一条干毛巾，亲自为他擦拭头上的水珠，再帮他吹干湿漉漉的头发，你的男人一定觉得自己是天底下最幸福的男人。

吹头发的时候，要一手拿着吹风机，一手将湿漉漉头发弄松、拨开，吹出好看的发型……做这些动作的时候，你不妨近距离地操作，而且最好有肌肤之亲的动作。于是，就这么挨挨碰碰、磨磨蹭蹭之下，你们怎能不亲密呢！

如果你的男人一向自己吹干头发，你可以说："今天我来帮助你吹，就不用你动手了，看看我的技艺，刚从冯姐那里学来的。"

你的男人可能不敢相信自己那么幸福，说不定他会假意地推辞一番："不用啦，你忙你的去吧，我自己来就行！"不过，通常只要你坚持一下，他就会乖乖地听话，而且还会在心里增添几分对你的依赖感。

婚姻专家点评： 良好的爱情关系不是自然产生的，它需要有意识的努力和行动。为了发展丰富和充实的爱情关系，必须采取更为主动、更为积极的态度，并能够真诚地奉献。

（四）理解老公

男女分工不同，社会赋予男人的定义是强者。男人在社会中拼搏，也许会"鲜血淋淋"，回到家需要有一个精神上的彻底放松，让女人用温柔和爱为他疗伤。要让他觉得："不管我在外面多么失败，至少回家后我会感觉拥有你就拥有了一切，我就是最幸福的男人！"

1. 很多应酬本身就是工作

男人下班后，也许会遇到朋友或客户，有的是因对方盛情难却，有的则是由于工作上的需要……总之，许多时候不得不硬着头皮应酬。

不论男人还是女人都是社会的一份子，每个人都生活在各种纷繁复杂的人际关系之中。于是，应酬这种形式便在所难免。应酬既是人联络感情、加深了解的方式，也是增进友谊的平台。应酬看似平常，但也蕴藏着机遇，无限商机和滚滚财源也许就从中而来。

随着生活节奏的加快，男人越来越忙：上班时间疲于奔命地工作；下班又忙着充电；周末还要抽空准备考试、晋职。一个“忙”字可以说是对现代都市人生活的最准确的诠释。于是忙得人们早晨见面只是匆匆的一句：“早，我赶时间，先走了！”晚上下班则是：“回家了，我还有事，改天再聊！”如果工作之余，适当地参加些同事、好友间的聚会，的确是一种放松身心、联络感情、结交朋友、交流思想的极好方式。

繁忙的工作使得我们没有时间彼此交流，然而交流思想、沟通情感却是建立和谐、融洽的人际关系的润滑剂。无论哪一类型的应酬场合，其实都是人与人交流思想的良好时机。通过交流，你也许会发现，那个上班时间“不关己事不开口”的新同事，并不是没有思想和主见的“捻捻转儿”；那个工作时不苟言笑、动不动大发雷霆的老领导也并非冥顽不化、满脑子旧观念；那个久别重逢的老同学又为你的头脑注人了“源头活水”；在举杯对饮之际，隔阂颇深的同事终于说出了一直没机会说的“对不起”，于是冰释前嫌，和好如初……

婚姻专家点评： 没有一个女人希望找一个碌碌无为的男人，然而有事业心、有能力的男人，是少不了应酬的。一个成功的男人，必定会失去很多很多闲暇的时间，因为成功不会从天上掉下来的，都要靠自己去争取、去打拼。

2. 老公要面对各种压力

现代社会前进的脚步越来越块，随之而来的因社会、工作、家庭、人际关系等带来的各种压力一下子都压在男人的肩头。

在社会里生存必须要应付各种关系的压力。如上下级关系、同事关系、与客户的关系。说话要小心翼翼、克制自己、不能得罪人，不说过激的话。因此，情绪得不到释放，自然也就会产生压力。

如果说男人在外面工作是身体很累的话，那么，最使男人心累的是家。在女人看来，男人在外面累点是理所应当的，而男人在家里稍有一点做得不对或不令老婆满意的话，女人则会大吵大叫、喋喋不休，叫男人无法置疑辩说，实在有些武断和专权的味道。女人总是担心男人会做出让自己心痛的事，因而不厌其烦地啰嗦不断。稍有不对，便会亮起红灯加以警示，生怕这毛病或缺点长大，影响家庭；女人总以为男人不关心家庭，不关心自己和孩子，而只有自己才是这个家的核心……

家庭应该成为男人奋进征程中的一个港湾，而妻子应成为港湾的主人，让男人在港湾中得到愉快的休息，攒足后劲，向着既定目标前进。当成功的彩带在天空向你飞来，当无数的喝彩涌进你的耳鼓，你会不会赫然体味到：男人不易啊！

有的压力来自老婆本身。比如说你看李姐家又买了一套三居室的房子；赵姐她老公给她买了一辆奇瑞；或者要求五一、十一黄金周去国内、国外旅游……当这种要求超出经济和时间所承受能力的时候，都会造成男人的心理压力。当老婆的能力超过老公，而且不论老公如何努力也不能超过老婆的时候，更是一种永久的压力。

工作压力使人紧张是必然的，而家庭是缓解心理压力最好的地方。但是家庭中的紧张要是到工作中去放松，那只会使压力更大，因为工作环境不是减压的场所。

婚姻专家点评： 生活中，男女都会遇到各种各样的压力，但女性似乎天生比男性更容易化解压力。比如，当女性内心压抑和苦闷时，她可能会找朋友倾诉；当痛苦难忍时，她甚至会大哭一场。男性则不同，男人重视事业和面子，不懂得给自己减压。为了排解压力，一些男人会有过量酗酒和抽烟等不良习惯，但这些行为非但对缓解压力无助，反而会对健康造成伤害。

3. 老公会经受各种诱惑

生活中的诱惑无时不在、无处不在，是友情？是爱情？是利益？还是道义？如何抉择，将影响你的婚姻、工作乃至整个人生。

男人在工作中或许叱咤风云、呼风唤雨、长袖善舞、游刃有余；或许在官场上位高权重、一言九鼎、左右逢源、八面玲珑。可是，如何能做到这些呢？如何才可以从一个一个的陷阱里跳出来呢？在社会上打拼自己的一片天地，不知道要经历多少的磨难，忍受多少心灵的折磨，面对多少的诱惑。其中包括金钱的诱惑、美女的诱惑、名誉的诱惑……

然而在美女面前，许多男人明知前面是一个陷阱，明知会断送自己的前程，还是禁不起诱惑，失足落入温柔的陷阱。从古到今，多少英雄为了女人走上了断头台，甚至将整个江山拱手让给了别人。金钱的诱惑力度不可谓不大，可相形于女色的诱惑来讲略逊一筹。明知道色字头上悬着一把刀，可还是有男人前仆后继，顶刀前行。

男人所面对的诱惑大致为：

(1)金钱的诱惑：男人在社会上打拼，就是为了更好地生活，使妻子儿女得到物质上的享受。上有父母，中有妻子，下有孩子，经济负担太重，迫使男人对金钱充满了渴望。

(2)感情的诱惑：男人在为拥有更多的金钱而忘我工作的时候，拖着疲惫的身体回到家里的时候，假如妻子没有用女人般的温柔来体贴老公，在这种危险的情况下，男人在外面抵御感情的诱惑就很难了。

(3)情欲的诱惑：人都是有欲望的，稍不控制，就会成为情欲的奴隶。

(4)仕途的诱惑：对于每一个男人来说，都想在仕途中得到成功，都想尽快地平步青云，一旦有个机会，男人是决不会放过的。

婚姻专家点评： 诱惑充满了整个世界，无时无刻不在你的左右。不论是何等的诱惑，眼睛可要看清楚，到时候跌下去是惨不忍睹的，不仅断送了仕途，甚至还搭上了性命。作为妻子的你，要时不时地亮亮红灯、敲敲警钟，用你女性的敏锐和直觉，提醒自己的老公。

4. 勿听到风就是雨

夫妻既然是人生的伴侣，要携手走过人生漫长的道路，那么就要在互敬互爱的同时做到相互信任。古人云："长相知，不相疑。"讲的是夫妻之间要相互信赖、互相勉励，绝不能相互戒备、疑神疑鬼。

社会就是一个万花筒，千奇百怪无所不有。在工作中、在家庭里、在邻里间，天天都有些寻常的琐碎事情。在社交活动中，每说一句话之前，都要考虑一下你要说的话是否合适，不要以为风来雨就至，想说什么就说什么。

在社交活动中，应以诚待人、以宽待人。要与人为善，而不要打听、干涉别人的隐私，或是评论他人的是是非非。不要无事生非，捕风捉影，也不要东家长、西家短，更不要传小道消息，把芝麻说成西瓜。说话要有事实根据，不能听风就是雨，随波逐流。在婚姻中更不要听到风就是雨，一旦听到一些小道消息，就怀疑老公如何如何。不要把事情闷在心里，一切事情要当面问清楚、说明白，这样才会化解因小道消息带来的误会。

女人，往往刚听到一点风声就信以为真。这是女人的特性，有一点风吹草动，就以为是大兵压进，将事情描述得和自己亲身经历的一样，这就是女人"爱嚼舌头"的特点。这是每个女个都应该注意和变正的。

婚姻专家点评： 听风就是雨，女人大都有这么一点小小毛病，可是在社会里与人交际当中，在与邻居的交往当中，几个女人坐在一起难免说说东家长、西家短，可是应该做到出你的口，入我的耳，到此为止，不要到处宣扬。什么话该说什么不该说，都要好好地思量一番，以避免日后给自己带来不必要的麻烦。

5. 眯起眼睛看老公

男人和女人要结合在一起，最终走进婚姻的殿堂。婚姻是两个人的世界，必须有一个磨合期，要度过这个磨合期，方可走向稳定。

陈红的老公爱打麻将，交的朋友也常常是麻坛干将；不善读书，常读的就是关于足球的报纸；又不善交际，尤其和领导搞不好关系；固执保守、刚愎自用、脾气暴躁、性情单调……陈红想："咳！我要委托终生的老公，咋是这样子的呀？"

日子一天天地过去，平淡的婚姻生活没有一点转机，陈红无法忍受下去，决定出国去姨妈那边散散心。老公一直不同意她去。在办手续的那段日子，她依然与平时一样时不时地打理一下家务，擦一擦地板，洗洗衣服。陈红以为和老公会有一场艰苦的谈判，或是一场恶吵，然后各走一方……

出国的日子一天天地临近，陈红心上的坚冰却一天天地在消融。试想：可容忍女人不料理家务的男人应该是宽容的，能迁就女人撒泼使性的男人是有涵养的，知道关心老婆和家人的该是个有心的男人，从不把香烟和烦恼带进家里的男人是沉稳有责任心的男人……从此，陈红拿另一只眼睛看老公，发现的优点还真不少。

老公爱打麻将，但却从不主动约局，往往是被别人三缺一叫走凑局；对他喜欢的事情着迷得到了忘我程度，这就是执着，为了看足球世界杯，他可以一夜不睡，八一队赢了一场球，他高兴得手舞足蹈，不停地在你耳边唠叨；老公不善交际，却有着良好的群众基础，他走到哪儿，总有很多人聚到他身边一起侃大山；他的固执准确说是定性强，现代社会诱惑多多，没有定性怎么成！保守嘛，是有一点儿的，男人保守点儿不就是女人的福分？性情暴躁却不失温情，去年的生日他还送了一束当时怎么看怎么都难看的花……

哎，平时怎么没有用另一眼睛看老公呢？老公居然有如此多的优点，以后还是学会眯起眼睛看老公吧。

婚姻专家点评： 每个人都有他的优点和缺点，在两个人一起生活的婚姻殿堂里，难免会有一些磕磕碰碰。同在屋檐下，哪有锅边不碰勺子的。这就需要互相包容、互相理解，最好不要拿着显微镜审视你的老公，还是理解万岁吧。

6. 男人，多少总有那么一些小毛病

家庭生活中，男人总有点让女人头痛的小毛病。很多时候，男人觉得这些小毛病是无关大局的琐碎小事，往往并不放在心上，从而放任自己。但是，女人比

男人更重视生活质量，在女人眼中，细节就是生活，生活就是细节，而男人在生活中却往往不拘小节。正是他们所表露出来的不屑一顾，恰恰影响到女人，甚至让女人忍无可忍。

（1）抽烟

“吸烟有害健康”这句话每一个男人都知道，可是男人还是整天香烟不离嘴边，也许抽烟真地能减轻男人的精神压力，使他们得到某种慰藉或是来点灵感。可抽归抽，还是身体要紧啊！

（2）醉酒

酒的文化内涵很深。有的时候，喝酒是烘托热闹气氛的手段，比如同学、朋友聚会，谈天说地讲笑话，可没有酒来助兴，就始终会觉得不够尽兴。谈得兴奋时，自然会喝的多点，最后喝得一塌糊涂。喝醉了也只能自个受罪，吐个唏哩哗啦。

（3）爱说大话

男人大多喜欢吹牛，你最好别戳破他的这个小把戏，他们这么做是为了让自己得到一点力量，找到一点自信，好继续人生征程下面的拼搏。虚拟的成就感能让他心情明朗起来。没人喜欢自己一无所知，大多男人都想在朋友面前展示自己多么的博学多才，上知天文、下晓地理。男人在和同学、朋友、同事在一起聊天时，难免有时会天南地北地大侃一通，谈到兴起时更是口无遮无拦。

（4）不修边幅

男人出门不修边幅，这是人所共知的，拿起西服就出门，不管领带打成了什么样子，以及皮鞋上面是否有灰尘。第一次去见你的老丈母时，一定要打扮得利利落落，因为第一印像很重要。假如你不修边幅，就算人品再好、心地再善良、思想道德再高尚，不了解你的人见你这般模样，心里马上对你的形象大打折扣。俗话说：“人靠衣装，马靠鞍。”不需名牌，不需高档，只要穿得整洁、干净，看起来就觉得舒服。

婚姻专家点评： 男人靠理智去思考，靠感情去行动；而女人则靠感情去思考，靠理智去行动。因此，男人喜欢将复杂的事情简单化，将大事变小事；而女人则喜欢将简单的事情复杂化，将小事变大事。于是，男女之间的小矛盾便产生了。不过男人本就大大咧咧，这样才有点男人味，假如男人都像女人一样细心，那你又会怎么想呢。

7. 老公的缺点要一分为二地看

天下没有绝对的缺点与优点，每个人都有其独特的一面。

对老公的缺点要一分为二地看待，但这里讲的一分为二不是一半对一半、不分主次地进行折分。一般来讲，要先看长处，后看短处，扬长避短，在发挥其长处过程中补其短处；先看优点后看缺点，在发挥其优点的过程中克服其缺点，而不是首先死抠缺点把人控制住。

天下没有绝对的缺点与优点。每个人身上都有其独特的一面，也有不被人了解的缺点。正因为你的老公每天都和你在一起，和你一起吃饭，一起料理家务，常在你左右相伴，老公的一切你都看在眼里，记在心上，不论是优点还是缺点，你的老公在你面前毫无掩饰。

正因为你是他的妻子，正因为你的老公和你朝夕相处，所以你只看见老公的缺点，把缺点看成全部，却忽略了老公身上还有很多闪光点。

老公的缺点要一分为二地看，可不能一棒子打死。如果他懒惰，那么他就会有更多的休息时间，使他有充足的精力放在工作上；如果他没钱，那么他会少一些出轨的可能，这样你也不会整晚地想"都快十二点了，老公现在……还是在加班"；如果他长得难看，就会少些第三者的可能；如果他没有上进心，他会把全部注意力集中在你的身上，有更多的时间在家帮你料理家务，有更多的时间照料孩子，有更多的时间去老丈母家帮帮忙；如果他每天回家都有一身的酒气，那他也是不得已，为了应酬，为了多留住一个客户，为了这个家。老公的缺点，不要一概而论，要具体问题具体分析。

婚姻专家点评： 人无完人，不论任何人，都有各自的优缺点。这就需要正确地看待他的优点和缺点。发现心爱的老公有自己无法容忍的缺点时，不要大肆指责，应循序渐进地帮助他改进，时时提醒，引起他的注意。对老公的缺点一定要一分为二去看。

（五）让老公宠你就要顺老公的心

男人都喜欢女人明事理，只要他觉得你识大体，你说的话在他心里就会很有份量。所以，聪明的妻子总是会在爱人面前扮演着不同的角色。当爱人不开心时，她可以像个大姐姐般地去安慰他，直到他的嘴角露出几许笑容；当爱人生病时，又像母亲一样把他抱在怀里轻轻拍打他双肩，并给他煲上一锅好汤，让他暖暖的；当自己委屈时，又会像个小孩子般在爱人面前哭泣，以博取他的呵护和安慰。男人其实都像孩子，需要女人的疼爱和引导。好女人就像是一所学校，可以培养出最优秀的"毕业生"。

1. 不要摆脸色给老公看

一个生气的女人是很丑陋的。爱他就一定要尊重他，切记再生气也不可以出口伤人，言语造成的伤口有时一生都在流血。身体的伤害很容易治愈，精神的伤害后果则是可怕的。

老公在外面打拼，在工作上会有许多压力，这样就够心烦的了，没有义务回家还要看你的脸色。老公身上会有缺点，生活方式上也会与你不同，令你不满意，但人怎么可能是完美的？在你面前，因为你是他的妻子，他不会去遮盖自己的缺点，他要摘下脸上的面具，做回自己，做个普通人。作为妻子，容忍、体谅和宽容是做人和对待婚姻应有的态度。

在家庭里女人最好不要对老公发脾气，或是摆脸色给老公看。老公在生意场上拼命地工作，有多少累、有多少心劳、有多少苦，也只有他自己才知道。老公在外面整天奔忙，不分白天和黑夜地操劳，不就是为了这个家吗？家就是老公休息的温馨港湾，累了一天的他拖着疲惫的身体回到家，你却因为老公没有进屋换鞋、没有将外套放到衣服架上而阴沉着脸，唠叨不休。试想一下，男人下班后，回家听到的如果是老婆一声关怀的话语："你忙了一天，辛苦了，快到沙发上歇歇，把外套给我！"老公一定会笑笑说："没什么，你也辛苦了！"那是多么和谐的一幅场景。

所以，即使心里有多么的不高兴、不痛快，也不要摆脸色给老公看。一个生气的女人是很丑陋的。常处在愤怒的心理状态下，女人也很容易衰老，为了你美丽的容貌，还是快快乐乐地生活每一天吧。

婚姻专家点评： 老公是拿来爱的，不是拿来撒气的，爱老公就是爱自己。老公在外面工作，回到家还得看老婆的脸色行事，要是这样的话，老公会在外面游荡，宁可在酒吧里泡着，也不愿回家看你的脸色。老公是你最亲密的爱人，在你不高兴的时候，应该换一种方式来缓解你心里的不悦。身体的伤害很容易治愈，精神伤害的后果则是可怕的。鼓励、赞赏、尊重都会更加激发老公对你的爱意和在外面拼杀的激情。

2. 不可以整天追问对方爱不爱你

爱是做出来的，不是说出来的

在当今社会，不管是男人还是女人，都无法与爱情抗争，都无法回避爱情。

有人快乐着,也有人痛苦着。而在身陷爱情的男女当中,大多数人可能痛苦更多于甜蜜。爱情,使人痛并快乐着。

爱情总是脆弱的,难于经营。爱情就像一只很漂亮的花瓶,漂亮但易碎。稍不留神爱情就受了伤,就会破裂,这个伤有时可能很轻,但有时可能导致对生活失去信心。一对非常相爱的人,也许就会由于在与对方相处中,其中一方的有些行为或言论不当而给对方造成伤害。由于采取的补救措施不当,得不到对方的原谅,导致感情最终走向末路。这是相爱的人最不想看到、更不愿意接受的。

但当两个人一起走进婚姻殿堂的时候,已注定两个人要携手一起走过人生的风风雨雨,面对生活带给我们的坎坎坷坷。在生活中,在柴米油盐的味道中,难免会有一些不悦的事情发生,但这并不能说明老公不爱你了、不关心你了。男人的爱在经过时间的洗礼以后,会变得沉稳,不再爱轻易表达内心的爱意,但老公对你的爱都表现在生活的点点滴滴中,都融入到柴米油盐中。

在天天平淡的生活中,不可以整天追问对方爱不爱你。他若真爱你,你不必问;他若不爱你,他已做了你的丈夫,难道他会对自己的妻子明确地承认吗?除非他不想要这段婚姻了。他对你的爱,用心去体会就品味出来了。爱是做出来的,不是说出来的。老挂在口头上而不落到实处的爱,便显得太苍白无力。婚姻是现实的,生活是现实的,风花雪月的恋爱不是真实的生活。婚姻是从柴米油盐中感受出来的爱。

婚姻专家点评: 走进婚姻的殿堂,老公嘴上的爱不爱已不太重要,重要的是在他的心里有没有你的位置。在耳鬓厮磨的生活中,老公是否表现出对你的关怀,在他的眼里还有没有你的存在,在雨中会不会为你撑起一把伞,在深夜加班后,你的老公会不会在楼下等你,一起走过那漆黑的巷子。你不必问老公爱不爱你,这一问反而表明了你对爱情的不自信。

3. 别数落他没出息

给男人最大压力的不是社会,而是家庭,来自老婆对男人的期望,来自老婆整日无休止的数落。

男人在社会上生存,被生活的各种压力压得筋疲力尽,一天本来就很累,可是回到家里,还要受老婆没完没了的数落,可想而知男人要受多大的压力啊。其实,男人最大的压力不是来自社会,而是来自家庭,来自老婆对男人的期望,来自老婆整日无休止的数落。

在家里数落老公倒是有情可原的,毕竟是在自己的家里,却使是翻了天,也是两个人的事情。可要是在朋友面前也不给老公面子、数落老公可是失算之策。

这样做既损害了自己女人的形象，同时也诋毁了老公在朋友、同事面前的尊严，被别人当作笑柄来取笑你的老公，这样的结果你乐意吗？

老公就好比穿在自己脚上的鞋子，是否合适也只有自己知道。不过这双鞋既然已经穿在了脚上，还是自己当初千挑万选的，那也不能将他扔掉重新换一双啊。既然不能轻易地扔掉，那还不如天天给他上点鞋油，擦得亮亮的，出去了他也有个面子。若是在外面惹了一身的红尘艳事，关起门再敲打敲打，只要不扰邻就行。老公和妻子就是鞋子和脚的关系，只有自己仔细体会和磨合才能和谐。

在朋友、同事面前数落老公的行为是最傻的事情，老公再不济也是自己精挑细选的，要怪也只能怪自己眼拙，只能怪自己智商不高。反之，在朋友、同事面前表扬老公非常必要，这说明在家里老婆会调教老公，说明老婆独具慧眼，这不仅给了自己面子，也给了老公面子，维护了老公的自尊心。

去年，在去往澳门的游轮上，一位妻子正低声数落着老公，她的老公不声不响，蹲在甲板上双手把着头听着。突然，那老公站了起来，对妻子说："你再说，再说我就跳下去。"妻子一听，也霍地站了起来，说："跳，难道我还怕你跳，你跳啊，跳啊！"只听"嘭"地一声，那位老公一跃身跳入海里。妻子急得昏死过去，醒过来，手拍船舷，哭着说："我的天啊，我不怨你了，你回来吧！"后来才知道原来妻子整天抱怨老公没出息，合伙做生意赔了本。

而数落老公的结果，是她失去了一个自己最亲近的人，也使她老公失去了更宝贵的生命。

婚姻专家点评： 婚姻是两个人的事情，就好比是两个人的公司，经营得好大家都好；经营得惨淡，赔得一塌糊涂，这是谁都不乐意看到的结果。整天数落老公给老公压力，是和自己过不去，也是在给自己压力——你数落老公，就可以日进斗金吗？就可以一夜飞黄腾达吗？相反，鼓励、赞扬、夸奖和女人的体贴，才会激发起老公的斗志，才会使老公死心塌地爱你一辈子。

4. 不企图改变他

爱一个人就是要接受他的一切，包括对方的缺点。

俗话说："江山易改，本性难移。"没有一个人的性格是在一夜间形成的，当然也不可能在短时间内就完全改变。如果可以改变的话，也应该是出于对方发自内心的转变，而不是靠另一半的唠叨或强迫而达成的。

可是在生活中，还是有好多的女人在试图改变男人的本性。当喜欢一个人的时候，女人总是好想好想改变身边的他，来配合自己生活的方式。

秀秀的老公是个不细心、大大咧咧、不拘小节的人，于是秀秀就会提醒他：

平安夜要去吃烛光晚餐，而且还要为秀秀预备一份圣诞礼物。

秀秀希望：在不开心的时候，老公应该放下他的事情，做些事来哄他。

秀秀时常提醒自己的老公别忘了每天给她挂个电话。

假使老公在妻子面前抽烟，秀秀就会用身体来逼他："抽烟就不要碰我。"

秀秀的老公喜欢跟狐朋狗友泡在一起，秀秀也企图威逼利诱他和那些狗友疏远。

老公常常加班、应酬回家很晚。秀秀就天天晚上坐在客厅里等他回来，希望他改变。

其实要想改变一个人是不对的，而且也是妄想。然而，女人好像身不由己，愈喜欢一个人，就愈想改变他。

想改变一个人，出发点不止一个。估计只要能够改变一个男人，女人就觉得自己好像拥有他多一点，可以成功地改变一个男人，女人是不是就有成就感呢。

其实，当初男人和女人相爱的时候，在爱的过程中男人和女人其实谁也没有改变，改变的往往是我们自己。随着两人关系加深后，女人的理想和期望跟着上升，于是不知不觉地就想把自己的想法套在男人的身上，要求男人要为我们的生活来改变。

婚姻专家点评： 男人不是一个完美的人，男人也是一个固执的人。老公因为高兴才这样生活，我为什么要去改变？我为什么看见老公高兴地生活，而自己却不高兴呢？更何况，我连自己都改变不了，又有什么权利要求对方改变呢？我又为什么对老公要求那么高呢？我对老公要求太高，难受的不仅仅是老公，更是我自己！在生活中，只要有包容和理解，爱才能与婚姻一起成长。

5. 不企图控制他

一个人的快乐，不是因为她拥有得多，而是因为她计较得少。

在夫妻关系中，不去计较得和失，并不是舍弃，舍弃也不一定是失去，而是另一种更宽阔的拥有。

有些女人根本没有搞清楚，作为老婆自己该做些什么。老公是用来疼、用来爱的，不是用来骑、用来敲打的，不是一个机器上的按钮让你来控制的。有些妻子总是掏空心思与老公斗智斗勇，企图凌驾于老公之上，企图从心智上来控制老公，这种老婆是最令老公无法忍受的。

如果老公在人际交往中出现吃喝嫖赌等腐化倾向，老婆必须加以鞭策，这样做是无可厚非的，这也是被看作是持家有道的女人。

也有一些女人，不信任自己的好老公，唯恐自己的老公有出轨的事情发生，紧紧掌握着财政大权丝毫不肯放松。更有甚者，还注销了老公的银行卡，把所有的银行卡都换成自己的名字。这样的女人并不是全心全意地爱老公的。因为死守财政大权这种行为，在男人看来，不仅仅是限制自己行动自由，也是这个女人从一开始就已经在作离婚打算的表现。

婚姻专家点评： 男人刚强而自负，从骨子里是不想让人控制的。男人对女人控制自己的行为大为不满，但是如果要把老公比做老虎，妻子要调服一个山中之王的老虎，是需要动脑子的。对待老公，不要企图控制他们，而是要陪伴、爱抚、奖赏他们。

6. 给老公一个独立的空间

长相厮守的意义不是用柔软的爱捆住对方，而是让他带着爱自由地飞翔。

生活中有些事情常常是物极必反：你越是想得到他的爱，越要他时时刻刻不与你分离，他越会远离你，背弃爱情；你多大幅度地想拉他向左，他则多大幅度地向右荡去。

一位哲人说过：一个人要完全占有另一个人的全部心理世界和感情天地，是绝对不可能的。

男人不是你想看就可以看住的，他也需要有自己的活动空间，难道你认为男人在你身边就算是看住了吗？如果说他的心不在你身上，那么你的丈夫还算是你看住的男人吗？对于女人来说，需要的是一个可以相亲相爱走一生的丈夫。

多给男人一些空间，不要因为在大街上老公多看几眼美女，就说他花心。其实谁心里不爱美不喜欢漂亮，爱美之心人人都有。男人爱看美女这也很正常，他爱看美女不等于他不喜欢你，在老公的心里你永远是他的老婆。

家，是一个让男人和女人放松的地方，回到家里也就无拘无束，可是这一放松他可能做出好多令你不喜欢的事情。他吸过的烟头会到处乱放，你在干活他则在那看报，却一点也看不到你的累；你为他做了好多好吃的，可他却对你说，这几天在外应酬吃的太腻，为什么不做清淡点的；晚上应酬回来太晚倒床就睡，不洗脸，不洗脚……好多的事情。可既然是家，就是一个放松的地方，还是多给他一些自由的空间，理解万岁。

男人，看似顶天立地，有时也像孩子一样需要呵护，需要有人疼有人爱。有时做妻子的也要像呵护孩子一样，呵护自己的丈夫。碰上他不想对你说的事情，也不要过多地追问，他不想说自有他的道理，妻子干预过多，结果只有不欢而散。如果是这个结局，为什么不给男人一些空间呢！

婚姻专家点评： 给男人一些空间，其实也是给自己一些空间。人活在世上很不容易，为什么还老要和自己过不去呢，开开心心地活好每一天不是很好嘛。

7. 当面教子，背后相夫

夫妻之间不论有天大的矛盾，关起门来说什么都可以。

在复杂的人际关系中，无论他做错什么事，都不要当人面批评你的老公，也不要当孩子的面和他家人的面说他这也不好、那也不好。俗话说的好：当面教子，背后相夫。

夫妻之间不论有天大的矛盾，关起门来说什么都可以。但是在外面，一定要控制好自己的脾气，不管是在长辈还是朋友面前，都必须给老公留足面子。夫妻在家里吵架是常有的事情，但是绝可以在别人面前吵。男人都喜欢吹牛，与老公外出和朋友一起吃饭时，女人最好装出一副淑女的样子，听着老公眉飞色舞天南海北地侃着。

记得有一次，张华的朋友开玩笑说，你老公和一个女人在一起。张华说，那说明老公有魅力。之后那个朋友对张华的老公说，你这老婆真不错。

好妻子要给足男人"面子"。这一点很重要的。在老公朋友、同事的面前，还是和他的父母亲在一起的时候，无论老公是否错了，即使真的是他错了，也不要当众训斥他、奚落他，让他下不来台。要知道，你尊重你的老公，别人也会尊重他，而且别人会对你有着较高的评价。常常逞一时口舌之快的女人，不能不说是一种无知与失策。

不要当众指责老公的缺点。当老公做错事情的时候，也要悄悄替他圆场；当有什么漏洞时，要慢慢替他补上。这个时候指责老公，对女人的形象也大打折扣。

婚姻专家点评： 俗话说的好："当面教子，背后相夫。"这便是老公面子的问题。不论老公在他的朋友面前、参加同事聚会，还是和家人在一起吃饭，只要无伤大雅，完全可以一笑了之。给他点面子，满足他的虚荣心，这种时候把他当成一个小孩子，他会非常高兴。回到家，关起门，闹翻天也无所谓，只要不妨碍邻居休息，不然110就会敲你家的门了。

8. 不要轻易抱怨老公

平安是一种福气，特别是女人，不能总是抱怨老公不能给自己想要的生活。

老公也是人，他不可能一味地给予；他有压力，要用双手支撑起一个家，的确很不容易。而女人总是抱怨自己的男人无能，这是对老公心理上的致命打击，没什么比自己最亲爱的女人抱怨着过日子更难过的事了！女人，要学会体谅和理解，这不只是挂在口边，而是要用实际行动去表现。

不要抱怨别人，更不要抱怨老公无能。有些女人见到老公飞黄腾达就欣喜若狂到处宣传，老公一时倒霉了就埋怨得要死，整天抱怨个没完。女人爱慕虚荣、喜欢攀比，总是在别人面前说自己老公怎么样的无能，有时甚至不惜和老公大打出手，结果换来的是别人的指指点点。这样的日子不过也罢。日子是自己过的，没有必要总是和别人攀比，不是常说"知足者常乐"吗？

抱怨的时候，首先问一问自己：值不值得抱怨？上帝待人很公平，给人优点的同时也给了人缺点。因此，想抱怨的时候，不妨站在老公的立场上想一想。

如果你的抱怨非说不可，那就选一个合适的时间、合适的地点，做一个周全的考虑。假如天天抱怨老公，那他很容易把你的话当成耳边风。切记，在朋友和同事或孩子面前抱怨老公，既是打老公的脸，又是抽自己的嘴巴，实在是不划算，这样赔本的买卖还是不要做的好。

婚姻专家点评： 家庭既是一个避风港，也可能是一个火药桶，无时无刻不存在安全隐患。怨恨、抱怨都是点点的火星，随时都可以点燃家庭的战争。一味地抱怨是不可能彻底解决问题的，只有引导一根根杂乱的细丝、疏导淤阻的河道，才是有效解决问题的方法。

9. 不要当众奚落老公

来自老婆的当众奚落，会让老公很没面子，感到自己"很受伤"。

每个人都有自己的交际圈，但你和老公一起在饭局上开怀的时候，一起在与老公的同事胡吹八咧的时候，一起到老公的家庭做客的时候，假如老公无意中说了些令你不中听的话，千万不要当众奚落老公，这既是不给老公面子，也是往自己脸上抹黑，此时必须给老公留足面子。

可是，有一些女人很难体会出当众奚落老公造成的后果，觉得只有在朋友面前，奚落老公、指使老公，才可以显示出老婆的地位和无上的权力——你看我的老公被我指挥得团团转。可她没有想到，为了显示对老公的控制，当众取笑老公，为今后双方感情的破裂埋下了伏笔。当丈夫为此而一天天疏远她的时候，她还不知原因何在。而聪明的女人却知道，应如何利用男人的心理来增加自己在老公心目中的魅力。历史上著名人物拿破仑是一位勇敢善战的英雄，但在自己的夫人约瑟芬面前，却表现得温柔而痴情。约瑟芬比他大六岁，相貌也并不十分出色,那么是什么原因让拿破仑为之倾倒并至死不忘呢?

在一个公共场合，约瑟芬曾说过最让拿破仑动情的一句话:“我相信在将来,你一定可以成为历史上一位最伟大的将军……”约瑟芬对丈夫的赞美,鼓舞着拿破仑在未来的战场上取得了一个又一个的胜利。

婚姻专家点评： 婚姻的美满,是每一个男人和女人都盼望的。而在中国的传统的观念中,还是男主外、女主内。所以,在外面与老公一起应酬的时候,一定不要当众奚落你的老公,一定要给老公留足面子,多一些鼓励,少一些奚落;多一些关怀,少一些计较。人生苦短,何不以笑颜相对呢。

10. 关心并支持他的爱好

我们应该让爱人有自己的自由去做他喜爱的事,譬如与“狐朋狗友”小聚、集邮,或是其他任何爱好。在你看来,对方的嗜好也许傻里傻气,但是你千万不要介意,也不要因为你不能领会这些事情的迷人之处就厌恶对方。

男人和女人原本生活在不同的家庭环境和不同的社交圈中,这就造成对不同事物有不同的情趣和爱好。男人比较务实,喜欢什么就一门心思地喜欢,就算到了中年也是如此,比如下棋、汽车、飞机、军事等,都是男人爱不释手的东西。虽然女人不喜欢,但为了培养和老公共同的兴趣爱好,不妨请教你的老公,你的老公会很乐意地教你这个小学生的。

生活本来就是实实在在的,在你与他一起切磋的同时,也是增进感情的手段。你的目的不是真的了解,是为了让他开心,这他也知道,但是他还是会很高兴地给你讲的,而你也可以寻找可能吸引他的方式慢慢地引导他。爱好不同没关系,但是要想办法制造和谐气氛。同居一室,各自为政,单兵作战是不是太孤单了?还是一团和气的好,要不男人和女人为什么要结婚呢,不就是一个人的日子太孤独吗。

关心和支持老公的爱好是一种增加亲密感觉的技巧。阿娟的老公喜欢古典小说,有一些从各处收集来的古典小说,有的十分破旧,还有的小说收集来的时候已经没有封面。阿娟就在业余的时间为她老公上网寻找这方面的资料,终于发现一个网站,那上面有许多这类海报及小说封面。阿娟就用彩色打印机打印出来并裁剪好,并在她老公生日那天,当作礼物送给了他。她老公感动地说:“这是我收到过的最用心的一份礼物。”

老公有时候也爱下象棋,而且下棋技术还不错,一般的棋局都能攻破,可以说无论在哪里里,老公都可以摆平大街小巷的棋摊,到最后都苦于没有对手了。当然了,有时候由于时间关系,老公也下和棋。阿娟也总是提醒他:“得饶人处且饶人，别把人家赢叽歪了，小心扁你。”哈哈，玩笑话了，老公以棋会友，哪儿那么容易挨打啊！

此外，老公打牌、玩麻将的水平也堪称一流，令人佩服。可别以为阿娟的老公是一赌徒，这就错怪了，这些只是老公的业余爱好。人人都有爱好，只要有个主次之分就行！

婚姻专家点评： 不论男人还是女人，没有自己的兴趣爱好，那也不是一个完整的人生，在生活中也就少了点乐趣。男人爱好的东西，女人不见得就喜欢，可是两个人成天在一起，也就缺少了很多乐趣。对于老公的爱好，最好采取关心和支持的态度，培育共同的兴趣爱好，这可是增进感情的一种技巧。

11. 做个“会听话”的贤妻

“会听话”并不是老公说什么，你就说什么，老公让你做什么，你就做什么，而是学会做老公的听众，把老公当作电视机。老公在工作中的苦啊、累啊什么的，最好一股脑地都说给你，你只要仔细地听着，偶尔插上几句即可。

一位心理学家说：一个妻子所能做的一件最重要的事情，就是让她的先生把他在办公室里无法发泄的苦恼都说给她听。

老公在工作中，有些话不可能说给朋友听，也不能说给同事听，可是总憋在肚子里，这样对身体也是有害而无益的，而且有些话也只能说给自己的老婆听。因为只有老婆是自己最亲近的人，给老婆说了不会传到别人的耳朵里去，给老婆说了，老婆还会帮助出个点子、拿个主意。

当老公回家后，诉说他工作的事情的时候，一定要显示出很爱听、也很喜欢听老公说的样子，让他把快乐的苦恼的都说出来，一起分享。反之，若表现出不爱听、不耐烦的样子，老公以后说的就少了。殊不知，这样造成的后果，老公觉得妻子不够关心他，自然在心里对妻子就有些不满。其实，老公只是想让妻子倾听他不能对别人说的话，或是想与妻子分享他的快乐，而老婆只要学会倾听就足够了。在老公失意时，给老公出些主意，在老公得意时；给予充分的表扬，老公就会觉得非常温暖。家毕竟是老公避风的港湾，也是老公幸福的动力。

婚姻专家点评： 一个美满幸福的家庭，需要一个贤惠的妻子来料理。老公在工作中憋了一肚子气，没有地方诉说；老公这个月的业绩又突破了100万，这样高兴的事情，老公是多么想让老婆一起分享。不论是高兴的事情，还是憋气的话语，让老公尽情地在你的耳边说出来吧！做个聪明女人，努力驾驭自己的生活，做个好妻子，完美自己的一生，婚姻会是幸福的延续。

二、老婆一流泪，老公就投降

——男人最见不得的是女人的眼泪

(一)眼泪是女人最柔韧的武器

女人倘若哭起来,就如同那“梨花一支春带雨”。泪水像鞭子一样抽打着男人的心,令铁石心肠也化为寸断肝肠。一个女人什么都可以不会,甚至可以不会笑,但不能不会哭。这种武器对付男人尤其有效,因为眼泪是一种示弱的表现——我委屈、我可怜、我受了伤——任何男人都会对这样的女人产生保护的欲望。

1. 女人流泪是给男人看的

有时候,女人流出的眼泪,不是不高兴也不是痛苦,而是流给男人看的。

女人如水,爱哭是女人的天性。女人流泪的理由很多,因为无助流泪、因为伤心流泪、因为思念流泪、因为感动流泪、因为委屈流泪、因为恐惧流泪。当然,没有理由女人也可以流泪,因为流泪是女人的特权,想什么时候哭,就可以什么时候哭。

说起女人的眼泪,也许有许多女人都曾有过流泪的经历。不论高兴还是痛苦,女人总是爱流泪的。可有时候,女人流出的眼泪,不是不高兴也不是痛苦,而是流给男人看的。

做女人,总离不开眼泪,眼泪是上帝赐予女人的武器。女人偶尔流流眼泪,是情感的释放,是心灵的栖息。闷了、累了、不快乐、受到委屈伤害,或者开心、快乐、激动、兴奋的时候,眼泪总会夺眶而出。流过之后,心情会很快舒畅,然后该干什么还干什么。女人流泪是心灵上的放松,以化解心中久抑沉闷的不快,使心灵有一种恬淡的释放。

男人很在意女人的眼泪,也很享受女人的眼泪。女人流泪的时候,男人会殷勤地递上手帕,慷慨地张开双臂,将女人拥入怀中,任凭女人的泪水将自己的衣襟打湿。此时的男人是很享受的,仿佛自己是个无所不能的英雄,甘愿用尽全力去保护眼前的弱小女子。一句“没事的,有我呢”,就可以清晰地勾勒出一个顶天立地的男子汉大丈夫形象。即使再软弱的男人,面对哭泣的女人时,也会变得铁骨铮铮。

女人是天生的爱情动物,往往把爱情看得比自己的生命还重要。有了爱情,会让女人觉得拥有了整个世界。失去爱情,又让女人感到被世界遗弃,所以女人因爱而流泪。歌里唱的好:为什么要对你流眼泪,你难道不明白是为了爱?

莎士比亚说:弱者,你的名字是女人!女人总是学不来坚强,女人总是轻易地就被伤害得遍体鳞伤。因为女人的心写满了脆弱,因为她对生活的世界和身边的男人总是寄予着太高的期望，甚至是不切实际的幻想。为此，在现实中她经常碰壁，撞得头破血流。

女人因为脆弱而流泪；女人因为苦恼而流泪；女人因为同情而流泪；女人因为受到了伤害而流泪……女人的泪水也是世界上最柔弱的剑、威力最大的武器。征服男人需要泪水，征服世界也需要泪水。女人有很多的泪水，喜欢在男人面前流，也喜欢流给男人看，是希望得到男人的关怀、男人的呵护、男人的安慰。女人在男人面前流泪，也是为了唤起男人男子汉的气概，焕发起男人爱拼杀的激情。

婚姻专家点评： 人们常说：男人的道理多，女人的眼泪多。喜欢倒在男人怀里流泪的女人，是无比幸福的女人。女人流泪是委屈、痛苦，是不高兴，最主要的是想让男人体贴她，呵护她、在她流泪的时候，为她擦拭一下眼角的泪水，这不失为增进感情的一味催化剂。女人想哭就哭，这是上帝给你的权利。

2. 女人流泪是期盼

女人的泪总是为爱而流。涟涟泪水包含着多少心痛、多少相思、多少等待、多少遥望、多少牵挂、多少期盼。

女人的眼泪，如春雨，悄然无声；如秋雨，缱绻缠绵；如暴雨，来也匆匆，去也匆匆；如太阳雨，笑涡犹在泪始流。流泪的女人，温柔、多情、豁达、脆弱，为一句不经意的话语，为一个平凡无意的举止，为一段并无它意的文字，为一幕感人的画面，都会泪如雨下。

流泪的女人，会有更多的委屈、相思、期盼、喜悦，为那灵犀相通的文字，为那怦然心动的感觉，为心中的那份感知与牵挂，为那肝肠寸断的遥望与守候，为那刻骨铭心的情感与依恋，为那轻声的问候与安慰，为那短暂的相聚与分离，为那遥远的期待与盼望。所有这些都让女人泪如梨花，莫名地流淌，莫名地伤感。

真爱的女人，把世间最美的情与爱，用眼泪尽情地释怀，尽情地宣泄，为感动而流泪，为所爱而流泪。相思的泪、多情的泪、期盼的泪、委屈的泪、幸福的泪，心痛的泪……水做的女人，把自己所有的情感用眼泪来阐述。也许眼泪更能表达女人爱的情思，泪为心声，以泪言情、喜也泣、悲也泣、爱也泣、恨也泣、聚也泣、离也泣、盼也泣。纷纷扰扰随着开闸的泪水越流越远，挚爱柔情随着思念的泪水越流越浓。涟涟泪水包含着多少心痛、多少相思、多少等待、多少遥望、多少牵挂、多少期盼。期盼着自己的男人早日回到自己的身边，结束牛郎织女的遥望；期盼着自己的老公早日脱离病魔的折磨；期盼着和老公辛辛苦苦奋斗的家庭、事业一天天地好转，期盼着……太多的期盼，太多的泪水，打湿了衣裳。

婚姻专家点评： 上帝既恩赐了女人流泪的权利，也给了泪水太多的内涵。女人的流泪不仅仅是酸楚，不仅仅是悲伤，还有很多的期待和盼望。流泪是化解悲伤的有效方式，不论有没有理由，不论因为什么，该哭就哭，该唱就唱，这才是丰富多彩的生活。

3. 用眼泪捍卫自己

女人的泪水，使得男人很是无奈。不知道女人为什么会流泪，是什么原因流泪，还是女人做错了什么事情，令女人很是伤心而流泪。

女人现在的地位越来越高，走出了家庭，走向了建设社会主义的大道上。这样就难免会遇到一些不如意，不顺心的烦心事。可是，女人本就是柔弱的化身，是一个弱者，如何与男人一样打拼天下呢。男人最大的缺点就是不能看见女人流眼泪，这样会唤起男人的英雄气概、怜香惜玉的豪气。这一点被女人利用得淋漓尽致。

阿雪把家庭中的大事小事都处理得井井有条，可那天晚上却被老公无缘无故地说教了一番，阿雪心里很不痛快，感觉受了天大的委屈，便趴床上大哭起来。老公见了，很是无奈，抱着阿雪赔了好多的不是，说了好多温柔体贴的话。阿雪听了，眼泪还是不停地流着，可是心里却高兴得乐开了花。

阿雪是一个很有个性的女人。在工作中，错就是错，对就是对，不能将对的说成错的。但上司有时候却将本不是阿雪的错误，强加到了阿雪的头上。这时，委屈的泪水便夺眶而出。阿雪同样使用女人的泪水来化解与上司之间的误解，使得周围的人都觉得阿雪是一个柔弱的小女人，应该时时刻刻保护她、关心她。这样一来，在与周围同事的相处中，都不会与阿雪争啊抢啊的，阿雪的人际关系也变得很是融洽。

婚姻专家点评： 泪水既有柔弱的一面，可也是一种进攻的兵器。只要利用得当，其威力也是不可小视的，泪水既可以使自己立于不败之地，又可以释放心里的委屈。上帝赐予女人的不是泪水而是一柄征服人心的剑。

4. 用眼泪博得同情

眼泪属于女人，女人属于爱情。为了爱情，女人从不吝惜自己的眼泪。

男人提出分手，女人会哭；女人主动提出分手，还是会流泪，不是为了自己，是为了博得男人的同情:选择离开你,不是我的错,而是因为你。男人对她好,女人会流出甜蜜的泪,男人对她不好,女人会流出酸楚的泪。不论为什么流泪,都是为了他,为了她的男人。有哪个男人可以对为自己流泪的女人熟视无睹,又有哪个男人可以对那滚烫的泪珠置之不理?接受女人的眼泪,对男人是一种享受,因为男人找到了属于自己的真爱,虽然他承诺爱她,会保护她,不会让她流眼泪。但是如果这泪是为他而流,男人的心中便会多出几分温暖与满足。拒绝女人的眼泪,男人自会深感愧疚,但谁又能说,这愧疚之中难免会有涩涩的感觉。女人的流泪,那是来自女人的信任与肯定,也是让男人明白,女人是柔弱的,需要男人宽宽的肩膀来呵护。女人倒在男人的怀里流泪,男人会陶醉于征服女人的成就感中,享受着女人流泪的感觉。

女人流泪最好选择合适的时间、合适的地点,这样会达到预想不到的效果。比如在男人心平气和、悠闲看报纸的时候哭。有时老公正在沙发上看报纸,老婆却非要和老公说些柴米油盐的话,老公给老婆搅烦了,无心地说了几句。老婆就扁扁嘴角,躲进厨房去掉眼泪了。老公便会丢下手中的报纸起身,到厨房里安慰安慰老婆,并替老婆刷锅洗碗,还时不时地偷眼看看老婆。

还有就是在老公特别高兴的日子哭。那天阳光灿烂,老公神气活现,她老婆却委屈兮兮地低声啜泣,因为老公的粗心、老公的疏忽、老公的种种不可饶恕的小错误,老婆哭得像个泪人儿。老公看着老婆一脸的泪水,一定怜心顿起,仿佛看到了一个找不到妈妈的小女孩,一把将她抱在怀里,补偿平日欠下的所有情债。

婚姻专家点评: 女人流泪有千般风情、万般理由。一滴泪水可以熔化坚硬的钢铁,一滴泪水可以穿透男人的心,一滴泪水可以唤起万人的同情。女人流泪不能太平凡,泪水流的太多,反而会让老公觉得心烦,眼泪的作用也就失效了。

5. 用眼泪博得舆论的支持

社会舆论是会偏向甚至偏袒那些看上去很弱的一方的。

女人在人们的心中本就是柔弱的,本就应该在方方面面受到保护的群体,流泪的女人更能展示女人的柔弱和无助的无奈。女人的泪水往往会博得社会舆论的广泛支持,即使是由于女人的问题而导致的家庭战争,也可以使她们得到更多的社会舆论的支持。

当一个男人面对两个同样爱他的女人很难作出抉择的时候,往往用泪水来表示柔弱的女人更容易从与另一个女人的竞争中得到男人的心。因为落泪的女人不仅可以得到男人更多的怜爱,相对那个较强的女人,在社会舆论中也能够得到更多支持，而那些支持往往可以帮助其取得胜利。

当男人和女人发生矛盾或者隔阂的时候，女人总是用眼泪博得亲朋好友以及社会上的同情，即使是女人的不对，舆论的矛头也是只对男人。当女人不再流泪，而且表现得比男人还要强悍的时候，是否就将社会舆论这一强有力的支持弃而不用呢？

女人善于用泪水来表示自己的柔弱，越是善于流泪的女人内心也就越成熟。相反，表面强悍的女人，其实恰恰是抛开了社会赋予女人的天生那件最好的武器，反而会使得自己陷入被动之中。

婚姻专家点评： 只要在这个社会中生存，男人和女人总有摩擦和矛盾存在，这是无可避免的。在发生矛盾和摩擦的时候，女人最有效、最省力地击败男人的方法就是泪水。人们总是同情弱者，而女人本就是弱者，再加上委屈的泪水，社会的舆论也就把男人给压垮了。

6. 用眼泪消融分歧

女人流泪的时候，男人对女人总是丈二和尚摸不着头脑：前一秒钟还是开怀大笑的快乐心情，怎么一下子就雨声大作了？女人的心真是很难琢磨。

俗话说："一哭，二闹，三上吊。"这是女人降服男人的招数。通常女人只需第一招，便可让男人没脾气；至于第二招、第三招嘛，将自己搞得像泼妇，那就不好看了，不到万不得已还是不用的好，主要是注意自己女人形象的问题。女人很会善用眼泪，哭得楚楚可怜，哭得柔肠寸断，哭得昏头昏脑，激起男人英雄救美的怜悯之心。

女人知道，只要一哭，男人就没办法，有什么矛盾、什么意见、什么对老婆的不满等等都烟消云散了。这也是女人消除与男人之间的分歧的最好方式：不用请客、不用低声不气，也不用亲自下厨为老公做拿手的好菜，就可以将分歧搞定。男人就是无法抵抗得了女人的眼泪。

女人哭起来是会让旁观者心疼的，在女人哭的时候，男人总是手足无措。女人的眼泪可以化解矛盾，女人的眼泪可以消融分歧，女人的眼泪可以使胜负的天平向自己倾斜，女人的眼泪可以博得同情和舆论的支持。而且哭本身对女人来说，也是压力和委屈的释放过程。哇哇地大哭之后，心情特别痛快。而且，哭也正被越来越多的女人认定压力和委屈的释放过程有益健康的。

一天，赵亮在公交车上无意中看见邻居家的小叶和她的男朋友一起走在马路上又说又笑。此时正好前面是红灯，路也有点堵，赵亮就透过车窗注视着这对小恋人。不知道怎么着，小叶和他男朋友呕起气来了，小叶撅着嘴往前冲去，她男朋友一次又一次把小叶拉到自己面前，解释着什么。小叶始终不理，他男朋友转过身狠狠地说了一句什么，小叶突然就眼泪汪汪地哭了起来。

他男朋友有点慌了，一边忙着拿纸巾，一边不停地劝着。小叶却越哭越伤心，越哭越厉害。此时车开动了，两个小恋人的身影慢慢地变小，最后消失在人群之中。

这个故事的结果，我们不用思考就知道他们一定会和好的，因为女人会哭，哭得也很动情，而男人也一定会把心爱的女人哄到破涕为笑。哭过后，两人的感情也会更深。

婚姻专家点评： 对于女人的眼泪，男人是无法抗拒的，也是束手无策的。在流泪的女人面前，男人总显得不知所措，这双手不知道放在哪里才好，这张嘴不知道说什么才好，就是再有天大的分歧，也都被女人的泪水给溶化了。哭，对女人的身体又是很有益处的。既然这样，就大声地哭吧，女人。

7. 用眼泪使胜负的天平向自己倾斜

女人好哭，并且说哭就哭，就像说笑就笑那么容易。女人的眼泪，就像小河里流淌的溪水，源源不断。谁让上帝造就了女人，造就了女人的泪水？

女人很明白如何善用眼泪，并将眼泪的威力发挥到极致，使男人一败涂地。。女人只消将眼圈一红，发出流泪的信息，男人的心便即刻软了。眼泪一旦被使用，再升级为“一哭二闹三上吊”，任凭男人如孙猴子一般，有千般变化、万种能力也无济于事。

不论是在社会群体中，还是在家庭里，还是在亲朋好友之间，人们往往会将心中的天平倾向弱者的一边。女人——在男人的心中就是被保护的对象。早上和老公闹得不可开交，昨天晚上的气还没有撒出去……女人在家里受了如此大的委屈，在朋友面前痛哭流涕的时候，即使是女人造成的错，眼泪也会使得天平倒向自己这边，朋友也不会埋怨女人：“一个大男人，欺负一个女人，欺负自己的老婆，还算是男人吗！”

当男人和女人意见不合、政见不一、发生摩擦的时候，不管是在家庭中，还是在工作中，女人总是毫不吝惜自己的眼泪，以取得亲朋好友的同情，让亲朋好友站在自己这边，以结成一体，一致攻击对方。这样，老公可成了孤家寡人了，就是长了 1000 张嘴，也敌不过女人的眼泪。

大山在结婚以前，心里有两个选择对象，一位是大学的同学小雅，一位是家乡的妹子杏花。这两个女人都喜欢大山，使得大山左右为难，不知道该如何选择。一天，家乡的妹子杏花到城里来找大山，谈婚姻的事情，谈到动情的时候，便小声地抽噎起来，泪水一个劲地往外淌，大山将杏花抱着胸前，泪水打湿了大山的前襟，也打湿了大山的心。看着杏花一脸的泪水，大山很是感动，也很为之动情。反过来一想：“我在城里工作，家里也需要一个女人照料自己年事已高的双亲。”小雅在城里也有一份不错的工作，怎么可能回到乡下种田呢？思前想后，大山还是……

这个故事的结果，不说大家也知道。在这种情况下，泪水可以赢得男人的心。因为男人最见不得流泪的女人，泪水不仅可以得到男人怜悯之心，也可以得到大家的支持。假如大山还不同意和杏花结婚，那杏花就可以再使用一次泪水的威力，去说服大山的二老，获得了二老的支持，那胜利还不在望吗？

婚姻专家点评： 女人本就是脆弱的化身，何不利用这脆弱的一面，用你酸楚的泪水来取得大家的同情，让大家心里的秤砣放在自己这边呢？这样既不费力也不费时，就把事情给办妥了。即使你是一个坚强的女人，也该利用一下你的泪水，这是上帝给予你的武器。

8. 用眼泪化解矛盾

夫妻在共同生活中，要想对任何事都保持观点一致是不可能的，不发生一点矛盾也是不客观的。有时双方对某些事情总会有不同看法，甚至由此引起争执、出现矛盾。

处理矛盾的方法是很多的，但是最好最有效地处理与老公之间矛盾的方法就是利用你的泪水。因为女人是水做的，女人的泪水是说来就来、说停就停的。女人在流泪的时候，男人拿这滴泪水也没法子，也不知道女人流泪是为了哪桩。女人则很会利用眼泪来达到自己想要的目的，所以说女人哭是有原因的，只是女人自己不说，而是要让男人说出来。女人越哭得柔肠寸断，男人越抓耳挠腮，越能激起男人的怜香惜玉之心，在这种情况下，男人还有什么怨言呢？矛盾也就不存在了。

赵萌常和老公一起开车出去作短途旅行。可是，她丈夫开车时，见到别人的车超过他就骂，看着别人开车不顺眼也骂，而且每次都这样。赵萌听着老公在骂人很生气，心想你骂别人，人家早就开车走了，我坐在你旁边，是我在天天听你骂，你这么做不是在整日骂我吗。往往是两人高高兴兴地出去，气汹汹的回来。时间一长这也不是个事。赵萌就去咨询心理医生，遇见这种事该怎么处理。

心理医生说：再遇到这种事情，在你老公刚刚要张嘴开骂的时候，你就大声地哭，他问你为什么哭，你先理解他，站在你老公的角度开导他。不然的话，虽然你觉得是为他好，但他会觉得你是在跟他对着干，大家都做一个换位思考，问题就容易解决了，他也就没有再骂的劲了。他一定会说："好了好了，不要再哭了，以后我不骂了还不行吗。"

婚姻专家点评： 家庭中的男人和女人总在一起生活，难免会发生一些摩擦和矛盾，可是当矛盾出现的时候，如何解决它们就显得尤为重要。眼泪，就是解决矛盾的最有效的方法。就因为男人无法抗拒女人的眼泪，就因为女人在流泪的时候，男人不知所措。一切的摩擦都会被女人的泪水化掉的。

9. 哭，使女人由守转攻

哭着的女人并不一定就是弱者。

女人高兴时也哭，悲伤时也哭；激动时也哭，气愤时也哭，受到委屈时更哭得难以控制。"哭"对女人的生理是有益的，哭过以后的心情是很愉快的，是很舒畅的。但是我要说的是，哭着的女人决不一定就是弱者，有时候女人哭却是绵里藏针。同样的哭，在不同的场合有不同的用处，由此可见女人的眼泪真的是很厉害的一件武器。

在一般家庭中，通常情况下都是女人在家做饭干活。倘若高兴时，做起家务来心情也很愉快。但心里不痛快时，就容易动怒，什么不好听的话都说，而这时的丈夫常常会说："你愿意干就干，不愿意干就别干，我又没有逼你。"妻子干了半天得不到丈夫的理解，还受到丈夫的数落，感到很委屈，觉得自己都是为了这个家才这样辛苦没日没夜地辛劳，干了半天还没有落个好。

这时，女人就要利用利用那件属于女人的武器了，开始尽情地哭吧，此刻男人一定会放下手中的杂志，过来安慰你，说一大堆拜年的话："好了好了，别再哭了，再哭会哭坏身子的；我去洗衣服还不行吗；我去洗碗准可以了吧；你去歇歇，一会我来擦地板……"这种由守为攻的战略，每每都会奏效。但是一定要掌握火候，老公既然认错了，那就见好就收吧，再哭下去就不好收场了，况且泪水流得太多了对身体也不好。

当男人看到女人流泪的时候，唯一的希望就是要制止女人的泪水，因为在很多人看来，只要女人流泪就是男人的不对，就是受了男人的欺负，就是受了男人的委屈。但是，往往女人就是在这样，一次次地让男人在止泪的过程中再也无法对女人的哭泣进行有效的抵抗，而只能听命于女人。当女人倒在男人的怀里哭泣的时候，男人会感到自己是一个真正的男人，是个大丈夫，而女人只是个小小的娇妻。其实不然，女人就是采用这种高明的手段，蚕食男人的阳刚之气，而逐渐地使其被女人所左右。

婚姻专家点评： 在婚姻家庭中，女人毕竟是一个弱者，唯有“哭”是女人防身的利器。女人可以利用“哭”来化解生活上的磕磕碰碰，使得老公妥协，使老公刚一个回合就败下阵来。女人的“哭”既可以为守，也可以为攻，就看女人如何利用。

（二）能哭，更要会哭

在婚姻里，会“哭”的女人绝大多数都是幸福的。“眼泪是女人最厉害的武器”。女人是感性的，女人是爱哭的。高兴时哭，悲伤时更要哭；激动时哭，气愤时更哭得难以控制。据说曾经有人做过计算，说女人一生中所流出眼泪的重量甚至超过了自己的体重。女人哭起来是会让旁观者心疼的，更会令爱她的男人手足无措。会“哭”的女人是聪明的，懂得在何时何地该以何种方式“哭”的女人，往往是战无不胜的。

1. 眼泪流在关键时候

什么时候流泪，里面可是大有学问，只能在关键的时刻，需要眼泪的时候才能流泪。

对于所有的男人来说，女人的泪水是最让他们感到手足无措的。因为女人的泪水是一件太容易出现的情景，而男人尤其是那些被女人称为豪情的男子，面对女人的泪水不会无动于衷，当男人对红粉佳人垂泪怜悯时，并不会想到泪水是女人的秘密武器。

男人往往不能看到女人的哭泣，在一些经典的电影中，往往有这样的场景；男人往往不能真正抵御女人的泪水，其实在生活中何尝不是如此。

为了生存，女人的泪水可以让那些手握实权的男人网开一面给个照顾，在这个时候，女人就要哭一哭，这样可以使女人得到更多的优惠和权益，而且对于崇尚尊严和呵护女人的现代社会来说，女人的泪水是具有神奇效应的；女人流泪时往往在心理上也得到了满足，因为女人泪水里含有很多成分，使得男人以为女人很神秘和不可捉摸。

虽然说女人的眼泪说来就来，说走就走，但是也不能没有节制，不分场合、不分时间，乱流一气。若在亲朋好友聚会大喝胡吹的时候，大伙此时谈兴正浓，你哇的一声大哭起来，可想而知那会是一个什么样子的场景。在婚姻中，也要把握好哭的分寸，不能动不动就哭，这样会使老公烦心，要是习以为常了，那你就没有出头之日了。所以流泪要讲时间和地点，何时可以哭，什么时候一滴眼泪也不可以流，还有这流泪是为了什么才流的，要得到什么样的效果，达到何种目的，自己心里都要有一个谱。

婚姻专家点评： 女人不流泪也就不是女人了，可这眼泪要如何流，怎么流，何时流方可达到理想的效果，这就需要女人根据周围的情况仔细地考虑周全。没有什么事可以难倒会流泪的女人。

2. 哭得要动情

哭就要哭得真切、哭得动情，甚至可以哭得稀里哗啦。

女人爱哭，女人也会哭，眼泪是女人软弱的标志。在男人心里常装着一句话：我不怕她凶，就怕她哭。女人的眼泪对男人有很深刻的感染力，女人任何形式的淌泪，都将点点滴滴流在男人的心头。

女人用泪水净化自己的感情，而男人往往会把泪水看成是一种感情的绝对表达，其实，泪水并非全是情感的外在表现，有时是手段、是计谋、是心计、是一种场景的情绪化表演。会哭的女人，使身心经过情绪发泄而轻松，会哭的女人让男人怜爱，哭得动情的女人让男人也为之流泪。

在帽儿胡同里有一位外号叫二调子的，前几年迷上了打纸牌——双扣。只要人手一凑齐，就没白天没黑夜地打，全然不顾家里还有妻子。二调子总是这样不务正业成天玩纸牌，使得妻子痛恨欲绝。刚开始、妻子苦口婆心好言相劝，可二调子根本没听进去，还是我行我素照打不误，妻子实在没有办法，便开始破口大骂，把这个不争气的丈夫数落得左邻右舍都知道了他的不是。丈夫觉得没了面子，以后只要妻子一张嘴开始骂，他拔腿就走，他不愁没地方散心。妻子见丈夫根本不把她放在心上，依然是你骂你的、我打我的，心中便更加愤恨，提战争开始升级，妻子只要一见丈夫进门，就开始摔东西。一时间“乒乒乓乓”的，杯也碎了，碗也破了，这破碎的声音让人听得好不凄凉。但是，摔到这个地步，丈夫还是不以为然，转身走人。妻子对丈夫绝望了，她以为再也收不回他的心，这个家快保不住了。

那天晚上，牌局结束后二调子回到家，原准备接受妻子新一轮的进攻，没想到妻子却坐在床沿上抹眼泪。见丈夫回来，妻子忍不住号啕大哭起来。她断断续续地哭诉当年的花前月下、当年的恩恩爱爱、当年的两小无猜、他们苦心经营的小家庭……丈夫听着听着也陪妻子一起哭了起来，他郑重地向妻子发誓，从此以后改邪归正，承担家庭的责任，绝不再让妻子伤心。

婚姻专家点评： 男人不怕女人厉害，就怕女人哭。既然哭，就要哭得悲切，就要哭得动情，这样以不攻为攻的方式，反倒可以将往日的一切矛盾化解。

3. 少发火，多流泪

在两个人的世界里，总是难免发生一些小小的摩擦和矛盾。

老婆在擦地板，而老公却在看电视连续剧《雍正王朝》；老婆在厨房里忙着晚餐，而老公却在沙发上磕瓜子；老婆在洗衣服，老公却在沙发上打盹。每天都要处理这么多的琐碎事情，假如老婆的心情好一点，那还风平浪静。要是老婆今天的心情差点，你可就要小心点了，说话也要注意，一句说错了，战争就在所难免了。

一般发生家庭战争的时候，总是一阵激烈的厮杀，衣服被扯裂了，手臂上划出了道道伤痕，闹得两败俱伤后，男人气呼呼的，倒在床上开始生闷气，女人则坐在床边开始哭泣。其实，回过去想想这场战争的导火索，也就是每天生活中必须要做的那些小事。

架也吵了，衣服也撕破了，可是老公还是你的老公，妻子还是你的妻子，每天的日子还是和往常一样过。

其实在吵架的时候，可以将战阵的顺序反过来，开始就用女人的眼泪来将心头的火焰扑灭，也就没有了后面的大动干戈，何必以武力来解决冲突呢。吵架的时候尽量少发火、多流泪。看见女人一哭，再刚强的男人也会短路，自然就会又是抱、又是亲、又是哄的，还要扮猴子、学小狗，直到哄得你乐为止。这么一哄，心情自然就好了，只要心情舒畅了，战场的浓烟也就消失了。所以说，还是用女人的眼泪来平息心里的怒气要好得多。

婚姻专家点评： 生活中摩擦和争吵是难免的，但是武力只能将问题激化，而不能有效地解决问题。要解决这些问题，最有效的方法就是女人的泪水，一旦泪水夺眶而出，静静地从脸颊下滑的时候，冲刷着心里淤积的尘土，任何不悦此时此刻都被这缓缓流动的泪水带走。与男人争是无济于事的，唯有利用女人的柔弱泪水来辖制男人才是上策。

4. 可以哭，但不要闹

许多时候，笑容和泪水同等重要。

人是情感的动物，有七情六欲，不能长期压抑在心底。显现于外的，不外乎表情、语言、动作等，喜也好，悲也罢，哭着笑着，泪水就在眼眶中积聚，水一样地流，一滴一滴便是情感的世界。

泪水不仅与伤感、悲痛有关，也和喜乐有关。怒极反笑，喜极而泣，人在巨大的惊喜或者幸福之前，一时难以找到更好的表达情感的方式，泪水便先之一步淋漓而出。笑中有泪，性情率真，然而诸多感慨复杂情感一时间难以道尽，就全部凝聚在这夺眶而出的泪水之中了。

泪水似乎与女子有缘，善睐明眸，若有雾气朦胧，便是幽潭一碧的美丽和诱惑，生生摄人魂魄风流无限。泪光点点、娇喘微微的黛玉硬是勾走了无数男人的心。有泪水，男人往往自作多情地要去怜香惜玉，女人也往往顺水推舟小鸟依人，泪水就成为和谐爱情的一种润滑剂。

泪水是女人的专利。女人在和男人发生冷战的时候，女人在对男人有所怨气的时候，女人在不满男人的一些做事方式的时候，女人采取的方式往往不是打就是闹，可是问题却得不到圆满的解决，反而会激化原本不大的矛盾，使得女人和男人的心里更加憋气。

既然如此，女人何不利用一下自己的泪水呢？何必要和男人闹得天翻地覆呢？何必要打得两败俱伤呢？何必要走上婚姻的边缘呢？用你的泪水来述说昔日的卿卿我我、昔日的甜言蜜语，用这种以柔克刚的方式，没有哪个男人可以抵得住这样的攻击的。在男人和女人的世界里，唯有情和爱可以将两颗心拴在一起。用女人动情的泪水来打动他，用女人的爱来包容他，用女人的温柔来溶化男人原本刚强的心。

哭可以，但不要闹。如果因为一些小事情就闹得家里鸡犬不宁、天翻地覆，这样不但不能解决问题，而且会让老公心生厌烦的情绪。面对一边流泪一边大吵大闹的女人，男人总是惶恐不安，不知所措，要么就不闻不问，要么就溜之大吉。女人，请记住，许多时候，笑容和泪水同等重要。

婚姻专家点评： 男人和女人一个是火，一个是水，各自都有自己的本性。在社会上或者家庭里，男人和女人发生了不快的事情，女人的第一招就要使用眼泪，开始哭。这样一来，即使再刚强的男人也会败下阵来，服服帖帖地来安慰你。不过要记住，女人可要见好就收，该破涕为笑的时候就得笑了，泪水不是廉价的，也得省着点，以备下次再用。

5. 该哭的时候哭，不该哭的时候一滴泪也不要流

在婚姻家庭中，女人的泪水仿佛就是涓涓的溪水，将爱情之花浇灌得枝繁叶茂。落泪的女人，又好似一朵柔弱的鲜花，使男人打也打不得，骂也骂不得，只得放下尊贵的男子汉尊严来哄女人。男人是永远抵不住女人的眼泪的。在生活中，偶尔使用一点眼泪，男人一定拿你没辙。

哭是女人最拿手的本领，也是给男人的一个糖衣炮弹，炸得男人心花怒放。只要女人想哭，泪水马上就来，这使得男人望尘莫及。有时候女人的哭泣如涓涓溪水，有时候则如滔滔洪水。女人在哭的时候，往往使得男人甘肠寸断。

女人的哭也是一门学问，也要讲究一点艺术效果。女人的泪水不能太随便地就流出来，要明白在什么样的情形下才可以哭；什么时候一滴泪也不能流；什么时候要嚎啕大哭；什么时候要哭得痛断甘肠；什么时候要哭得悲痛欲绝；什么时候要细声细气地抽噎。这些都需要想一想，才能达到理想的目的。

心理专家说："女人在哭的时候，要在老公面前哭，要让老公知道你现在心里很不高兴，受了很大的委屈，这时的眼泪才能起到作用。"

小周的新婚妻子娟娟和半月前相比，简直判若两人，两眼黯淡、精神憔悴、无精打采的样子，看上去可苍老了很多。

原来，最近她和小周有了点意见，闹了点小矛盾。那天她在擦地板，而小周呢，在沙发上抽着烟，看着电视连续剧《瞧这一家子》，由于看得太投入，烟灰就掉在了地板上。娟娟看见了很是生气，就让小周将烟灰那块儿擦一下，小周还是一个劲地看着电视，嘴里应着："我还没抽完呢，一会看完了就擦，还有十多分钟就完了。"娟娟一听，霍地站起身来，就将电视机给关了。于是，娟娟便和小周吵起来，小周心里想："一个大男人还能让女人给压制着，以后的日子还怎么过。"娟娟心里想："不就是擦那一小块地板吗。"由于这样一闹，两人谁也不认错。娟娟的怨气无处倾诉，心里难受，痛苦强压心里，一个原本活蹦乱跳的大姑娘，如今变得寡言少语了。

娟娟来到一个公园，走到一个僻静的凉亭里坐下，默默地、委屈地哭了起来。

晚上，娟娟回到家里，丈夫还是一脸的无辜。就这样，他们的冷战一直持续了四天。

婚姻专家点评： 女人在哭的时候，要在老公面前哭，要让老公知道你现在心里很不高兴，受了很大的委屈，这时的眼泪才能起到作用。背着老公哭，

那只能说明自己很没用，是对自己的一种惩罚。而且，一回到家，矛盾依然存在，问题依然没有解决。

6. 低声抽泣比嚎啕大哭更有杀伤力

女人，一定要晓得善用眼泪。比如抽泣就要比号啕大哭更具效果和打动男人的心。而女人的哭泣虽是利器，但是要使用得恰到好处，可就要费一番功夫了。用得太滥效果可能就适得其反了。

小甜已经结婚三年了，现在还过着甜甜蜜蜜的二人世界。现在的小甜，与从前比起来，更有一番娇美的风韵，每天都春风得意的，乐得嘴都合不拢。一群同学打趣，让小甜说说为什么会有这样美满的婚姻。

提起婚姻，挡不住满脸幸福的小甜说，其实婚姻生活也曾出现过问题。可用小甜的话来说，就是因为“会哭”，所以从没有失去丈夫的疼爱。

新婚燕尔时，丈夫自然陪伴自己多一些，整日如胶似漆，形影不离，这让同住一起的婆婆很是不满。所以只要丈夫一出门工作，或者出差不在家，婆婆就指使小甜做这个、干那个，就怕小甜歇着。可是自己的儿子只要一进家门，婆婆就开始干活，毕竟上年纪了，累得一会说这儿疼，一会说那儿不舒服，让儿子忙里忙外照顾她。她还在儿子耳边说小甜的不是，说她不懂得孝敬老人。面对这一切，小甜从没有吭过一声。因为小甜知道，就是吵上天，这样的问题也是解决不了的。一边是娇妻，一边是亲娘，让老公在中间受这份气，自己心里也不是滋味，所以她白天还是笑脸对着婆婆，尽心做家务，夜晚却躲在丈夫的怀里偷偷抽泣。其实，摸着小甜粗糙的手，丈夫怎能不知道小甜的苦。

婚姻专家点评： 一个幸福的家庭，是需要一个“傻”女人来经营的。使用女人的柔弱和善用眼泪，绝对是令男人怜惜到心底的法宝。有时倒在男人怀里默默流泪比嚎啕大哭更能打动丈夫的心。

三、会撒娇的老婆最可爱

——男人在『娇』女人面前没有办法

(一)撒娇才会显得自己很女人

薄怨微嗔是撒娇,刁蛮任性是撒娇,忸怩作态是撒娇,泪眼含愁是撒娇……女人撒娇的时候总显得很“女人”,而男人在女人撒娇的时候,也不自觉地会更像个爷们。他们常常觉得在自己臂里怀中撒着娇的女人是纤弱的、淘气的、无助的,不满足一下、疼爱一下,实在有点说不过去。

1. 老婆撒娇的好处

没有一个老公可以拒绝老婆柔柔的嗓音。只要老婆一撒娇,老公天性里的大男子主义便会被激发出来,然后心甘情愿地听命于老婆的摆布。

女人天生是水做的,所以娇柔是女人的本性。当女人成为老婆的时候,应该学会在适当的时候撒撒娇。一是因为老公大都喜欢撒娇的老婆;二是老婆撒起娇来,有百般风情千般好处。

好处之一:爱撒娇的老婆是幸福的!有人说:每个成功男人的背后,都有一个会撒娇的老婆!是啊,当老公在外奔波工作了一天,回家最想看到的就是老婆温馨甜蜜的微笑服务!还有,当老公生气时,老婆若能撒娇地抱老公一下,保证老公不会动粗。当老公口出粗言时,吻一下老公的嘴巴,老公不但骂不下去,而且还会苦笑着拿你没办法!家里又不是法院,不用也不是讲道理的地方,更不需要争得面红耳赤,只要做老婆的懂得撒娇和体贴,就能享受家庭的幸福!

好处之二:撒娇能让老婆更加妩媚一些、更加暧昧一些,如娇羞带水的花朵。老婆撒娇是老公所喜欢的,哪个老公不肯对娇羞的老婆百般呵护、百般疼爱呢!所以,老婆撒娇可以得到老公更多的疼爱。

好处之三:撒娇能让老婆永葆青春靓丽。老婆撒娇会得到老公的疼爱,做老婆的自然就会感到幸福,幸福的笑容会常常挂在脸上。常言道:笑一笑,十年少嘛。哪个做老婆的也不希望自己成为黄脸婆啊,那就在老公面前多撒撒娇吧。

好处之四:撒娇能缓解压力。现在的女人处在激烈的竞争社会,身心压力大。老公回家后,抛个眉眼电他一下,撒个娇,就能让紧张的神经放松下来。

撒娇不需要资本,不只是年轻漂亮女人的专利。女人可以不漂亮,但不可以不温柔;女人可能不再年轻,但也更应懂得柔情。

就像下面这则故事:都半夜了,小王还在和朋友喝酒,老婆打电话进来说:“死鬼,死哪去了,还不给我滚回来!”小王这个时候也许会壮着酒胆对老婆叫:“你这个臭婆娘,老子今天不回去了,怎么样?”然后也许会在朋友们的笑声中灰溜溜地回家，但是这时候却不是心甘情愿，而是被逼无奈。但是，如果老婆打电话进来说："亲爱的，你在哪里呀？我好害怕，没有了你在身边我睡不着，快回来吧。"我想此时小王一定会一脸甜蜜地对朋友们说："老婆一个人在家有些害怕，我得回家照顾她。"而朋友们除了一笑之外，我想更多的是羡慕小王有个这么小鸟依人的老婆吧。

婚姻专家点评： 不论男人还是女人，在社会生存环境的种种压力下，都希望有个知心贴意的人来营造一种轻松被爱的感觉！会撒娇的老婆可以使春风化雨，会撒娇的老婆可以化腐朽为神奇，会撒娇的老婆可以裂石开碑，会撒娇的老婆可以使男人俯首贴耳、宠爱不断。

2. 撒一分娇，就多一分情趣，让生活更像生活

女人的撒娇，能在很大程度上满足男人的成就感，让男人充满豪情、自信，看上去更像是男人。女人撒一分娇，就多一分情趣，生活就更像生活，爱情也就像抹了蜜糖一样甜。撒娇的女人给生活增添了无穷的乐趣。

(1)撒娇的女人为生活带来了不尽的温馨

如今的生存环境，让男人们没有喘息的机会，为了事业去拼搏，为了理想而搏斗，为体现价值、提高生活质量无休止地付出。与此同时，他们的感情生活越来越苍白，精神生活越来越空虚，男人太需要有人激起朵朵浪花，在生活的画面上添一抹彩虹。这时女人撒撒娇，娇嗔中透着痴情，让孤独沉重的心灵聆听一回涛声的澎湃，让男人久藏海底的灵魂感受一回暖流的涌动，那生活不也因此充满了不尽的温馨么？

(2)撒娇的女人为生活注入了新的活力

男人面对激烈的社会竞争，面对愈来愈冷酷的世界，必须时刻坚强着。为了支撑大山般的威仪，忍受了多少痛苦和失败。他们从不把痛苦写在脸上，从不把失落带给家人，但他们需要一双温柔的手，来抚平伤口。这时女人撒撒娇，把女人的成熟蕴藏在憨态可掬的娇声娇气里，孩子般的举止中衬托出男人的成熟，使得男人内心的压力，在女人的撒娇中得以释放，使之产生新的动力和活力！那生活不也就注入了新的活力么？

(3)撒娇也是女人的一种心理需求

在公共场合，女性往往是讲理的、温和的，是社会和谐的主导因素。可为什么一到心爱的男人面前就变了？甚至变得有些不可理喻？心理学家认为：女人一旦坠入爱河，就会变得孩子气，喜欢奶声奶气说话、喜欢接吻、喜欢撒娇。换言之，"爱"容易使女人变得不理性。看来，女性在心爱的男人面前撒娇，是天生的。明白

了这点，男人会不会用更平和、宽厚甚至带点怜悯的心来对待女人的种种“战略性撒娇”呢？

婚姻专家点评： 撒娇具有双向性。只有理解、包容甚至纵容老婆撒娇的男人才有这种福气。碰上榆木疙瘩一样的男人，老婆应该改变撒娇的方式，将撒娇的度做适量的调整，并加以引导，采用逐步蚕食的方法。这样，即使是再榆木疙瘩的男人也会喜欢老婆撒娇的。

3. 撒娇，是软化矛盾的“原子弹”

撒娇，不仅使女人更可爱，而且还易化解生活中的矛盾，是软化矛盾的“原子弹”，无坚不摧，战无不胜。

撒娇也是家庭矛盾的缓冲剂，如果一个女人在心血来潮时，花大钱买了一件根本穿不下去的衣服，而此时她的老公却正在为房子的贷款深夜加班。当老公发现并怒气冲冲地指责老婆乱花钱时，如果老婆说：“花的是我自己的钱，又不是花你的钱，要你管。”那么家庭矛盾就会立即升温。但如果老婆未语先是掉几滴眼泪：“呜呜，你干嘛这么凶，人家也不知道嘛，老公你好凶，我也是想打扮漂亮一点让你看嘛。”

男人听到这样嗲声嗲气的话语，一定会很心疼地把老婆搂进怀中，然后轻声地说：“我不是故意的，别哭了，是我的不对。”一场矛盾就这样小事化无了。哈，知道撒娇的好处了吧？那还不快点学学。

两口子过日子，难免磕磕碰碰。母老虎似的老婆可能会和老公针尖对麦芒，死磕到底；难缠的老婆，不依不饶，热战完了冷战，把矛盾无限扩大；心胸狭窄的老婆，无事生非，动不动就指责你在外面沾花惹草，整天就像审犯人似的，让你比窦娥还冤；有钱的老婆，财大气粗，吵起架来就像训斥家里的宠物，让你在家里很没地位，活像生活在苦难的旧社会……会撒娇的老婆则不然。战斗刚刚硝烟点起，就和你黏糊，往老公身上一靠，小嘴一撅：“我生气，你也生气！人家是女人嘛，干吗和女人一样小气，你得向我道歉！”可也是，两口子之间，能有什么大不了的事！给对方一个台阶，给自己一个台阶，什么都过去了。

婚姻专家点评： 生活中琐碎的事情太多，一句话听得不悦耳就有可能发生战争。在这样的环境中，没有对和错，也没有必要论一个短长。要想摆布得老公服服帖帖的，就要使出女人的拿手本领——撒娇。当你倒在老公怀里撒娇的时候，你的老公才会感觉到像个爷们。此时的老公就是有再大的火气，也被你的娇气给扑灭了。

4. “装嫩”，做个可爱的小女人

装嫩是现在很流行的一种时尚。并不是说女人一定要装嫩，而是人人都喜欢美，人人都喜欢漂亮。

女人装嫩可以使自己漂亮。但是，应当掌握好装嫩的火候，适时、适地、适度，那样装出的嫩才更可爱，才更女人。女人在装嫩的时候，一定要耍点小聪明，这“嫩”既装得体贴，又装得大方。

比如说鞋子，穿艳丽的色彩实在不安全，那就选些在沉稳底色上有着优雅装饰的品种，多穿些中高跟儿的，摇曳的风情全在那一截跟儿上。

比如说丝巾，是最不受年龄限制的，备个十条八条，不同花纹、不同质地、不同长短，或围或披，若隐若现。

比如说手链项链，是女人最喜爱的饰物了，不一定非盯住贵的，只要不太夸张，很有品味，那些时尚的小饰物就百分百娇嫩、玲珑。

比如说包，比如说头发，甚至手机套手机小饰品，只要你愿意，只要你想要，你就可以“装”出自己的娇嫩！

娇嫩的女人，美丽自己，愉悦别人。既然没什么不好，女人装嫩又何妨！

婚姻专家点评： 装嫩是时下很流行的时尚。装嫩，可以使女人在老公面前一亮。装嫩的女人，也可以抓住青春的尾巴，搭上青春的最后一班顺风车。既美丽了自己，也取悦了老公、和谐了家庭。女人，还是大胆地装嫩，装出自己的个性。

5. 越“娇嗔”越受用，越“老土”越纯情

在男人怀里娇嗔的女人，是男人心里的一个宝贝，是男人用一辈子也疼不够的女人。

美满的婚姻需要女人用娇情去调剂。娇嗔是女人的专利，只有女人可以使用得到位，可以将娇嗔发挥得淋漓尽致，而不至于拖泥带水。

“娇”是女人的天性，不会撒娇的女人在男人的眼里好像总是缺少点女人味。凡是女人均会使用这一技法，也最善使用这一技法。使用这一技法，无坚不摧、无往不胜。娇是小鸟依人，娇是老婆捕获老公的迷魂剂。男人的虚荣心在“娇”这一技法面前会暴露得淋漓尽致，会使男人迷失本性，自以为赢得了芳心，实质上已落人老婆的温柔陷阱里。“嗔”是“娇”的助手，一娇之后必有一嗔，嗔是

太极功，具有四两可拨千斤的功效，哪怕男人暴跳如雷，只要女人向男人轻舒玉指，樱桃小嘴里飘出轻轻一嗔，再看，雷霆之怒登时化为万里晴空。刚才还千不该、万不是的女人转瞬间成了完美的化身。

和娇一样，土也是一种时尚，一种复古的装点。老土的女人，给人以一种全新的审美观。女人有时候装扮得土里土气，反而也是一道独特的风景。整天撒娇的女人，也不妨变换一下自己的装束，给视觉疲劳的男人来点刺激。男人习惯了你娇滴滴的本性，偶尔也让他感受一次五六十年代的感觉，让你的男人真实地感受到女人善变的本性；让你的男人觉得自己的老婆年轻、活泼、天真、纯情，有一种内在美。

婚姻专家点评： 婚姻是需要女人细心呵护和精心地栽培。在你心爱的男人面前偶尔使用一点娇嗔，是平息战争的最好手段，即使是你的错，他也会心疼地将你抱在怀里。而略带土气的女人则更会使男人疼你疼到心坎里。家庭需要营造，婚姻需要调剂，美满的生活就在你的手里。

6. 肉麻一点也无妨

在自己老公面前，撒娇撒得肉麻一点也不用难为情。

女人的骨子里就有撒娇这个法宝，这是上帝赐予女人的一件无坚不摧的武器。不要以为没情趣的男人就不喜欢女人撒娇，也不要以为他们不懂得欣赏，其实没有一个男人不喜欢自己的女人对自己轻声细语的。而懂得撒娇的女人通常也比较宽容，不太容易生气，所以也不会轻易变老。

撒娇的方法不拘一格，想怎么撒就怎么撒，只要哄得老公开心，使老公听话，让老公往西不会往东，那就达到了预期的效果。会撒娇的老婆，摆布起男人来易如反掌："老公，帮我拎包，你看人家的小手，都勒出红印了。"是啊，老婆这么娇柔地说出口来，谁不心疼？谁又忍心让自己老婆的小手给勒红呢？"老公，我累了，你去做饭吧，我今天好想吃你做的饭，去嘛，人家求你了！"那位被指使的老公即使再累，也会屁颠屁颠地走进厨房，使出浑身解数为老婆烹出一顿大餐。反过来，如果老婆采用暴力的话，那效果就截然不同了。若老婆横眉瞪眼地冲老公一通大叫："赶紧做饭，我也上一天班了，凭什么伺候你！"完了，这下可毁了。两口子肯定会干起来。一样的话通过不一样的方式表达出来，结果截然不同。会撒娇的老婆，让男人心甘情愿的奉献，让让男人干起家务来无怨无悔，哄得老公热血沸腾，浑身有使不完的劲。

试想，有几个老公能经受得住这样的攻击：老公下班一进家门，老婆便柔情似水地对你说："老公，你累了吧，来，我帮你敲敲背。""老公，这道菜是我特意为你做的,好吃吗?""老公,我帮你把洗澡水放好了,洗个热水澡解解乏,来我帮你擦背。""老公,你总是在外面吃饭,也不回家陪我,让人家一个人在家好寂寞……"你这样嗲声嗲气地一说,保准男人吃不消,想在外面吃饭的则赶紧回家陪娇妻,即使实在不行的话也会尽量早点赶回来陪你。

婚姻专家点评: 撒娇有时候露骨一点,再加上温柔的动作,男人会服服帖帖地听你指挥。这样在处理家庭摩擦的时候,男人是不会采取过激的态度的。面对自己爱的人,一阵温柔的拥抱、一句娇滴滴的话语,爱就是这么简单,让自己心爱的男人在自己的撒娇里融化。

(二)撒娇不撒野

每个女人都曾经或正在被男人当成宝贝宠着,只是很多女人不懂得男人的累,认为男人天生就要包容女人,甚至恃宠生娇。一旦男人一不小心忽略了自己,便开始无事生非,撒娇闹小脾气之余,甚至开始发展成了撒野、撒泼。然而,男人常常不懂得女人撒野是希望他来哄,他们只会认为你不够温柔。不够体贴,面对一个整天发脾气的女人,男人只有一个想法,那就是逃离。

1."野蛮"有度的老婆最可爱

"野蛮"老婆,并不是蛮不讲理,而是让家庭和谐地生活。

每一个男人都想自己的老婆温柔体贴,可每个女人的骨子里都有一股男人的野蛮劲,要不为什么说女人是男人的另一半呢。

(1)注意老公身边的花花草草

好老公是老婆用时间和心血调教出来的。调教那么辛苦,当然要提防那些试图不劳而获的懒女人来享用。所以,作为老婆绝对不能容忍老公被别人染指。基本做法就是:提前掌握老公所接触所有女人的家庭背景、社会背景、个人爱好和详细联系方式,然后告诉老公详细情况。用一句老话说:防患于未然!真地发现有漏网之鱼,就应该马上放下身段,邀请到家里,让她享受一下我们的幸福生活,叫她知难而退!

(2)掌握至少一门看家技巧,作为吸引老公的手段

比如做饭。就算没这方面本领,也要嘴甜些,哄得老公开心。一般老公是架不住美味的诱惑的,常言道:要想拴住老公的腿,先管好他的胃。

(3)把家庭暴力可爱化

作为妻子，要经常研究人体生理学和犯罪心理学，并在老公不注意的时候淋漓尽致地发挥出来。比如，虽然使劲拧住了老公，却还要扮着可爱的样子说：“抓到你啦！投降吧！”万一自己的过分要求得不到满足，不等老公讲出长篇大论的道理，泪水就抢先而出，痛苦万分地抽泣。这样，老公会拿你一点办法都没有。

（4）严格掌握老公的生活起居

从每天换的衣服袜子，到日常用品的牌子品种，不分巨细，什么都先做好了。要像机器猫一样什么都能搞定。往小了说，是对老公的精心照顾。往大了说，让老公离开我这个老婆一天都没法生存。哪怕是恨不能连上班都想把我装在口袋里，在外面稍微不如意就会立刻想起我来。

(5)跟老公周围所有人搞好关系

把老公的朋友统统变成我的朋友。老公几点上班，几点下班，跟什么人一起吃午饭，跟什么人通了电话……都有人在第一时间通知我。谁组织聚会聚餐，在叫老公的时候一定会说：“把老婆一起带来。”

婚姻专家点评： 野蛮老婆不是撒野的老婆，要让老公觉得野蛮野得可爱，既对老公形成了内外的包围，但是又让老公在不知不觉中，任由野蛮老婆的摆布。野蛮野得可爱的方法很多，愿天下的老婆们因时、因事、因地、结合自己的特点，野出自己的特色来。

2. 不要把男人当成私有财产

男人是娶老婆，并不是把自己卖给老婆，凭什么男人要忍受老婆的气呢？

男人花心了，身后的女人在流泪；男人有婚外情，身后的女人在痛诉；男人提出离婚，身后的女人要死要活。男人总是在女人专注的眼神中悄然而变，当女人发现如此深爱着的男人背叛自己的时候，总是愤世不公，总是怪男人不负责任，总是怨天尤人，可是女人却不懂得一个道理男人不是女人的私有财产。

许多女人结婚之后把男人当作自己的私有财产，动不动就给脸色看、摔桌子、摔板凳，再不就是赌气不说话，冷战、热战一场接着一场，当着别人面拂袖而去等，严重的经常吵闹，在朋友或家人面前管教丈夫，完全没有女人的温柔。最初谈恋爱时的彬彬有礼、温文尔雅荡然无存，暴露了本来面目。在女人的心里这样认为：老公就是我的，我想骂就骂，想打就打，这是天经地义的。但要知道，男人是娶老婆，并不是把自己卖给老婆，凭什么男人要忍受老婆的气呢？

想把男人变成私有财产的女人，其实是不明智的，是无形中在给自己添加压力，就好比把自己的愿望和理想放得很高很大，突然间破灭或者摔下了，那么失望就会更大，不是有一句话叫“站得高，摔得重”吗？所以，女人从一开始就不要把男人当成自己的私有财产，因为一切都是徒劳的，在此方向努力越大、付出越多，伤心和悔恨就越多越大。

善解人意的女人知道，好男人就像是在高空中盘旋的鹰，只有当这只鹰很累了或是想要休息时，才会回到女人身边。善解人意的女人知道，在男人骨子里事业还是胜过爱情。因此，善解人意的女人无论在什么时候都不会把自己的男人当成私有财产，要男人对自己言听计从。善解人意的女人不会在男人忙于工作时抱怨男人不顾家，也不会让男人时时刻刻牵挂着自己。

婚姻专家点评： 私有财产，那是只有一个人拥有，其他人是没有权利进行支配的。女人要是将男人看作成自己的私有财产的活这种想法还是尽早地打消吧。男人不是某个人的财产，男人娶老婆是想找一个善解人意的女人来营造一个温馨的家庭。男人累了、困了，需要休息的时候，可以静静地小憩一下。女人想把男人变成自己的私有财产，其实是很不明智的。

3. 不要凡事以自我为中心

只有改变生活观念才能改变生活方式，改变生活方式才能改变生活质量。不要跟自己过不去，也不要跟自己的老公过不去。

在家庭中一个以自我为中心的人，在她的心里就是凡事自我为先。“我很重要，我要走在最前头。晚上吃什么也得问我，菜做得酸点还是辣点，看什么电视剧也得依着我。反正在这个家里，一切要以我为中心，我说做什么才能做什么，我说什么事情可做，那才能做，我说不能做，那是绝对不能做的。在这个家里，我就是太阳，其他人只能围绕着我转。”

这种心态也是一种普遍的社会现象，独生子女从小被父母溺爱，往往比较任性，生活中以自我为中心，总要求别人围着自己转。这种以自我为中心的人通常性格比较独立，但独立生活能力较差。她们都是家庭的中心，个性都很强，性格里通常缺乏宽容、忍让的成份，两个人真正生活在一起之后，总会为生活琐事发生争执，而且通常不会轻易让步，反而会把小的口角激化成大矛盾，最终导致婚姻解体。

张涛和万云是大学同学，大学毕业后，两人分配到一个单位工作，经过半年的恋爱后，两人组成了家庭。

然而结婚后，问题很快出现了。两人在家里都是娇生惯养，别说做饭，就连收拾屋子、洗衣服这样的简单家务也做不好。结婚以后，两人商量了一个“蹭饭协定”：每周一、三、五到张涛家，二、四、六去万云家，周日在外面下馆子。

时间一长，张涛的母亲不愿意了：“你媳妇什么都不会干，你得说说她。”这话很快传到万云耳朵里，两人为此经常吵架。张涛说：“你嫁给我，就应该听我妈的，再说你什么都不会干，要你有什么用啊。”万云则反驳说：“我原来在家里什么都不用干，现在好不容易没人管了，你倒管起我来了，凭什么家务都是我干啊？我不干了，离婚。”“离就离，明天就去办手续。”就这样，张涛和万云结婚登记仅三个月就办理了离婚手续。

婚姻专家点评： 组成一个家庭，就要两个人共同营造小家的温馨。要互相关心、互相尊重。一切都是相互的。必须改变以往在父母身边的生活方式，不但性格要独立，而且独立生活的能力也要强。组成家庭，每天就要面对一日三餐，整天都要伴着柴米油盐过日子，就如上面的故事，因为洗衣做饭这样的小事而闹到离婚，确实是太不划算了。

4. 不要无分寸地限制男人

爱一个人，首先要给他幸福，如果连自由都没有，哪里有什么幸福可言。

男人都是群居动物，天性爱玩，喜欢热闹。可是婚后的女人都喜欢约束身边的男人，觉得这是两个人的世界，必须完全属于对方，其实这是一个致命的想法。男人虽然是群居动物，但是他们都有自己的私人领地，而这个领地是任何人都不允许打扰的，甚至他的铁杆朋友和亲密的伴侣也是如此。男人不是任何人的附属品，就是结婚以后，也需要有男人自己的空间。可是女人有时候很爱限制男人的自由，甚至到了失去分寸的地步。

男人的天地在外面的战场上，而不应该给困在家庭的这个笼子里，他们非常看重男人的尊严。

王强是一家公司的主管，每天上班下班，还要挤公共汽车。他的妻子小雨一天打好几个电话给他，使得王强根本无心工作，觉得在单位里非常没面子，直到呆不下去辞了职。

小雨高兴了，又提议：“你在家待着，我出去赚钱养你！”

一天，小雨把电话打到家里。那天王强不在家，到大街上散心离开了一会，她就逼问：“你到哪里去了？为什么不接我的电话？”

这时，王强猛然觉醒：和这种女人在一起，自己一生就完了！因此他才离家出走。只有这样，他才能获得自由。

王强不见了，小雨开始发疯地四处寻找，在报纸上登寻人启事，可王强还是一去不复返了。这就是无分寸地限制男人的结果！

无论是出于对自己男人的爱，还是别的心理，女人都不该自私地、无分寸地限制男人。爱一个人，首先要给他幸福，如果连自由都没有，哪里有什么幸福可言。

还有的女人甚至限制男人的正常应酬、限制男人的业余爱好、限制男人并不过分的缺点……使得男人没有一点自己的天地，男人在家里、在社会中没有尊严。

有时男人仅仅是因为应酬而晚回家一个小时，妻子就不依不饶。本来一件日常生活中常见的小事，却演变成了一场战火。男人与朋友交往，在一起吃饭喝酒是很正常的事情，一个人怎么能连朋友都没有呢？

婚姻专家点评： 男人也是人，人都有自己的交际圈、自己的朋友、自己的一片天地，女人要方方面面地对男人进行限制是不明智的，也是不理智的行为。

5. 不要乱使性子

乱使性子的女人往往是因为有着不符合现实的、“心比天高”的心态。

生活中的女人因所处的环境不同，每个人都有自己的个性和处理事情的方法。有的女人是小鸟依人型，有的女人是河东狮吼型，而有的女人爱使小性子，而且自制力极差，有事没事乱使性子，从不检讨自己，总是对周围的人和生活满嘴的“不满”。

即使男人百般关爱和谦让，身在福中不知福的女人可能还是不满足。因为乱使性子的女人往往是因为有着不符现实的、“心比天高”的心态。例如：这个项链我喜欢，明天你送我一条，周末我想去旅行，旅行之前我想买……在她的心里只有自己。

世界上所有的好事情一定不会让一个人占据，任何一个人都有着此生难以圆上的梦。你看到身边哪个人既名利双收，又子孙满堂、长命百岁了？你看到谁的丈夫既英俊潇洒，又事业有成、温柔体贴了？

但是爱使性子的女人却不去想这些，她不去想她所拥有的东西，而是专想没有的东西，并且因为不能拥有而烦心，进而将其作为向丈夫撒娇、发泼、乱使性子的理由，搞得家里没有一天安宁。

习惯乱使性子的女人往往都是“通情达理”的，还会常常得寸进尺、无理取闹。这样，即使有再坚实的经济基础，生活也难以幸福美满。

有的妻子下班回到家后，就乱发脾气，看哪儿都不顺眼。男人累了一天，回到家里谁不想清静清静，可是还得受这等折磨。这还不算，她还来了劲，可能连男人几年前的过错也一并抖落出来，声泪俱下，委屈至极；要是嫌她烦，制止她发牢骚，她就会高声埋怨你不关心她、不够体贴，随之迁怒于你，到最后还有可能会发展为夫妻大战呢。

有的女人因丈夫的体贴和纵容，就得寸进尺，不为他准备早餐，连她的衣服都要他来清洗，那么长此以往，男人的容忍迟早会到达极限，战争可能随时爆发。在婚姻生活中，男女双方都需要互相妥协，并将它作为婚姻生活的出发点，这样才能够融洽相处、达成默契。反之，如果一方不断做出让步，另一方却得寸进尺，那么婚姻也会随之而失衡，就会出现问题。

舒杰在刚刚结婚的时候，是一个不折不扣的"乱使性子"的妻子，她的丈夫则处处袒护她、依着她、宠着她、哄着她，反而助长了她的这一特性。然而，她对生活却越来越不满意起来，一回家就开始抱怨，把日子弄得很不开心。还有，她觉得生活中的不愉快都是老公的错，从不检讨自身的不足和过错。她每天回家时情绪都很坏，只要她一进门，全家都得蹑手蹑脚，生怕让她看了不顺眼就会发作。

舒杰回家因路上塞车着急而发脾气，看到孩子把脚踏车丢在外面或把玩具忘在门口要发脾气，埋怨丈夫做的晚餐不够好吃……

最后，舒杰越来越难控制自己的情绪，无奈去接受心理治疗。通过治疗，她改变了对一些事情的看法，再遇到不愉快的事情的时候，也能够心平气和地处理了，对丈夫和孩子也渐渐和颜悦色起来。家里渐渐有了温馨和幸福，丈夫和孩子也终于解脱了。

婚姻专家点评： 当女人陷入"乱使性子"的错误意识后，不仅会给周围的人带来不愉快，她自己也会生活在痛苦之中。乱使性子的女人要以积极的态度来改变自己的心态，用积极的态度看待生活中的人、事、物，凡事应从积极的方面考虑，生活自然就会美好起来。

6. 软刀子也伤人，闭上你的刀子嘴

良言一句三冬暖，恶语伤人六月寒。刀子嘴最伤人。

有很多女人在朋友、同事面前往往彬彬有礼、礼貌相待。可是一回到家里，便卸下女人的外表，露出骨子里的刻薄。对本应最亲的人——爱人却恶语相加、冷嘲热讽，什么话最损人就说什么，而且男人越生气，自己就越有快感。这种状况不仅外人难以理解，就连女人自己回想起自己说的话，也常常会吃惊不已：这就是我吗？我会是这样子的吗？太刻薄了！俗话说：良言一句三冬暖，恶语伤人

六月寒。刀子嘴最伤人。

张叶以前曾是个温柔的娇妻，对丈夫阿峰关心体贴，百依百顺。后来，不知道是什么原因，她变得吹毛求疵了，对生活的不满越来越多，而且将这不满完全发泄到丈夫身上。

那天阿峰刚一推门回到家，妻子张叶便走上前："你今天上午去看医生，医生怎么说？问题严重吗？"

"噢，上午开完家长会已是中午12点了，医生周末下班早，所以就没去。"

"什么？你又没有去！我都约李医生好几次了，你干嘛做事总是拖拖拉拉的呢？没有一件事让我放心的，我最看不起你这一点！"

"我腰不疼了，不需要去看了，行了吧！我自己的问题我自己知道，用不着你操心。"

"嗬，说得轻巧，用不着我操心。那行啊，那你来操心这个家，擦窗子、买米、换煤气，都是体力活，你为什么不能干一干？这家里，男人不像男人，女人不像女人。"

"行，行，行，你有理，你放着，我来拖地！"

"得了，别逞能了！今天逞能，明早又喊这儿疼那儿疼的，我可担当不起！你大不了不干活，总不至于让我床前榻后侍候吧。"

"侍候？听起来多美呀！你想想吧，结婚十年了，我享受过你的伺候吗？"

"那我嫁给你十年，我享过什么福？想想你每月才1000多元的工资，我没抱怨，你却倒打一耙，真是狗咬吕洞宾了！"

"行了，就算我穷，我没钱，那也是你命苦，我出去还不行吗？免得站在这里碍你的眼。"

说完，阿峰"砰——"的一声将门关上。

张叶大声叫喊着："要滚就滚远点，免得看见心烦！"

后来，夫妻俩虽然意识到了问题的严重性，并试图挽回，但这段婚姻早已遍体鳞伤了。尖酸的语言，虽然只是他们内心不满的一种宣泄，但伤害已经造成。半年后，他们分居了。

都说女人是刀子嘴豆腐心。确实，女人往往不会正面表达自己合理的内心需求，而是以攻击对方的形式表现出来。这样做的结果只会引起情感上的对立。她是以攻击代替表达，真实的内容却被掩藏起来，呈现的只是充满敌意的语言。女人想要表达喜欢的时候，往往会说"你真坏"，就是这个道理。

女人有时甚至为了加强语言的力度，为了引起对方的注意，动不动就把离婚、分手挂在嘴边。要知道离婚、分手是不能轻易说出口的，除非是已经下定决心，否则不能感情用事，图一时之快。

夫妻因为相爱而走到一起，都希望对方幸福、快乐，也希望自己能被对方深深地爱着。沟通，在夫妻感情中扮演着重要的角色。好的语言，能成全爱；不好的语言,能残杀爱。那么,要如何说话才能表达爱呢?

(1)注意沟通,有一说一。你需要对方做什么,就要明确告诉他。不要自以为是,他不是你肚子里的蛔虫。打哑谜的结果往往是你气得要爆炸,他还一脸无辜,不知所以。

(2)学会控制自己的情绪。每个人都有心情不好的时候,人在气头上,什么话都敢说,从不考虑后果,结果只能是两败俱伤。所以一旦发现方向不对,就要及时刹车、主动息战。家庭里没有谁输谁赢,没有谁对谁错,不要为一些小事争得面红耳赤、不可开交。

(3)要学会倾听。为什么会有“刀子嘴”?那是因为心里的怨气积压,不泄不快,不吐不畅。如果平时有适当的渠道可以疏导,怨气就不会积压了。倾听,就是给对方一个泄压的机会,也是给自己一个走近他内心的机会。

(4)停止攻击,学会尊重。说出你的想法和观点,而不是指责“你应该怎么做”、“不应该怎么做”。沟通的目的是让双方明白彼此的想法,要记住人与人之间要互相尊重这个基本原则。

婚姻专家点评: 女人的“刀子嘴”确实如同一把刀子,插在了男人的心里,深深地刺痛着男人的心。所以,为了不给男人造成更多的伤害,为了家庭的和美幸福,还是请闭上女人的“刀子嘴”吧。

7. 撒娇要有度

适度的撒娇,可以让男人的虚荣心得到满足,同时也可以加深两人的感情。

会撒娇的女人最有女人味,举手投足之间,让男人为之心动不已。女人的撒娇是生活的调味品,也是女人征服男人的杀手锏,能激发一个男人全部的爱。对此,任何男人都能一眼看得穿,却又甘心被俘虏,这就是撒娇的杀伤力。会撒娇的女人是山,端庄大方;会撒娇的女人是水,柔情绵绵;会撒娇的女人是书,值得一生品读;会撒娇的女人是风景,令人流连忘返;会撒娇的女人是港湾,温馨可靠。学会撒娇,你的幸福更有保障,你的人生将更精彩。

千百年来,撒娇一直是女人的天性。女人不一定要漂亮,但一定要会撒娇。撒娇要恰到好处,撒娇要有度,把娇撒到点子上,别让撒娇变成撒野。适度的撒娇,可以让男人的虚荣心得到满足,同时也可以加深两人的感情。所以说,男人都喜欢女人对自己撒娇,而会撒娇的女人通常也容易得到男人的喜爱。

每个男人回到家,回到自己的伴侣身边,都渴望得到温柔体贴的理解和关怀。这时,就算男人有什么小错或疏忽,聪明的妻子不但不会指责臭骂,反而会先从包容、关怀的角度来安慰男人,然后再用女人特有的撒娇让男人愿意改过。

女人要是没有宽容之心就没有柔情之美，有柔情之美的女人才是男人想要的。男人要的就是那种即使自己再落魄、再倒霉，她也不离不弃、也不给白眼的生死相随的感动。

阿娇就是一个爱撒娇的小女人，她说："我情愿做个小女人。"阿娇喜欢撒娇，脸上的表情丰富多彩，好像宠她的男人时时刻刻都在她身边似的，大家都叫她"娇女"。有一天，娇女和朋友去逛街，逛着逛着，她的老公来电话，她边讲电话边扭动着身子，好像她的老公能看见似的。后来朋友嘲笑她会"发嗲"，她夸张地扭着身子说："不好吗？这样不好吗？我老公就喜欢我这样扭。"

"好好好！我羡慕死了！就是因为太硬朗，不会撒娇，到现在我连男朋友都没有！"

"真的很羡慕，会撒娇的女人就是有人爱，为什么男人都喜欢会撒娇的女人呢？"

就这样，两人一边逛街，一边谈论撒娇这个话题。过了一会儿，娇女的电话又响了，她又扭动着脖子调动老公开车接她们吃饭，朋友也跟着沾了娇女的光。

其实，会撒娇的女人，她们那恰到好处的娇嗔，让男人难以抵御。然而和所有的才能一样，撒娇也是需要几分天赋的，当然也需要后天的培养。要知道，会撒娇的女人，小时候一定是个会撒娇的小姑娘。当然，有的人家教特别严，也不知道"嗯——"几声就可以得到爸妈不给的东西，也可以让爸妈答应不允许做的事情。在青少年叛逆时期，也不知道会撒娇可以事半功倍，只知道对父母直接用唇枪舌剑。长大之后，在恋爱时会颐指气使、气急败坏、小题大做、不依不饶，也会尖酸刻薄，但那时男朋友一般会让着自己。

可是，尖锐的明枪和温婉的妙器毕竟不一样，后者是温柔蚀骨的，而前者则会伤筋动骨。会撒娇的女人在工作中都会生动可爱几分，即使是在同行、同事、同性之间。比如，有时候她想让别人帮个忙，会说："帮帮忙嘛！"当别人帮了自己的忙，会说："你真好，谢谢！"

男人都喜欢女人撒娇，都喜欢撒娇的小女人。适度的撒娇，可以让男人的虚荣心得到满足，喜欢撒娇的女人通常也容易得到男人的喜爱。

婚姻专家点评： 要做美女，更要做喜欢撒娇的美女。男人最喜欢会撒娇的女人，女人一撒娇，男人就投降，撒娇是女人的爱情法宝。女人不需要太漂亮，但一定要懂得撒娇。在男人心目中，会撒娇的女人最美丽，撒娇的女人都知道，会撒娇才有人疼。

8. 撒娇不等于任性

女人需要恰当地把握住撒娇的技巧和对方的承受能力，要知道哪些是比较敏感的、最好躲避的区域。撒娇的时候一定要把握好一个度，若撒娇太过了，便是任性的表现了。而任性的女人，只会让男人离你越来越远。

一个会撒娇的女人是不是天生命好,这很难说,但是女人适当地撒娇,的确是拥有幸福生活的秘方之一。其实,撒娇也是人际交往的一种基本形式,它的内在动力是宠爱、喜欢、愿意等情感。当两个人争吵的时候,女人的撒娇可以缓和气氛;两个人甜言蜜语的时候,女人的撒娇也会让气氛更加和谐。所以,男人大都喜欢自己的女人偶尔撒一下娇,因为这样可以增加一些生活的乐趣。但是,女人的任性就不--样了,它和撒娇截然不同。

比如,正处于恋爱期的男人总喜欢约女人一起散步,因为这样可以顺便牵牵她的手。这个时候,如果女人冷不丁地来一句:"要到哪儿去,去哪儿都没劲!"或者是"我才不去呢!"这样就会把男人满腔的热情给浇灭,如冷水浇头一般,让男人扫兴。时间一长,这般没有情趣的任性,只会让男人更加讨厌。

当然,撒娇也不是依赖,如果一个女人把撒娇当作是维系两个人感情的唯一武器,那么,时间一长,就会给对方一种错觉,以为你是一个永远都长不大的小女孩。而且,撒娇也不是刻意学来的,它需要爱情的滋润。

女人的撒娇是一种与生俱来的本能,小时候坐在父亲的膝上,抱着母亲的脖子、钻进奶奶的怀抱、亲亲爷爷的胡子……往往快乐的小天使奶声奶气地一撒娇,她的心愿就实现了,而且得心应手,屡试不爽。

女人一撒娇,就会把幸福抓到手中,这时候的女人不但幸福而且可爱、美丽,还会让人疼到心坎里。会撒娇的女人,能撒娇的女人,是幸福的女人。当然,这样的撒娇应该是发自内心的、自然而然的,不修饰、不做作。它就像一道甘泉,潺潺地流过男人的心田,像一阵和风柔柔地拂过男人的脸。

在婚姻生活中,女人的撒娇就更有用了,会撒娇的女人总是比那些只知道责骂、抱怨的女人更加幸福。要知道,婚姻的琐碎往往会超出你的想象和承受能力,如果不想让你的生活平淡得像一潭死水,就赶快学会撒娇吧。女人的撒娇总能让死水泛起涟漪,让生活有声有色,让你感觉到真正的"润物细无声"!

女人的撒娇会让生活更美好,但是如果太过任性就只会把生活打乱。

美丽的女人往往总是任性的,因为女人那张漂亮的脸蛋总会受到很多的关注和宠爱,久而久之,就让女人养成了娇纵的个性。养成了这种个性的女人,就会受不了男人们,尤其是男朋友的"反抗"行为。一旦反抗,她就会大发脾气,大哭大闹。

任性的女人只会想到自己,不会顾及别人,她们只要自己合适了就行,哪怕招别人白眼也会熟视无睹,甚至还会振振有词。要知道,任性与多变和招人厌烦之间只差了一步。最后,可能会因为你的任性而得到你想要的。但是,你必须得对别人的厌烦有心理承受的能力。

任性的女人通常不知道给男人留面子,她会任意地在男人的朋友或是同事面前发脾气,指责男人。其实,男人在朋友面前是不能没有面子的。这种女人也许在单位里或朋友圈里特别善解人意,可就是到了自己男人的朋友圈里,为了证明自己的重要性和权威性,并显示出对自己男人的控制能力,一定要摆出一种“非听我的不可”的架势，让男人难以接受。

女人任性，其出发点无非是想引起他人的注意、渴望得到对方的呵护宠爱，试探自己在男人那心目中的位置和话语的威慑力等等……只不过女人需要恰当地把握撒娇的技巧和对方的承受能力，要知道哪些是比较敏感的、最好躲避的区域。因为，过度的任性只会让男人离你越来越远。

婚姻专家点评： 喜欢撒娇的女人会得到男人的宠爱，而任性的女人只能让喜欢她的男人离开。看着得与失，还是做一个快乐的撒娇女人好。不过要注意撒娇的度一定要把握好，不要一味地撒娇，那效果只会适得其反。

9. 好老婆，应该诱人而不缠人

展翅高飞是风筝的天性和宿命，你要是怕它远走高飞就不让它去飞，那么它还叫风筝吗？所以，不妨放手让它去飞，管它飞得再高再远，你只需要攥紧手里的线就行了。

人天性都是爱自由的，需要有自己的空间，爱情也如此。但是，有的女人一旦爱上一个男人，便会不由自主地变得粘人了，喜欢时刻跟所爱的人在一起，男人去哪里都想跟着，男人下班后，要向她汇报一天来所做的事情……总之就是缠着你。

对男人，吸引永远比督促管用。多展示你的魅力，少索取他的承诺，天天缠着他只会使男人的压力增大。很多男人觉得，女人烦起来有时候真的是很要命，让男人觉得不知所措。虽然女人的心始终是希望男人能够来哄她或者是安慰她，而男人一旦心生厌倦，就很难挽回。

海涛和女朋友交往三年了。女朋友什么都好，就是对海涛依赖性太强、太缠人，每天都要海涛汇报行踪。

那天中午，海涛正在忙工作，女友打电话来说想吃巧克力。要在以前海涛一定会下班后买给她，可这段时间公司的领导已经在说他上班走神，业绩也不理想。于是海涛告诉她：“我现在走不开，你先到超市去买，算我送给你的，好不好？”女友一听就不开心了，在电话里大发牢骚，海涛只能静静地听着。下班后，海涛买了玫瑰花和巧克力，连连向女友赔不是，好话说了一箩筐，她才勉强作罢，而海涛已经累得筋疲力尽。

长此以往，海涛觉得实在受不了，只有分手了事。

男人的自尊心比女人强，也更需要自由，他们是男人，要顶天立地，要闯天下。女人只要留住男人的心，天下自然也是女人的天下。

与其每天缠着他，还不如自己做点喜欢的事情，给各自一个自由的空间，何必整天缠着他呢？打个不妥贴的比喻，比如乞讨吧，都是要钱，但是有的人往那一站，拉拉二胡、弹着电子琴，不论弹得效果如何，不用低声哀求，人们往往会主动施舍；相比之下，一些乞丐死缠烂打，缠住人不放，可怜兮兮，却让人顿生厌恶之心，避之不及。

做一名好的乞丐都需要专门技能，何况是复杂的爱情呢？只要你能做到诱人而不缠人，还怕守不住爱情？所以，你只管诱人，不要太粘人。要缠人，就让他来缠你好了，这才是最明智的选择。

婚姻专家点评： 对于男人和女人来说，都需要有自己的空间，有一块属于自己的天地。婚姻中的女人，往往不明白这个道理，总以为他是我的老公，就是属于我自己的，我缠着自己的老公是应该的，是理所当然的。其实这样的想法是大错特错的，对婚姻来说也是很危险的。

（三）“娇”女人最容易得到满足

撒娇，是女人迷惑异性的高明手段，会撒娇的女人一旦撒娇撒到男人的“死穴”，也就打中了男人心坎里的弱点。这时，就算要男人去死，男人也会带着微笑和满足的表情“从容就义”，在所不辞。

1. 一句话，让老公死心塌地

会撒娇的女人，能让男人死心塌地爱你。

张海因为生意失败，迫不得已变卖了别墅和跑车，平时只能以自行车代步。有一日，张海和太太一起，应朋友们的邀请一起出外游玩，其中一位朋友的新婚妻子因为不知内情，见到他们夫妇共乘一辆自行车来到约定地点，便冲口而出：“你们为什么骑自行车来啊？”众人一时惊愕，场面变得很是尴尬，但这位妻子不急不缓地笑答：“我们骑自行车，是因为我喜欢抱着他。”

张海听了，眼里依稀有了泪光。

男人娶上这样一位娇妻，那还不幸福死了？就这一句话，以后的日子，张海怎么能够不对老婆死心踏地？

男人，生来就被赋予了太多的东西。他们活得很累，却不能随意宣泄。他们更需要有人疼、有人关心。如果你能表现出对他的依赖和关心会让他得到极大的精神满足，相信他这辈子都逃不出你的手掌心。

撒娇的女人宠爱自己的老公。给他一点自由，给他一点空间，他会感激你的体贴，自然也就对你死心塌地了。

撒娇的女人在选择伴侣的时候，往往考虑的是这个男人懂不懂得如何珍爱自己，而不把钱权名利看作最重要的条件。撒娇的女人很乖巧，懂得在恋人得意的时候做男人的女儿，在恋人失意的时候做男人的母亲。

撒娇的女人，能够珍惜丈夫的亲人和朋友。家庭和睦，最能给男人带来好运。相反地，女人若与男人的家人朋友相处不和睦、婆媳关系不和谐，则会增加丈夫无谓的烦恼！爱他，就要感激让他降临的人；爱他，就要发自内心地接受他的家人。

撒娇的女人张弛有度。在外面打拼，她也许是个精明强干的女强人，但一回到家，就把严肃精干的面孔留在了办公室。在男人面前，她永远是那个依赖他的小女孩。让男人感觉到：在家里，自己是主宰。

撒娇的女人，记得要尊重男人的爱好。上帝造就了男人和女人，赋予了他们不同的生活习性和兴趣爱好。女人是水做的，清澈而甘醇，喜欢风花雪月的浪漫；男人是泥做的，混沌而潮湿，充满了激情和狂野。心放宽些，大度些、自信些、开朗些，婚姻的原动力是爱情，就让爱情撑起一片宽容而和谐的婚姻天空。

婚姻专家点评： 感动老公的一句温柔的话语，体贴老公的一个默默的眼神，足以让男人对你死心塌地。让男人死心塌地，是女人一辈子的使命。而一旦你能把娇撒到他的死穴上，那么幸福女人非你莫属。

2. 冷漠的老公挡不住“嗲”老婆的诱惑

当男人面对一个发嗲女人的时候，相信没有几个能够抵挡得住。女人的嗲会让男人浑身的骨头都像酥了一样。因此，男人对发嗲的女人往往会有求必应，毫无招架之力。

嗲，是一门功夫。几乎所有的男人都喜欢发嗲的女人，也几乎没有一个会发嗲的女人在男人面前不受宠的。发嗲的女人，是因为知道自己的性别优势。会嗲的女人，是为了让男人知道女人的风情万种。嗲是对女性的一种赞美。发嗲，包括了一个女人的娇媚、温柔、情趣、谈吐、姿态、等等，其中既有姑娘的撒娇弄俏，也有少妇的忸怩作态等一系列显示女性娇媚的魅力的举止。

会嗲的女人风情万种，集温柔、婉约、气质、娇媚、可爱于一身，是女人闯荡江湖的贴身秘笈。善嗲的女人，绝对不会靠动不动撒娇、让男人起一身鸡皮疙瘩的娇情，而是嗲得恰到好处。在女人温柔的嗓音、流转的眼神面前，再无理的要求男人都无法拒绝。

自古以来，女人一嗲，男人骨头就软，会嗲的女人容易被宠、被怜、被爱。女人一发嗲，无论要求男人做什么事、干什么活、买什么东西，男人都绝对没有怨言可发。女人不用吵、不用闹、不用唠唠叨叨，也不必发号施令，只要在男人面前会嗲、善嗲就成功大半了。会嗲的女人少生气，会嗲的女人少发愁，会嗲的女人整天活得开开心心、融融乐乐，眼角的皱纹自然不会生出来。

会嗲的女人有很多好处和实惠。可是，现代的女人似乎会嗲的、善嗲的越来越少。为什么，据说是因为操心太多、压力过大，结果把自己弄得愁绪满肠，皱纹不知不觉地爬上了眼角额头。

步入中年的高键是一家广告公司的老总，事业蒸蒸日上的他就很喜欢发嗲的女人。他认为，发嗲的女人有一种无法抵挡的魅力。没有男人不喜欢温柔的女人的，发嗲也是温柔的一种表现，可以充分表现出女性的柔弱、娇俏。当然，他所说的发嗲并不是那种动辄无理取闹的黏乎和忸怩作态，而是非常得体、不动声色却让你不知不觉落入陷阱的温婉。

高键接触过一些生意上的女性，她们的雷厉风行很是让人佩服，她们的办事能力也很强。但是，高键还是说了一些男人的心里话："女人嘛，还是温柔一些好。哪怕你再有钱再能干，在老公面前，适当的时候也可以装出一副天真无邪或者无知委屈的小女人的样子。"

高键当初结婚的时候生活舒缓平淡，平淡得如一碗白开水。可他心爱的妻子雪子心中总有挥之不去的"浪漫"情结。雪子很喜欢丈夫忙碌于事业时的专注神情，也喜欢丈夫张弛有度的那份悠然，喜欢看他与孩子无拘无束地嬉戏，喜欢他闲暇时"顺理成章"地系上围裙走进厨房，喜欢他开着车无目的地驰骋却永远也不担心迷路，喜欢他偶尔的"甜言蜜语"和带来小小的惊喜，甚至不惧他失意时流露出孩子般的软弱和依赖，更喜欢他很快振作起来后又说"放心，有我呢……"

雪子是个丢三落四的人，结了婚这毛病也没改多少。经常是钻进浴室正洗得不亦乐乎的时候，才想起没把浴衣拿进来，又或者总是等老公已经舒舒服服钻进被窝了，才想起来隐形眼镜还没洗，于是雪子就"嗲"声"嗲"气地高叫："老公！"而高键也总是在第一时间冲到她的身边，为她拿浴衣、洗眼镜。最让雪子感动的是寒冷的冬夜，高键能从温暖的被窝里爬出来给雪子拿闹钟，其实那是个周末，雪子第二天要加班，而高键并不需要闹钟，但他还是为雪子做了。雪子觉老公被自己"嗲"声"嗲"气征服了，晚上做梦都乐开了花。

婚姻专家点评： 女人发嗲既是温柔的表现，也是婚姻的调味剂，它能调出浪漫的婚姻，调出快乐的家庭，使平淡的生活不再乏味。但是女人一般只在自己的老公面前发嗲，假如在交际中也发发嗲，那就得看具体情况而定。所以，女人在发嗲的时候，一定要看清楚对方是不是喜欢自己，这样才会嗲出效果，嗲出女人的魅力。

3. 美满的婚姻需要女人用娇情去调剂

爱撒娇的女人看上去才真正是个女人。在男人的骨子里都喜欢爱撒娇的小女人，因为这样的女人可以缓解男人的压力。

阿康就是喜欢娇滴滴的女孩子。小时候，父亲说男人要吃得起苦才能成才。后来阿康从北大毕业后，从小职员到管理层，从租房到买房……毕业七年，凭着专业优势和自己的努力，阿康拥有了相当不错的生活。

于是，给阿康介绍女朋友的人日益多了起来。阿康不算挑剔，就有一条：要有感觉。几次相亲没成功后，阿康想，在科技改变世界的时候，为什么不可以用科技的便捷来扩大自己的交际面呢？这样，阿康便选择了上网交友。

小云就是阿康在交友网站认识的。他们在网络中聊得很开心，可以说是无话不谈，心里所想、所感都跟对方说。可一见面，却令阿康大失所望：小云严严实实地裹在一件黑大衣里，别提多不起眼了。阿康立刻就想打道回府，但为了礼貌起见，阿康邀请小云进了星巴克咖啡馆。由于阿康并没看中小云，反而很放得开，无拘无束。不料他们竟越聊越愉快，越聊越开心。

小云也明显放松了，开始嚷热，脱下大衣，只穿一件黑毛衣。这时，他们的第一杯果汁喝完了，阿康让她再要些甜点，小云拿着单子左看右看。阿康以为她觉得价钱贵不好意思，就告诉她多点几样没关系。结果她认真地回答说，她想吃，就是怕胖。然后她粉脸轻侧，笑眯眯地问阿康觉得她胖不胖。之前阿康没仔细看她，此时一看，只见她白生生的嫩手托着粉嘟嘟的脸，嘴角带笑，娇柔无限，阿康不禁怦然心动。一向标榜实话实说的阿康也开始睁着双眼说瞎话：“一点都不胖，多吃点吧”。那天小云把一盘点心一扫而光，阿康看得高兴。当天晚上，阿康给她打了两个小时电话，向小云表白了自己的心意。

恋爱之后，小云越发娇滴滴了，有时阿康工作忙忘记给她打电话、发消息，小云就会委屈地发嗲。想起小云时，阿康心里有一种被缠绕的感觉，有一种前所未有的甜蜜。

一年后他们结婚了。小云本来不会做家务，为了爱情也开始下厨房。婚后两个月，小云怀孕了，为了好好地照顾小云，阿康给家里请了个保姆。

阿康问小云：怀孕辛苦吗？结果小云高兴地说比做家务轻松多了！她伸了个懒腰，钻进阿康怀里，告诉阿康她本来正愁做家务，这一怀孕，她可以光明正大地不做了。阿康一笑了之。

他是你老公，你不在老公面前撒娇在谁面前撒？但这里要提醒的是，撒娇千万别搞错了对象，尤其是婆婆。做婆婆的一般都会认为自己是老人，而年轻人照顾老人才是理所当然的。所以，做媳妇的千万不能在婆婆面前太娇气。

婚姻专家点评： 美满婚姻需要女人用娇情不断地去调剂，热情时似火，让爱人情不自禁；柔弱时如蓓蕾初绽，令人怦然心动。

4. 把幸福抓在自己的手中

女人所要的幸福，是一种实实在在的幸福，一种能够抓在自己手中的幸福。

没有男人的贴心，没有男人的陪伴，不管拥有多么豪华的生活，都不会有幸福的感觉。只要能得到男人无限的疼爱，就算他只是为自己熬上一碗白米粥，女人也会感到无限的幸福。

很多男人都认为，女人最需要的是一个安逸的生活环境，所以男人拼命挣钱，想为自己心爱的女人安置一个可以栖身的小窝。其实，男人不知道，虽然女人向往充裕的物质生活，但是最重要的还是男人那体贴入微的关怀。

每天凌晨，大壮准时点着火，锅中放水，米淘好了在水里浸泡着，待水开，放米，大火煮 10 分钟后，改成文火慢慢熬。米在锅里扑突扑突地跳着，大壮在炉火旁弯着腰，用勺子一下、一下缓缓搅动……

半小时后，大壮一手端一碗热气腾腾的白粥，一手端一碟淋了香油的咸菜丝，走进卧室，喊小眉起床。小眉翻个身，嘟囔一句什么，又睡过去了。大壮听着小眉香甜的鼾声，不忍心再叫。坐在床前，看看表，看看小眉，再看看表。小眉却突然从床上弹起来，看了一下表，慌忙穿衣起床，嘴里不住地埋怨，要迟到了，你怎么不叫醒我？大壮把白粥和咸菜递过去：不着急，还有时间，先把粥喝了。

粥是白粥，不加莲子、红枣、桂圆，这样的粥，小眉喝了八年。大壮和小眉结婚的时候，家里没钱摆喜宴，两个人只是把铺盖放在一起，便成了一个家。新婚之夜，大壮端来一碗白粥，白莹莹的米粥，在灯下泛着亮晶晶的光。大壮说，你胃不好，多喝白粥，养胃。小眉便喝了，清香淡雅的粥，温暖熨帖的不仅是胃，还有小眉的心。

他们在同一个厂里上班，小眉常年上早班，大壮常年上夜班。大壮凌晨 4 点下班，小眉早上 5 点半上班。他们一天之中在一起的时间，不过短短一个多小时。大壮下班后的第一件事，就是点火、熬粥。大壮只会熬白粥，他们的经济状况也只允许他煮一碗白粥。

就是这一碗白粥，居然也把小眉滋养得面色红润，娇美如花。

后来，厂子效益不好，大壮下了岗，可是日子还得过下去。大壮拿出微薄的积蓄，小眉卖掉了母亲留给她的嫁妆，凑了点本钱，开了一家杂货店。一只碗、一把拖把、一个水壶，利润不过几毛钱，大壮却做得很用心。小眉下班了，也来帮着打理店铺。没人的时候，大壮和小眉坐在一片锅碗瓢盆中间，幸福地憧憬着未来。大壮说：等有钱了，咱们多开几家店铺。小眉说：那时候，我就不上班了，天天在家变着花样给你做好吃的。大壮说:哪儿还用你做啊,想吃什么,咱就上饭店去吃。小眉撒娇:不,我就想吃你煮的白粥……大壮听了,便揽了小眉的肩,眼睛热热的。

大壮仍然每天凌晨起床,点火熬粥。一边熬,一边盘算着店里缺的货。有时候会分神,粥便糊了锅底;有时候太困打个盹,粥便溢了锅。

有一天早上小眉起了床,看见炉子上的粥正咕嘟嘟翻着浪花,大壮的头伏在膝上,睡得正香。小眉轻轻抱住大壮的头,她的心在隐隐地疼。

那以后,小眉坚决拒绝大壮给她熬粥。她的大壮,实在是太累了。

大壮的生意越来越顺,到了第七个年头,他的店铺开到了 25 家。

小眉辞了工作,做了专职太太。他们买了大房子,厨房装修得漂亮别致,缺少的却是烟火的味道。因为,大壮回家吃饭的时候越来越少。他总是忙,应酬繁多,有时候一个晚上要赶三四个饭局。开始的时候,小眉也埋怨,可是大壮说:"还不都是为了这个家?还不是想让你生活得更好一些?"后来小眉也累了,渐渐也就习以为常了。

小眉很久都没有再喝上白粥。

一天,大壮突然被通知去参加一个朋友的葬礼。他纳闷:怎么前几天还好好的,今天人就没了?在殡仪馆里,他看到朋友的遗孀,那个优雅漂亮的女人,一夜之间憔悴衰老了许多。她哭得死去活来,嘴里絮絮叨叨地说:"以后谁送我上班接我下班?谁给我系鞋带紧围巾……"

他窒息。不由得就想到了她,想到那些为她熬白粥的早晨,想到每天她接过那一碗白粥时眼里的幸福和满足。

大壮几乎是一路飞奔地往家赶,打开门,却看见小眉蜷缩在沙发上,人睡着了,电视还开着,家庭影院也开着,茶几上扔满了各种时尚杂志……大壮跪在沙发前,手轻轻地拂过小眉的头发。小眉面色暗淡,细细的皱纹里写满了深深的落寞。

他拿了毛毯去给小眉盖,小眉却突然醒了,看见他,小眉揉了揉眼睛,确定是他后,脸上泛起可爱的红晕,慌忙起身:"你还没吃饭吧,我去做。"大壮从背后拥住她:"不,我去做,煮白粥。"小眉半天没有说话,有温热的泪,一滴一滴,落在大壮的手上。

那天,大壮一边煮着粥一边想:其实千变万化的粥品,都离不了白米做底子。而所有的幸福,不过都是由白粥做底、锦上添花而已。

婚姻专家点评: 实实在在的幸福,是可以感受的幸福。并不是你拥有的很多就是幸福。幸福是心爱的人对你的关怀,是心爱的人对你的体贴,是一种每时每刻都存在于心里的挂念。只有得到男人无限的疼爱,就算只是为自己熬上一碗白米粥,也会让一个女人感到无限的幸福,那是一种能够抓在手中的幸福。

5. 撒娇着，快乐着

撒娇是快乐的，快乐的时候可以尽情地撒娇，不悦的时候，也可以用你的娇情来化解心中的不悦。

孩童对亲人的依恋和撒娇，似乎是天性。没有撒娇的童年，与其说是安静，不如说是忧郁。不会撒娇的女人，与其说是坚强，不如说是惆怅。

前天晓霞在回家的路上，突然碰到大学时的好友佟洁，她出人意料地娇俏明艳。虽然已为人妻人母，却有了一番以前绝无的风韵。她的改变，仅仅说变漂亮是不足以形容的，应该是她开始散发出一种柔媚娇态，那是专属于女人的魅力。

眼前的佟洁真的很妩媚，有种女人独特的魅力。佟洁谈起她的家庭，不断谈及老公对她的宠爱，甚至有一种炫耀的味道。

晓霞突然了解到，原来被宠爱的女人才懂得撒娇，而懂得撒娇的女人才更能得到老公的宠爱。当女人只被要求独立、坚强的时候，她失去的正是撒娇的权利。

不会撒娇的女人是悲哀的。陶醉在爱情中的女人，能把娇撒演绎得出神入化；陶醉在爱情中的女人，可以随时随地对她爱的男人撒娇。没有哪一个男人不喜欢自己爱的女人对他撒娇。撒娇，有时就是爱的代名词。在男人心中，撒娇的女人最温柔、娇憨、可爱。

撒娇是一朵馨香的小花，灿烂地开在婚姻的土地上。工作可以使你看不到她，但是当你停下匆匆的脚步歇息时，你总能嗅到她那淡淡的花香。当你摘下一片纯洁的花瓣时，你的手上留有余香早已淡化了心里的劳苦……

撒娇是爱的雨露春风。如果一棵树正在枯萎，你要用撒娇把它滋润；如果一本书已经合上，你要用撒娇把它打开；如果一杯酒因时间淡化，你要用撒娇使它香醇！

女人一旦用责骂、抱怨代替了撒娇，那是婚姻危险的信号。同样，女人的撒娇，也许能够点燃男人心中快要熄灭的爱火，挽救一个走向陌路的婚姻。

会撒娇的女人最美，懂得撒娇的女人是懂得生活的女人，女人的撒娇是生活的调味品，更能激发一个男人的爱和呵护的情愫，她会收获更多的爱，这是一种良性循环。

撒娇还是婚姻情感的润滑剂。夫妻之间不可能没有矛盾，当两人争吵时，撒娇可以缓和气氛；当两人蜜语甜言时，撒个娇也能让气氛更和谐。十个男人有九个喜欢自己的女人偶尔撒点娇，以增加生活乐趣。

婚姻专家点评： 撒娇是女人的权利，也是女人的天性。撒娇是爱情的润滑剂，撒娇是生活的调味剂。撒娇的女人更有女人味，撒娇的女人会更美、更幸福。

（四）撒娇小技巧让老公疼你一辈子

撒娇的必杀绝招，就是身段要温柔似水，声音要娇嗲、甜如蜜糖，“这个我不会呦，你可以教我吗”、“你一下就搞定了，真厉害耶”。女人爱听甜言蜜语，男人同样需要这样。适度地对男人散发出崇拜与需要的眼光，或是半开玩笑地说“唉唷，你好讨厌喔”，绝对让身边的男人全都融化……婚姻是讲究艺术的，聪明的妻子常常会用一些小技巧，让丈夫死心塌地地去爱自己。

1. 发挥“甜言蜜语”的功效

婚姻中的“甜言蜜语”，实际上就是充满感情的言语交流，是增进情感的一种手段，也是调节枯燥乏味生活的一味良药。

在恋爱期间需要甜言蜜语，走进婚姻的殿堂更需要甜言蜜语来滋润。不要以为已经结婚了，他就是我的人了，再也跑不了了，对他关心也好，不关心也罢，都没什么两样，有这样的想法就错了。家庭更需要时间和精力来维护，来经营。在讲话的时候，不要太苍白、太没有情味，讲话直来直去、缺乏女人味，这样会招致情感上的冷淡，甚至走到家庭破裂的边缘。所以，情感语言的交流对于男人来说比恋爱时谈情说爱更为重要。

很多男人爱上一个女人的理由是：她令他觉得自己更好。当一个女人能令一个男人自觉更聪明、更威猛、更能干、更强壮，甚至更性感时，这个男人很快就会落入她的掌心中。而落入掌心后的男人更喜欢听老婆说情话，更喜欢听老婆的甜言蜜语。

女人在施展自己的拿手本领、发挥甜言蜜语功效的时候，一定要将美好的感情，和对男人的爱敬之心见之于言表。反之，总把不好的感受放在心上，并讲些令人不高兴的话，讲话的语气又很直、很冲，时间长了定会使人厌烦。要维持感情的热度，语言就要有热度，所以还要增加一些感激、安慰、鼓励和体贴的话。

男人通常用表面的强大掩饰他内心的彷徨、不够自信。每个人都希望可以超越自己，男人都会因为自己的平凡、不能干、软弱而伤感和自卑，如果有一个女人时不时地告诉他：“你肯定行的！”“你很棒啊！”“全世界最聪明就是你！”“你比男模特儿更性感！”“我最崇拜你！”久而久之，他一定离不开你。

生活中的情话，除了情感的真善美外，既能平淡之中见深情，也要表达出对老公的绵绵爱意，还要注意讲话的语气。在讲话的时候也可以配合一些动作、如抱着老公的脖子、拍拍他的肩膀，搂搂他的腰等。

在生活中要经常向老公表示自己的爱慕之情。比如说:“我爱你”、“我喜欢你”、“我好想你”等等,使老公能够通过这些简朴的情话感受到自己在爱人心目中的位置。

还要经常赞美老公的身体和服饰,比如:“这件衣服真漂亮”,“你今天真精神”,“你穿上这件衣服看上去很帅”等。使对方感到你对他的关注,并会为你的注意而保持自己的异性魅力。

再就是要赞美老公的行为,比如:“这事你想得真周到”,“亏得有了你”,“你真厉害”,“没有你这件事情,还真不好办”。这样更能促使你的老公爱你。“甜言蜜语”会使男人得到情感上的满足,再没有比来自女人的赞美体贴更容易激起感情的火花了,甜言蜜语是婚姻和谐美满的一条纽带。

婚姻专家点评: 在生活中不能缺少甜言蜜语的滋润,没有了甜言蜜语,生活也就变得乏味无趣、缺少了点生气了。甜言蜜语既然是女人的拿手本领,就应该在你喜爱的男人面前好好地利用它的功效,为你、为他,也是为家,都是有益而无害的。女人,试试你的嘴上功夫吧,幸福的婚姻生活在等着你呢。

2. 软磨硬泡的时候注意发挥女性特色

在和老公软磨硬泡的时候,可以将女人的特色——撒娇发挥到极至。

万事开头难,撒娇也一样。看似简单的撒娇,并不是说做就能做好的,需要好好地练习一番。要学会撒娇,首先就要明白撒娇的重大意义,要把娇撒到男人的骨子里。做事都要讲方法,撒娇也应该要有好的学习方法。比如,可以通过生活中的观察,以及影视上的观摩,了解相关知识,包括适合的场合、动作步骤和细节等,并结合自己情况设计出一套方案,规定一些表情、形态、言行动作,然后自己独自练习。觉得有了一定心得和体会后,就可以在适当的场合练习。一开始,谁都做不好,会有人工痕迹。但久而久之,总有一天会做好的。

撒娇能让对方感觉身心舒服,增进相互的感情和关系,所以撒娇是愉悦男人和女人的好事。认清撒娇的意义,就没有什么不好意思的了。

光明白了撒娇的意义还不行,为了有效地撒娇,你还必须了解一些关键要素和诀窍,这对于女人是很有帮助的。

(1)要摸清男人的底细。他的要害在哪里?他喜欢什么样的风格?他究竟能容忍你到哪种程度?他的抗撒娇力怎样?女人在搞清楚这些之前,不应冒然撒娇。

(2)不可涉及原则问题。撒娇不能成为一种不讲理的行为,不可以拿男人做事的原则开玩笑。比如明明知道他是孝子,还经常追问:“要是我和你妈妈同时掉进水里,你先救谁?”问这些傻问题的结果往往是:他会很生气,你会很郁闷。

(3)掌握时机。撒娇机会也是稍纵即逝的,看准时机,一撒即成。不要做事后诸葛亮,如果时机未到就撒娇,男人只会莫明其妙,怀疑你是不是哪根筋没搭对。

(4)欲擒故纵。要有计划地撒娇,就要善于制造机会,其实说穿了就是先哄男人高兴,做点让他意外和开心的事情。男人在内心里是长不大的孩子,需要女人帮他树立信心、做男子汉。

(5)温柔。无论哪种方式的撒娇,都脱不开这个核心。温柔似水的女人大多都具有坚强的神经和不灭的意志,温柔是可以控制局面的。

撒娇作为一种女人的特性,会让女人的爱情、事业和生活前途无量,更受到男人的喜欢。所以,女人应该打破旧观念,用撒娇去开创新的生活,让生活更美好。

婚姻专家点评: 女人爱撒娇,也喜欢撒娇。撒娇作为女性的特性,如何撒到位、撒到男人的骨子里,就需要下点功夫好好地练习一下。

3. 女人五种脾气发得可爱

永远不会发脾气的女人就如同一杯白开水,解渴,却无味。

女人发脾气常被认为是无理取闹、不可理喻,或是任性刁蛮、蛮不讲理,但是女人有时候发脾气也是很可爱的。

(1)老公抽烟的时候,老婆可以发脾气。老公知道:老婆是担心自己的身体健康,她希望跟自己天长地久、白头到老。

(2)老公喝酒的时候,老婆可以发脾气。老公知道:老婆担心自己酒醉后没有人照顾,感觉到孤单,更怕自己在酒吧会出什么事,留下她一个人在家里等老公回来。

(3)老公身上被发现有别的女人香的时候,老婆可以发脾气。老公知道:老婆在乎自己,自己是她的所有,她不想跟别人分享男人。

(4)老公臭袜子乱扔的时候,老婆可以发脾气。老公知道:老婆关心自己,她怕有一天自己会被自己的臭袜子淹没,所以她要先把自己训练好。

(5)老公忘记她的生日的时候,老婆可以发脾气。老公知道:老婆对自己有所期待,她并不会要求一个陌生人记住她的生日。

女人可以为了一件小得不能再小的事,发一场大得不能再大的脾气。因为女人对身边的男人有所要求、有所期望,所以常常会失望、失落。因此,女人容易对男人发脾气。这样看来,身边有个会向你发脾气的女人,其实它是一件幸福的事!

婚姻专家点评： 女人在男人面前发脾气没有理由。男人很反感女人无理取闹地发脾气，可是女人有时候发发脾气也很可爱。一是女人关心男人才发脾气，二是女人爱男人才发脾气。

4. 给老公起一个亲昵的绰号

男人骨子里就是一个孩子，在男人心底都藏有大男孩的情结。用女人特有的甜言蜜语勾起他对你的爱吧！

那些倍受男人喜爱的女人之所以能赢得男人的钟爱，有的来自那无人知晓的绰号或者两人之间儿语般的情话。这些绰号或者儿语般的情话，也是女人打动男人心的好帮手。

绰号是情人之间的心灵密码。因为感情深而给老公起个只有自己喜欢的绰号，也是增进感情的方法。既然是绰号，便只是两人之间才能使用的，有时候为了增加神秘感以提升情调，只在没人的时候才一吐"真"言，这是中国人典型的情爱哲学。

当男人太严肃的时候、当他忽略你的时候、当你很想让他做件事情而他又不想做的时候、当你很想要某样东西的时候，你不妨试试此招。当你打算如此时，先想想自己是怎么和小狗、小娃娃说话的。可以捏着嗓音，或许稍微把音调升高一些，同时做一些比较夸张的表情。比方你很伤心或失望，最普通的表情是：嘟着嘴，翘起下嘴唇，什么也不说。这时丈夫马上就会问："怎么了？"你就以小得像蚊子叫的声音回答他："我要藏在你手提箱里，与你一道出差。"即使去不成，他的反应也会是："小可人，我也希望你陪我一起去！"

女人为了使自己的老公从工作的压力中解脱出来，常和爱侣玩儿时的游戏，这是一种让老公下班回来舒缓紧张、烦闷的最佳方法。叶子就是这样做的：每次丈夫气冲冲或是紧张地回家时，她就以跟小"宝贝"说话的语气说："来，小可爱，到妈妈这里来抱一抱。"于是，她就跟丈夫玩"摇啊摇，小可爱"的游戏来帮他放松心情。而且，她认真地把着他的胳臂，一面前后轮流地摇，一面唱："摇啊摇，小可爱，摇啊摇，小可爱……"她这首歌一唱完，她丈夫总是眉开眼笑、乐不可支。

婚姻专家点评： 男人与女人的世界可以拥有无数的甜蜜，哪怕是细微之处的爱都会增加两个人的感情。爱，不要拘泥于形式。女人不妨激起男人潜意识中的"儿童心态"，用那千奇百怪的绰号或童稚的儿戏套住他的心。别小看这些绰号，呼唤老公可是门艺术，用得好，可以事半功倍。

四、做个聪明的“笨”老婆

——“示弱”能让老公处处让着你

（一）爱他，你就不妨装装傻

男人是种很单纯的动物，对于温柔娇弱的女人容易生起保护与怜爱之心。所以，千万别忘了善用女人与生俱来的本钱——装得“傻”一点、“弱”一点，绝对让男人无力招架！

1. 做老公聪明的“小傻瓜”

女人“装傻”是一种境界，傻女人更能收获幸福，装傻更能得到老公的宠爱。当然，“装傻”并不是让女人唯唯诺诺、忍气吞声，任何事情都有它的模糊地带，“装傻”是换一种方式，把生活中的小事模糊处理。

男人喜欢女人的“傻”，这绝对不是指女人的智商低，而是女人为了些许目的装出来的傻气。真正傻气的女人，时间一长，对男人会没有吸引力。男人喜欢的“傻”女人，是那种看上去傻傻的、心里却很有谱的女人。男人总有自尊心或者说虚荣心，装傻的女人正好可以在适当的时候，让男人如愿，女人的大智若愚的“傻气”更能迷住男人。

装傻的女人能处处照顾男人的自尊，时时满足男人的自尊，回过头来自然会得到男人的疼爱。当男人做一件事情成功后不免得意而吹自擂之际，女人不妨装出一副天真无邪的样子，让男人畅所欲言地陈述意见，适时地点点头，让男人感到一种女性的温存与体贴，你留给他的印象一定是非常良好的。谦恭至胜，这可是俘虏男性的一大绝招。

男人都容易犯些小错，装傻的女人会以宽容的姿态把大事化小、小事化无，犯错的男人自然会对女人充满感激之情。比如男人有时撒了谎，且要不伤大雅，大可不必刻意去揭穿男人的这个谎言，就算你眼光锐利、洞悉一切，你也可以诡秘地笑笑说：我只是担心你。言外之意是虽然我已经知道，但并不打算追究，特别是有别人在场的时候，女人一定要给足男人面子，维护男人在同事或朋友面前的形象。女人的宽容会让男人有安全感，他会感激你，会愈加爱你……

有人说，婚前要把眼睛睁得大大的，挑选如意一个郎君；婚后只需睁一只眼、闭一只眼才行。所谓的闭一只眼睛，应该就是“装傻”吧！任何事情都有它的模糊地带，婚姻也不例外，太较真了，只能使婚姻产生裂缝。婚姻不是一朝一夕的事儿，天长日久，缝隙会越来越大，以至于无法修补，后悔晚矣。

“装傻”，并不是让女人忍气吞声，一味地讨好男人，而是换一种思维方式，把生活中的小事儿模糊处理。掌握适度原则，获得婚姻的幸福才是最重要的。

“装傻”其实并不是真正的傻，会“装傻”的女人最能得到男人的怜惜和疼爱，也最幸福。

婚姻专家点评： 傻女人可不是智商低的女人，装傻是为了婚姻的幸福，为了老公更加地爱自己，为了使自己得到幸福。装傻的女人应该知道什么事情什么时候装傻。通过装傻来将大事化小，小事化了、多给老公一种做男人的自豪感。装傻的女人是幸福的女人，装傻的女人在男人的心里永远是可爱的女人。

2. 在他吹嘘自己的时候假装很崇拜他

女人对男人的崇拜，可以激发男人的力量和勇气，特别是当男人在朋友面前吹嘘自己的时候，一定别忘了脸上应流露出崇拜的神情，即使他说的话题很令人反感、很不入耳，此时也应该尽量给足男人面子。

男人总是将女人的崇拜和爱情连在一起。女人的崇拜，能够激出男人的爱火，满足男人的英雄感。无论得意或失意时，男人都需要一个女人矢志不渝地称赞他。男人最无法容忍的是他的女人不再崇拜他或是去崇拜另一个男人。

事业成功的男人在外面收获了尊严，但他心里非常清楚，许多人的赞扬带有伪装，很有目的性，只有在妻子面前，得到的尊重才是最真实、最可信、最朴实的。所以，男人的内心里非常渴望妻子的崇拜，但由于男人又重视面子，不好意思说出来。所以，当妻子面对丈夫的挑剔和指责的时候，应该多包容他、理解他，把这种挑剔当成信任，甚至可以认为他是在自己面前撒娇。

即使是事业失败的男人，也希望有女人崇拜他，希望女人给他足够的信赖和欣赏，只有如此，他才不会对自己完全否定，才会重新树立信心，走向成功的彼岸。要知道，你的言行会在很大程度上影响他的锐气和信心。那种一味地贬低男人尤其是自己丈夫的女人，其实并不会得到什么好处，除了会造成夫妻关系紧张之外，甚至还有可能导致丈夫的消沉、自暴自弃，那更是家庭的灾难。

其实男人都需要女人的崇拜，特别是他心爱女人的崇拜。无论他事业有成抑或一事无成，无论他英俊潇洒还是其貌不扬，女人都要尊重他、推崇他、敬仰他，用无比崇拜的眼光仰视他，用热烈的话语尽情赞美他，即使你心里明白得跟镜子似的，也要装出一副崇拜他的样子。如此，他又怎么忍心破坏在你心中的高大形象呢？他会激动地告诉你，他将一生一世保护你。

当一个男人觉得身边的女人崇拜自己的时候，就会很有成就感，会觉得这个女人正被自己的无所不晓所征服。你得把那些你能轻易做成的事，多交给他一点，并适时地说：“老公，你真行！我怎么就不会呢？”

婚姻专家点评： 而在家庭生活中，男人希望得到妻子的崇拜，在这种崇拜下，男人的自尊心会得到强烈满足，这是世上任何东西都比不上的。得到心爱女人的崇拜，会让男人更加自信，更加精神焕发，更加努力奋斗。反过来，也会给女人带来意想不到的回报。

3. 假装酸溜溜地吃他一回醋

女人吃醋，会令人更觉柔媚，男人们会从她们的醋味里感受到从来没有过的甜蜜。

现在的社会，女人越来越有地位了，有了展开翅膀飞翔的天空，男人不再是女人的整个世界。有时候，男人会觉得被冷落，希望女人生活的重心仍是他。这时候，女人若能假装酸溜溜地吃他一回醋，未免不是件好事。

现在生活幸福的美美说："老公回家总是爱挂上自己的QQ，弄得唧唧唧响，我会挤进他怀里去检查，说：'看有没有美女在跟我老公聊啊。'他搂我过去坐他腿上，那意味深长的满足微笑，挂在弯弯的嘴角，久久下不去。"

一个女人如果爱她的男人，就会事事处处关注男人的一切，包括男人的身体、情绪、爱好以及身边的女人。当看到自己的男人和别的女人在言语上过于亲密，或者在行为上有一些偏差的时候，就会自然而然地产生一种条件反射，这种条件反射其实是一种对爱情和家庭的保护，因为任何一个爱男人爱家庭的女人都不会希望自己的男人有移情别恋的行为，都希望男人的心里只有一个她。所以说，一个女人吃这样的醋是应该的、正常的，是合乎情理的。假如一个女人对男人无论怎样的灯红酒绿都不再过问，漠然不理，这也算是男人的悲哀，也证明女人不再爱自己的男人了。没有丝毫醋劲的女人陪着，也就意味着在生活中没有爱他的女人。

适当地吃醋会让你的爱人更加强烈地感受到你对他的爱，让他感受到你对他的强烈在乎与看重。但一个喝醋过多的女人往往会丢掉女人味，让男人的感觉由甜蜜转化为酸溜溜的涩意，会扼杀你们之间的爱情、阻碍男人的事业，甚至断绝男人的前程。

所以说，尽管吃醋是女人本能，但是女人也不能对吃醋过于敏感。任何事情都是有其双重性，一旦过度，就会有适得其反的效果。在竞争日益激烈的今天，谁都避免不了与周围的男人、女人打交道，处理复杂的人际关系。当丈夫身边出现一位漂亮能干的女同事，如果对其疑神疑鬼，认定两者之间有不可告人的秘密，那只能破坏本来和谐的夫妻关系。其实，仔细想一想，许多令人痛心的恶果都是女人在不经意间种下的。

爱情是甜蜜的酒，不是令人生厌的“醋”。以“醋”当酒，这样爱的结果必然会失去真的爱。女人要会吃醋，而且要吃得有水平，那么不仅不会影响夫妻之间的感情，还会加深彼此的爱意。

婚姻专家点评： 真正会吃醋的女人是懂得把握爱的尺度的女人。在适当的时候小吃一下醋，那滋味是相当不错的，会让自己的男人知道你是关注他、重视他、体贴他。但是，切忌在没有弄清楚事情的来龙去脉之前就胡乱吃醋，对男人进行无端的猜疑、挑毛病、翻陈年老账、曲解对方的意思，那么本来关系良好的夫妻也会在不知不觉中变得疏远。

4. 懂得征求男人的意见

女人常说“我喜欢一个人出门”、“我喜欢到什么地方走走”之类的话，好像女人对陌生的地方总抱着非常向往的心理。但实际上，女性一个人独自去陌生的地方，通常是一件很不容易的事情。

女人喜欢许多人结伴旅行，最好再有几个男人陪同，让男人扮演骑士的角色，这样女人就能在旅途中高枕无忧。

一般来说，女人的依赖心理都很强，无论做什么事情，都要靠别人；不论走到哪里或做任何事情，如果自己男人在场的话，那就让男人来处理吧，省得女人绞尽脑汁地想。依赖性虽然表现在女人身上，但主要责任却应该由男人来承担。当他们被别人依靠的时候，总觉得是做了件了不起的事情，因而总愿意对女性表现出殷勤的态度。如果女人有什么问题要请教男人，他们会很亲切、很具体、很耐心地告诉对方。

一天，一位年轻貌美的女人忽然发现汽车的一只轮胎瘪了。她想了想，便把汽车驶进了车水马龙的大街。没走出多远，她把车停在路边，下车摸着瘪了的轮胎，露出一副发愁的样子。立刻就有一辆汽车停了下来，一个男司机跳下来，主动表示愿意为她帮忙。轮胎很快就换好了，那位妇女谢过司机，等他开车离去，她便把汽车又开回了自己的院子。

对女人而言，男人可以说是人生的旅行指南。由于传统观念支持女性的这种依赖性，女性越发认为依赖别人是天经地义的事了。

而现在的女人都很自立，有什么事都能独挡一面，对男人的依赖性小了，男人反倒感觉到有种失落的感觉。有时候，女人遇到什么事，心里虽然有了铁定的主张，但是为了家庭中男人的地位，最好征求一下老公的意见，让老公出出主意。这样，他会觉得自己被重视，就是抓破脑袋也想给你出谋划策。

婚姻专家点评： 男人很喜欢在女人面前显示自己的无所不能、无所不会，是一个难不倒的活诸葛。女人可以经常让男人帮助你出出点子，虽然有的事情很小，你自己也可以处理，但这样男人心里会很满足，觉得你很在意他，让男人感觉到在家里他还是顶梁柱。这样女人省心，男人高兴，婚姻也就更幸福了。

5. 让老公掉入你天真的“陷阱”

水做的女人，要影响泥做的男人，不妨采取“润物细无声”的方式，让老公掉入你天真温柔的陷阱。

男人爱玩是天性，隔三差五地与朋友小聚，有几天没碰面就急得抓耳挠腮。可是这一小聚，便是夜里一两点也不知道回家，这让女人忍无可忍。但是大吵大闹并不解决问题，反而会把事情闹僵，男人说不定越吵也就越不爱回来，反正走到哪儿都有哥们儿收留。此时，你与其责备发牢骚，不如用女人的温柔感动他。他再晚回来，你也不要跟他吵，要给他准备好洗漱用品，做一点宵夜，并留一张字条，让他吃点东西、洗洗再睡，免得第二天没精神上班。这招绝对灵。

莎莎的老公就是一位喜欢过夜生活的人。莎莎按上面的方法做了，没想到第二天一起床，老公不好意思地对她说：“真对不起，昨天晚上回来的太晚了，以后我尽量早点回家。”从此以后，她老公再没有那么晚回来过。

莎莎的老公极爱面子，在朋友面前不能没有面子。每次朋友聚会，莎莎的老公都抢着买单，并且常买名牌时装。虽然挣钱不少，可每月下来也剩不下几个子儿。这让做财政大臣的莎莎忧虑万分：将来要是有个什么事，手里没有点积蓄哪行。

一天，莎莎跟老公商量说：“现在房价挺合适的，咱再买套房吧。一来咱可以租出去赚钱，二来房价以后肯定看涨。”莎莎的老公想了想说：“这倒是个好主意。”莎莎的老公这下可上当了。他当然不敢像以前那样，动不动就请客了。接下来是每月要付一部分房款，剩下来的钱也不是喜欢什么就买什么了。

几个月后，莎莎的老公突然回过味来，对她说：“我怎么稀里糊涂就变成负债过日子啦？”她这个财政大臣哈哈大笑。

婚姻专家点评： 很多男人天生就大大咧咧、不拘小节，走在街上喜欢看美女。作为女人不必要刻意追求完美，但为了家庭的幸福，女人还须动一番心思，千万不能以毒攻毒。唯有不动声色地让老公悄悄掉进女人天真温柔的陷阱才是正确的作法。

6. 十条要不得的想法

女人的想法有时候看起来很幼稚，幼稚得像一个小姑娘，这都是女人的虚荣心在作怪。

第一条：相信天下男人都好色，都背着自己的老婆与外面的女人都有一腿，但是自己老公除外。

第二条：二十岁的时候，相信一个男人的理想，然后嫁给他。三十岁的时候，仍然相信不名一文的老公会有大作为。四十岁的时候，相信自己的孩子是天才。

第三条：看到自己的偶像在电视剧里的那片痴情，便执著地认为他一定是一个纯真的好男人。

第四条：上街购物从不委屈自己，相信试穿在身上的衣服绝对合适自己。但站在自己的衣柜前再看，越瞅越不顺眼，丢在衣柜再不理会，下次逛街依然如此。

第五条：从走出校门到结婚成家，没有完整地读过一本小说。但是，还坚信自己是一个有学识、有品位、不媚俗的知识女性。

第六条：喜好穿瘦身内衣，以为男人不知道她的臃肿；喜好花钱做美容，以为男人不知道她容颜已老。

第七条：与男人谈政治，以为男人不知道她无知；没钱的却披金戴银，摆出一副阔太太的模样，以为男人不知道她没钱；有钱的却又装穷酸、扮苦相，以为男人不知道她有钱；离婚的，到处说老公坏话，以为别人不知道她也有责任；没离婚的，却在人前说自己生活得多么幸福，以为别人不知道她每天都在与老公的争吵中度日。

第八条：她滔滔不绝地说话，你出于礼貌盯着她的眼睛，她就以为你不嫌弃她的罗嗦；穿新衣服，你说好看，她便炫耀着出门；你饥肠辘辘，狼吞虎咽，她便以为自己做的菜好吃。

第九条：年轻漂亮的，相信自己二十年后，依旧是一个人见人爱的大美人；年轻长得有点逊色的，便认为自己很有气质；年长的，坚信自己年轻时曾经美丽；相貌气质身材都不好的，拍一张浓妆艳抹的艺术照，相信照片上的美丽女子就是自己。

第十条：恋爱时，遇到感觉好的、合适的结婚对象，便决定嫁给他，相信婚后感情会越来越深；婚后，感情受挫，麻烦不断，便相信生一个孩子就可以改变男人的不负责任，就可以永远拴住他。

婚姻专家点评： 生活是自己过的，幸福不幸福，只有自己知道。假如你为了展示你的魅力，花费了家庭中所有的积蓄买了件你最中意的时装，在别人的眼里，你是很漂亮、很有气质。可是回到家里，你还得卸下那美丽的外衣，为孩子的学费啥时候能凑够而着急，为明日的生计而一筹莫展。

（二）男人更爱“笨”老婆

男人往往希望陪在自己身边的是一个绝对安全的女人，而不是一个处处显得自己聪明的女人，即使她真的非常爱他，也会让老公心生反感。因此，一个真正聪明的老婆是知道应该怎样让自己适当地“笨”一点的。

1.“笨”老婆让老公有成就感

女人聪明点儿可以，不过只限在交际场合。回到家里，在老公面前绝对不要太“聪明”。

女人是聪明点儿好，还是笨点儿好？有人说女人不要太聪明，因为男人觉得女人聪明往往就代表很有心计，怕自己在这样的聪明妻子面前吃不开，从而敬而远之。有人说，女人要聪明。聪明点儿就能事业有成，聪明点儿就能牢牢把握住男人，聪明点儿就不会被欺骗。不过综合来说，男人还是喜欢聪明的女人“笨”点好。

在感情这一点上，相比聪明的女人，笨一点的女人吃得开。君不见，很多女强人或者条件很优秀的女人无人追求吗？高处不胜寒啊！所以，女人聪明点儿是可以，但只限在交际场合。回到家里，在老公面前绝对不要太“聪明”，因为男人都喜欢女人笨一点。而且，女人笨一点、糊涂一点、单纯一点，活着会更开心，还能更多地享受到男人的疼爱和呵护。

胡静的老公是个喜欢安静的人，喜欢把自己的生活尽可能打理得井井有条。相比之下，胡静却是个迷糊虫，像个小女孩子。在生活上，胡静总是一副笨笨的样子：饭不会做，家务活不会干，不会精打细算，穿衣服也不看牌子……可她最聪明的地方就是全心全意地去爱她的老公。

胡静的老公喜欢干净。可是打理得好好的地方，只要胡静在里面待上几分钟，就会变得乱七八糟。那天，胡静的老公又忍不住帮胡静收拾写字台，他无奈地抱怨：“什么时候你的桌子能不这么乱啊！”胡静则笑嘻嘻地说：“恐怕要等到我变成你的那一天，或者到你再不觉得乱的时候。”老公只好叹口气说：“我认栽了，找了你这样的笨老婆。”胡静笑嘻嘻地说：“是啊，人家好可怜。你这么能干，你要照顾我一辈子哦。”“好好，我的胡静小宝贝，我不照顾你谁照顾你呢。”老公怜爱地说。

无论世事怎样变化，无论生活变得怎样时尚，一个完整、美满的家对于女人、对于幸福都至关重要。女人需要男人的爱，需要家的呵护。那么女人在老公面前装得笨一点，傻一点、在奉献爱中争取爱，在呵护男人的时候也获得呵护。

婚姻专家点评： 在外面聪明的女人，回到家就应当转换一下角色，回归女人的天性。男人不会喜欢处处比自己聪明的女人，聪明的女人应在老公面前装得笨点，这样也可以让老公有成就感，使得老公更加疼爱你。

2. 男人大多喜欢吹牛，别戳破他的这个小把戏

对男人来说什么都可以丢，就是不能在朋友面前丢面子。

男人的面子是女人给的，但婚姻中不少女人总是有意无意地疏忽了男人的面子，竟然不给自家的男人一点儿面子。女人有时候就连男人想证明自己能驾御老婆的那种浅浅的面子都不给，竟然在男人的亲人、朋友或同事面前奚落自己的男人，或揭自己男人的短、指责男人的不是。

要知道，不给男人面子，其实对女人来说都是很不划算的，因为这在无意中等于也没给自己面子。所以说，聪明的女人知道什么时候该静静地面带微笑听男人说，知道什么时候该给男人打圆场，知道该什么时候见好就收。不让男人有一点儿的尴尬！只有这样的女人才能真正拴住男人的心，才能真正享受婚姻生活的长久快乐。

女人肯花心思维护自己男人的面子，就可以把两个人的小氛围经营得越发和谐。在朋友和家人面前，不要随便唠叨和训斥男人。在男人的父母面前，不要随便责怪男人以显示自己的高明。特别是在孩子面前，要维护男人的面子，树立长辈的尊严和形象。如果互相指责、揭短，就会在孩子面前失去威信。

当家里有客人时，妻子要注意约束自己的言行，避免使用命令式口吻对丈夫说话，或做有损于丈夫威信的事情。要坚持内外有别的原则，决不要把夫妻两个人关系的特殊现象拿到朋友面前，以避免损害丈夫的自尊心。

另外，千万不要在朋友面前曝露男人的隐私，即使是在开玩笑的时候也不行。密友就是密友，老公就是老公，千万别以为有了这根纽带，就和密友成了一家人。在可能的范围内宽容他，一般的面子问题，只要无伤太雅，完全可以一笑了之。要记得给男人点面子，满足男人的虚荣心。这时候把他当成一个小孩子，他会非常高兴。在交际场台，妻子更要注意自己的身分，把握自己的言行，不要

把在家里那种说话毫无顾忌的习惯性做法，拿到朋友面前让老公出丑。而且要表现出自己是有教养、受人尊敬、与老公同心同德、互敬互爱的妻子形象。

当男人在朋友面前高谈阔论的时候，即使老公说得漫无边际的时候，你心里知道老公说错了，在纠正老公错误的时候，也要注意给老公留点面子。

婚姻专家点评： 男人在朋友面前都喜欢吹牛，都喜欢在朋友面前显示自己无所不知。不论自己的男人说的对与错，千万不要在这种场合戳破男人，不给男人面子。

3. 以“小女子”姿态让男人欣赏

经济上要做大女人，自己赚钱自己花，哪怕只是为自己买朵花戴；生活上要做小女人，男人东跑西跑，回到家时，你只需依偎在他怀里撒个娇，说句：“亲爱的，累不累？我给你揉揉肩。”

小女人婵婵娇娇柔柔，在学校的时候就被人追、被人哄。最后一个有才华的男人爱婵婵爱得如胶似漆，婵婵也中意。所以，他们一毕业就结婚了，一结婚就生了孩子。

在家没事婵婵就坐在马桶上看点小说散文，还时不时到附近超市买一些大减价的日常用品。后来，婵婵发现自己是男人的护士、厨师、保姆、出气筒，却不是原来情书上写的温柔的泉水、鲜艳的玫瑰花。

男人一个不小心被小女人套牢了，男人也心甘情愿地呵护你这个小女人；男人一个不小心发财了，小女人开始忧心忡忡，苦苦思索：万一他花心自己是上吊还是跳楼？

小女人为了自己心爱的男人有一个温馨的家，忙忙碌碌整日里打理家务。有时候总担心：外面漂亮的小姑娘那么多，万一他受不住诱惑，不就死路一条了。

小女人偶尔使用女人的柔情，对男人千依百顺以占领男人的心，但是也不要失去自我，偶尔发点女人的小脾气，让男人摸不着头脑。

婵婵说：“对好男人，我们要做小女人，信任他倚重他，鼓励他爱护他，让他做大树，自己做栖息的幸福小鸟。”

以小女人姿态，享受女人的幸福，你就是一个幸福的女人。

婚姻专家点评： 以“小女子”姿态让男人欣赏，以“小女子”姿态得到男人的呵护，以“小女子”姿态构筑幸福的婚姻。所以，女人在工作时要讲效率，兢兢业业做事;回到家里,就要做个小女人,要让男人感觉自己是在跟一个女人,而不是与一个勤奋的大脑生活。

4. 给老公无伤大雅的虚荣

女人千万不要将男人的尊严踏在脚下。尊严,对于一个男人如同生命一样重要。不要轻易地去触动男人尊严这根“神经”。更不要因为男人爱你,你就可以有意无意地伤害、践踏男人的尊严。要知道,如果这根神经错乱了,你也会付出惨痛的代价。

生活中,总有些女人从来不懂得男人的心思,以为男人是自己的私有品,自己说什么他都不能怎么样。甚至还有些女人把丈夫当儿子一般来对待,口无遮拦,不讲策略,想怎么说就怎么说,总以为不会破坏这铁壁铜墙一般的恩爱亲情,其实这是大错特错。

有些女人很少考虑男人的尊严问题。男人每天都在社会上闯荡,在社会上建立起“公众形象”,在朋友堆里树立起“威望”。男人在社会生活中总是喜欢拿出自己最优秀的一面展示出来,对于自己不优秀的东西、不好的东西,总是尽可能藏起来不显露出去。不良的东西暴露得越多,男人的尊严越无法提高,品位自然无法形成,在社会上当然也就缺少地位。于是,男人把积极向上的、道德的、豪情的东西贡献给了社会,而把自己放松的、欲望的、非道德的东西留给了家庭。如果女人经常把在家中对男人的印象,当作放之四海而皆准的尺度,那便是天大的错误。当男人在社会中搏击的时候,就要摆出自己的社会形象,并捍卫自己的“价值”与“尊严”。凡是有损于男人形象的言论都会深深激怒他。因此,女人在这方面一定要谨慎,多给老公无伤大雅的虚荣。

自尊的男人会不断提升自己的各种能力。如果女人想让自己的男人成为一个出色的人,就请先好好保护好男人的自尊。如果女人不想让自己的男人离开,请爱护男人的尊严。爱护了男人的尊严,就等于爱护了自己。

婚姻专家点评: 男人的自尊心和虚荣心,是需要女人的照顾和捧场的。女人应该像保护自己的身体一样爱护男人的尊严,千万不要和男人的尊严较劲,以免因逞一时口舌之快,损坏了苦心经营的爱情。无论是在社会中,还是在家庭中,满足男人的虚荣心、努力维护男人的尊严,将会使男人更爱你、更依恋你。

5. 女人切记：有些事能想不能说

两个人相处，难免因一些玩笑话而闹意见，开始唇枪舌战。但要切记，在家里怎么开玩笑都行，别在外人面前说老公的短处，避免损坏自己男人的面子。虽说有时这些也不是什么大事，但常常就是些鸡毛蒜皮的小事导致两人吵架，甚至因此走向家庭破裂。

(1)不要议论丈夫在家庭中扮演的角色

尽管现在很多男人的思想很开通、对妻子温柔体贴、干家务勤快主动，但是我国几千年遗留下来的男主外、女主内的封建传统观念，已经在许多人的头脑中根深蒂固。因此，当女人在公开场合表扬男人的家务能力时，男人不仅不会感激妻子，反而会觉得被妻子搞得很没面子……

(2)不要谈论丈夫在事业上的挫败

男人天性争强好胜，并且从不服输。许多男人经过努力和奋斗，但还是没有取得成功。此时男人的心里也不好受，也懊悔自己的失败……此时的女人，如果在公开场合揭老公的伤疤，那只能使自己的男人恼羞成怒。

(3)不要评论老公的长相

一般情况下，男人之间很少议论彼此的长相。但老公如果能得到妻子的欣赏，更可以加强男人的自信心，对事业和家庭都有好处。老公的身心健康与否，在一定程度上与老婆的温柔体贴和合理调养是分不开的。

(4)不要说男人"无能"

不尊重男人的最大体现莫过于说男人"无能"。男人在自己的妻子面前总想显示一点男子汉的威风，如果一个女人对自己的老公说："怎么连这点小事都做不好，真没用。"这对男人来说是莫大的污辱，令他难以容忍。长此以往，还会使老公更加自卑，成为一个性情懦弱的人，有潜力也发挥不出来，最终真地成为一个无能的人。

(5)不要拿自己的男人与别的男人相比较

有人曾说过这样一句话："聪明的女人总是拿自己老公的长处与别的男人比，越比越幸福；愚蠢的女人总是拿自己老公的短处与别的男人比，越比越失望。"在男人看来，女人拿自己和家庭与别人比较是对自己和家庭的严重背叛。男人们不可能善意地理解女人的初衷和愿望，只会主观地认为女人是在挑剔他们。他们甚至还会绝情地说：如果不满意，你为什么还不马上离开？

(6)不要取笑男人失败的恋爱经历

男人的自尊心是最不容人伤害的。遭遇多次失败不怕，但男人的自尊心却很怕被伤害。如果你面对的是心仪的对象，就更不应该再触动他的痛处，男子汉的自尊心总是很强。

婚姻专家点评： 男人都有自己的心理禁区，最听不得贬低他的话，受不了别人揭他的老底儿，尤其是这些话出自至亲至近的人口中更不能接受。所以，对女人来说有些事能想不能说，心里明白就可以了，千万不要在别人面前说出来，特别是当着自己男人的面说，这是很伤感情的事情，会弄得家庭动荡不安，甚至走向解体。

6. 霸道一点也无妨

霸道女人的小小暴力，比如粉拳秀腿，不仅能增加自我魅力，而且能赢得男人赞赏、爱慕、崇拜的眼光。当然，万事都有个度，切记不要用力过猛。

刘忠去女朋友家过周末。女朋友为了一展厨艺，在厨房叮叮当当折腾了一上午。中午开饭时，女朋友说："吃饭前你要表白一下你的忠心，否则对不起我一上午的累。说，说你爱我。"

刘忠不以为然地哼哼了一下。女朋友一听急了："不行，不说不行，不说不开饭。说爱嘛。"

没办法，刘忠无奈地说："我爱你，我爱你，行了吧。"

女朋友得意地笑了："行了。记得，是你自己说爱我的，我可没逼你啊！吃饭，要反悔以后就和盘子里的牛肉一样，我把你给煎炸火烧。"

吃饭的时候，女朋友夹起一块牛肉塞给刘忠："尝尝味道怎样？"

"还行。"

"炖鸡块呢？"

"凑合。"

"那鱼呢？"

"过得去。"

"啪……"她一拍桌子："我累了一上午，你就不能说个好字？"

"好……"

"啊，真的好吃啊？早说嘛，非得我发威……"

"不是，我还没说完呢。我是说，这个鸡蛋汤好烫……"

"好啊你，居然敢说我做的菜不好吃！"

接下来一顿粉拳。在这样的打打闹闹中，一顿难吃的中饭吃完了，两人的感情也进了一分。

霸道，有时是一种亲密的表达方式。当女人对自己的男人表现出撒娇的霸道时，男人只会觉得你霸道得可爱，霸道得率真，就算对方知道你在故意耍赖，也不会计较。霸道只是夸张手法，但也要讲究适度，男人终归是对温柔无法忘怀的。如果一味地霸道，就会升级为虐待，那样就没有几个男人能忍受得了，其后果不堪设想……

婚姻专家点评： 女人在适当的时候，不妨适当地使用点霸道，给老公点颜色看看，这样不仅能增加自我的魅力，还可以增进两人的情感。如"我要打死你"、"我要掐死你"、"过来，让我打"。口头上的这些"暴力"，随之加上一些小打小敲、掐掐咬咬的动作，都能给生活添加一些味道。

7. 别亏待自己

女人最能吸引男人的地方，往往就是女人身上所表现出来的独特魅力。

每个女人都有其独特的魅力。遗憾的是，很多女人不知道该如何表现自己的魅力。其实，魅力的表现就在于平时，在日常的工作和生活中，女人最能吸引男人的地方，往往就是女人身上所表现出来的独特魅力。

(1)不断读书

读书的最大好处是：能获得未知的知识和技巧，接受他人的经验和教训，提高自己的素质和休养。高尔基说："书是人类进步的阶梯。"女人最忠实的情人应该是书籍，把书作为自己进步的阶梯。只有活到老学到老，才能一直保持自己的魅力，不同时代脱节。

(2)锻炼身体

通过锻炼身体增强体质非常必要，既能保持女人柔美的曲线，也能培养活泼好动的性格，活出开朗豁达的心情。

(3)努力工作

工作是为了赚取生活费用，养活自己、补充家用。但是，现在很多女人努力工作是为了实现自己最大的价值，在不断的进步和成长中获得肯定和自我完善。在这点上，工作着的女人与走入家庭的女人形成鲜明对比。工作着的女人更显独立自主、特立独行，她们为社会创造价值，是城市街头匆匆奔走的亮丽风景线。

(4)适当的勤俭和吃苦

中国传统女性的最大特点是勤俭节约和吃苦耐劳。当然，勤俭也是有一定限度的，绝对不是为了买房而强迫自己整天喝汤。

(5)适度逞强

女人虽然不是天生的弱者，但是和男人比起来，在体力上毕竟稍逊筹。所以当男人明明知道这件事你很难做得来，又看你偏偏要做的那股劲头儿时，你那青春倔强的美就淋漓尽致地展现在他眼前。

（6）不要刻薄自己

一个走出围城的女人，往往会抱怨“我从前太傻了，赚了钱不舍得吃不舍得穿，却舍得花几百块钱给他买衣服，自己从来没穿过上超过一百块的衣服；精打细算，为家庭计划未来，却没给自己留下后路……”但为时已晚。事实上，只有穿着美丽、身体健康，才能充分展现自己的魅力，才能拴住老公的心。

婚姻专家点评： 在婚姻和工作中千万别小看自己的魅力和能力。女人如果总认为所有的男人都是敌人，一定会认为自己是这个世界的牺牲品，就很难与男人建立友谊和亲密关系。所以，要想和包括丈夫在内的男人建立良好的关系，首先要为自己的女人身份感到自豪。女人要欢乐地接受自己的性别，因为这种接受不仅仅是一种健康的人生态度，更是成熟女性的标志。

五、用温柔征服老公的心

——哪个男人骨子里不怜香惜玉

(一)女人的温柔,男人最怕也最爱

男人与女人之间有一种生理磁性:刚与柔、阳与阴。女人的温柔越突出,对阳刚之力的吸引就越大。温柔中如有几分"羞涩",则更动人,"一个女人的脸红胜过一大片情话",古代哲学家老子说:"天下之至柔,驰骋天下之至坚。"所谓"以柔克刚"就是这个意思。在婚姻生活里,温柔的女人往往是家庭局面的控制者,是不败的战士。

1. 男人乖起来也很可爱

男人乖起来就像个小孩子。有时候天真得还带点傻气,好像是一个长不大的孩子。

有时候,男人像孩子似的喋喋不休。下班回来急于把一天发生的大小事说给你听,等着你褒奖、等你给个评议、等你一起与他"同仇敌忾"。

有时候,男人像个天真好奇的孩子,异想天开的幼稚问题一个接着一个,使你应对不暇,还略带一些小小要求,恳求你的同意。

有时候,男人像个被惯坏的孩子,连一句气话都承受不了,叫人担忧得不知该怎样去迁就、去宠爱这个永远长不大的孩子。

有时候,男人像个娇气的孩子,如同在战场上受伤一样,把小病小痛当作一种荣耀。"你看,我的手给划破了,流了很多血。"他当然明白你不是医生,但他知道你是多么珍惜他。他就要你关注他一下,最好还带点惊讶的痛惜。

有时候,男人又像个受了委屈的孩子,像个受伤的小动物,不愿躲进卧室独自料理伤口,而是蜷伏在你的怀里,很无助地望着你,等待着你的爱抚……

其实,男人偶尔在你面前耍耍孩子的小性子,是因为你是他心里最亲近的人,他可以卸下男人的姿态,在你的怀里得到短暂的休息。毕竟男人也是要人疼要人宠的。因此,当男人向你撒娇的时候,千万别用一句"我忙着呢,别来烦我"、拒绝他。要知道,男人施展孩子气的状态,便是他最想放松自己的时候,如果此时你对他稍有不屑,他便会感到很受冷落。由于男人在平日里工作压力太大,他希望自己能以一种简简单单的方式,让自己高速运转的生活节奏放慢脚步,变得轻松一些。所以男人的潜意识里,是渴望自己心爱的女人能够关心自己的。男人也希望寻找到一种强烈的归属感,甚至是那种回归童年的感觉。所以,很多男人不管在家庭之外如何成熟,一回到家,在心爱的女人面前都会表现出孩子般的可爱。

女人拥有这样的男人是一种幸福。他们能恰当地保护你、照顾你，为你遮风挡雨。能够被心爱的人依靠，也是一种幸福。

婚姻专家点评： 不管男人年纪多大、看上去有多老，他们的心底总藏着那种要人关爱的欲望，这是男人的天性。因此，女人在生活中，可将男人看作自己可爱的孩子。男人是永远长不大的小孩。

2. 不要吝啬你的爱抚

男人和女人最终走到一起是因为爱，没有爱则形同陌路。爱是一种精神食粮，是婚姻幸福、美满的基础。如果没有爱，婚姻之花将会凋谢，并失去存在的理由。

在男人和女人的世界里，不要吝啬女人温柔的爱抚，这是对你心爱的男人最好的体贴，也是增进情感的最好方式。

（1）给男人一个干净、整洁、永远新鲜的家，让他在这个家中永远舒适自在。如果你能使他像只小猫一样，迷恋这个能带给他安全感、温暖的小窝，对你这个经营这个小窝的女人，他能不心甘情愿地顺服、依从、跟随吗？

（2）早上起床后，给他预备一顿营养丰富、美味可口的早餐，让他感到温暖，精神倍增，心情愉悦地跨出家门，开始新一天的工作。

（3）男人临出门前，你应给他准备好干净整洁的衣服鞋帽、公文包，帮他整理好。出门前给他整整领带、袖子，再给他一个轻轻的拥抱，并在耳边轻轻说一声“亲爱的，路上小心”。你传达给他的爱，会让他干劲十足。

（4）男人晚上有应酬要晚回家的时候，给他发一条短信：“亲爱的，路上小心点，少喝点酒。”让他知道你在关心他、挂念他。

（5）男人回家时，给他一个热情而温情的拥抱，让他看到、感受到你的喜悦，让他知道他对你的重要。

（6）在卧室中，尽可能准备各式各样的性感内衣，让他看到不一样的你。这样才能不断激发他对你的垫情和速恋。

婚姻专家点评： 男人并不是很自信的动物，特别是感情方面。因此，女人要用你的爱抚，让男人时时刻刻体会到你浓浓的爱意，让男人知道你一直在关心他，在你的心里只有他一个人，那么幸福美满的婚姻就会属于你。

3. 女人疼爱男人的温柔细节

对于一个女人来说，关注你的男人，体谅和感知他的内心，这才是爱的根本。

在茫茫人海中，与你一起走进婚姻殿堂的男人，便是你一生的依靠和支柱。男人的苦和累，只有男人自己知道，他是不会将这些苦带给自己心爱的妻子的。所以，作为人妻的你，就得仔细地爱抚你的男人，用女人的温柔来体贴他。

(1)为他而打扮

古人云：女人为悦己者容。要根据自己男人的品位来打扮自己，而非你自己的偏好。所以，聪明的女人总是带着男人去购物，参考男人的意见，选择男人认为合适的物品。男人是百分百的视觉动物，当你的打扮符合他的意向时，他会觉得你非常美，而且也会觉得你非常浪漫。

(2)经常抚摸他

这不是在谈论性，也不是纯粹意义上的按摩。只是当你看见他时，习惯性或自然地抚摸他，这会让他觉得非常放松。而且，这种温馨的举动无言地传递这样的信息："我爱你，我理解你，我想念你。"有时候，这种温情比性更能增进你们彼此之间的感情。抚摸他的关键在于告诉他，你接受和爱他的身体、他的灵魂、他的一切。女人，要学习让手指表达爱意。

(3)给他完全自由的一天

男人即使有了家庭，仍需要一定自由的空间。许多已婚男人都特别怀念他们在没成有家时自由自在的生活，所以如果女人能时不时地给男人点自由，就会觉得你非常体贴他。

不仅如此，这还意味着你对他的信任。如果你可以让男人获得完全自由的一天，在这天里，你不会进行电话追踪的话，这说明你们之间互相信任，还能促进彼此之间的感情，而他也会对你的体贴有着感激之情。

(4)无处不在

当然，这里的无处不在不是让你与他寸步不离，而是你要让男人知道：你时常都在想念他、爱他。例如：在他的公事包里，放上你表达爱意的纸条，当他在办公室打开公事包看到你的信息，会觉得这一天都特别愉快，工作起来也更加有劲。因为他觉得这是为你而工作，为你们的家而工作。或者，在下班前，给他发一封短信，告诉他你是如何地想念他，如何想和他在一起，那么，毫无疑问，下班后你们将度过一个非常浪漫的夜晚。

(5)告诉他，和他在一起很有安全感

不仅只有女人爱好甜言蜜语，男人也一样。男人都希望女人把他当成男子汉来欣赏：强壮、能干，能给女人安全感。女人的欣赏和夸奖对于维护男人的尊严来说非常重要。

所以，即使你很忙碌，也千万不要忘记赞美和欣赏你的男人，即便只是抽出两三分钟，让他感觉到自己是被爱着、被需要的，也能让男人感觉到非常浪漫——你得到的回报将超出你的想象。

(6)安排一次别出心裁的约会

两个人日复一日地过日子，最初的浪漫和激情便也被时间消磨殆尽了。无论是你还是他，都不再期待两人独处的时光。

当他身心疲惫回到家中，拿出两张票，而这正是他一直想看的电影；或者，让他下班后直接去饭店，而你已经安排好了一次温馨晚餐。你再准备些节目一定会给他一个惊喜，会让他觉得非常浪漫。

(7)迁就他的偏好

夫妻之间的爱好不同非常普遍。女人爱好浪漫电影，而男人愿意看一些恐怖或战争电影；女人愿意收到鲜花和巧克力的礼物，而对于男人来说，你送一张足球票会让他们喜出望外。一般来说，夫妻在处理不同偏好时，总喜欢采用折中方式，结果就是一起看了一场都不怎么爱看的电影，非常无趣。

所以，如果你要给男人一个惊喜时，就需要迁就他的爱好，一同看他喜欢的恐怖片。下一次，他也就有可能陪你看你喜欢的爱情片了。同样，在生活中，你也需要宽容他的偏好，在他观看最喜欢的球赛时，不要用“你该洗碗了”这样的事情打扰他。

婚姻专家点评： 家就是男人避风的港湾，是缓解压力的地方。男人在工作中的压力是不会给老婆说的，因为他不想自己心爱的女人也跟着自己苦恼。女人就需要使用女性的温柔来抚慰男人疲惫的心，就是给他泡上一杯清茶，也会让他感动。

4. 让他宠你一辈子的小诀窍

婚姻是讲艺术的，聪明的女人会用一些小技巧让老公死心塌地爱自己。当爱人需要你帮忙时、当爱人不开心时、当爱人生病时……快来看看下面的小技巧，让自己做个聪明的女人吧！

女人会在自己的男人面前扮演不同角色。当男人不开心时，她可以像个大姐姐般地去安慰他，直到他的嘴角露出几许笑容；当爱人生病时，又像母亲一样把他抱在怀里轻轻拍打他的双肩，并给他煲上一锅好汤，让他暖暖的；当自己有委屈时，又会像个小孩子般在男人面前哭泣，以博取他的呵护和安慰。

(1)老公是拿来爱的，不是拿来气的。爱老公就是爱自己。

(2)老公想吃苹果时马上就去洗。经验证明：推来推去的结果不仅有伤和气，而且所消耗的时间和能量也已经能洗完苹果了。

(3)点菜时要明确说出想吃什么。免得点完之后谁都不爱吃或者只有一方爱吃而事后犯嘀咕。

(4)吵架时绝对不要说分手或者离婚，免得事后下不了台。

(5)吵架时尽量少发火多流泪。每当女人在哭的时候，男人都会手足无措。男人最怕女人哭了，所以每次女人一哭家庭战争马上就会平息。

(6)一定要记住老公的生日(阳历的和农历的)，保证自己第一个向老公说生日快乐。

(7)养成一见老公就笑的习惯，特别是下班回家开门时。

(8)在他半睡半醒的时候亲他并帮他盖好被子。

(9)在他吹嘘自己的时候假装很崇拜他，并表现出对未来幸福生活充满希望的样子。

其实，更多的男人钟情于对女人炫耀自己的种种好处，这时你只要聆听就好了，因为男人只是想让女人“崇拜”他。

(10)在老公向你献殷勤之后表现出特别兴奋的样子，并且说一句“老公你对我最好了！”以资鼓励。

(11)既然你已经选择和这个男人共度人生，就不要幻想去改变他，能改变的只有自己。教育是徒劳的，感化是可行的。

(12)老公的缺点要一分为二地看。天下没有绝对的缺点与优点。如果他懒惰，那么他就会有更多的休息时间；如果他没钱，那么他会少些出轨的可能；如果他长得难看，就会少些第三者的可能；如果他没有上进心，他会把全部注意力集中在你的身上。

(13)男人在工作学习和思考的时候，不要试着让老公的注意力转移到你身上。男人为了家庭的幸福而奔波劳累，这也是男人唯一能冷静思考的空间。此时，可以给老公快喝干的水杯里加水，或者煮一碗宵夜，等老公干完活，就着窗外的零星灯火喝一碗，他会感觉特别温暖。

婚姻专家点评： 被自己心爱的老公宠爱，对女人来说是件最美丽的事情了。别再抱怨甜言蜜语的男人，说来容易做起来难！只要女人肯花点心思，耍点小手段，恐怕想不让男人对你乖乖就范、宠爱备至都难哦！

5. 切忌发号施令

一些女强人在面对心仪的男士时，常常忽视了自己是女人。为了忙于展示自己的才干，忍不住频频向男人发号施令，结果遗憾地失去了好姻缘。

有些成功的女强人，因为在工作中形成了发号施令的习惯，在回到家里的时候，对丈夫也像是对下属那样说话，动辄以命令的方式指挥丈夫。要知道，这是在家里，丈夫也不是你的下属，这种说话方式，会伤害男人的自尊心。如果长久下去，必然会使夫妻感情产生危机，最终破坏自己的家庭幸福。

在社会上成功的女人，大多都属于外向型性格。这样的女人对男人来说本身就是一个挑战。她们说话开门见山，不会转弯抹角。这种女人用压倒男人的语气来对待丈夫，而有些胆小怕事的男人也不敢多言，怕引起妻子的不满，发生不必要的纠纷，因而也就以"忍"为上。

强女人在家里，最好考虑一下说话的方式，这样才能避免家庭纠纷。讲话时的语气要尽量缓和一点、温柔一点。比如说："老公，洗澡水给你热好了，你先去洗澡吧！"采取商量的口气，可能效果会好一些。

在婚姻中，强女人最好保持弱者的姿态，两人之间要互相尊重，不要将自己的观念强加给男人。如果太过于逼迫，会使男人走向极端。

为此，强女人不妨改变一下为人处事的方式。以"小女子"的姿态去对待男人，这会让男人欣赏，也会激发男人的雄心。让男人感觉自己是在跟一个女人生活，而不是上司。让男人觉得自己的老婆是一个女人，这样才会收获永远的幸福。

婚姻专家点评： 在现实生活中，很多女人总是不由自主地对男人采取严厉而无情的态度，甚至把男人当成自己的工具。而男人在这样强势的女人面前，会产生自卑的感觉，一旦无法忍受的时候，便会选择离开。作为女人，如果你爱这个男人，最重要的是给予他男人的自信心，让他变得越来越强壮，而不是越来越懦弱。

6. 善解人意的女人让男人痴迷

每个女人都想知道：男人到底最喜欢什么样的女人？其实，每个女人只要发挥各自的长处，比如甜甜地守着他的窝、贤惠地拴着他的胃、温柔地牵着他的心、亲切地为他披上外衣、深情看他走出自己视线……照样是每个男人心目中的最爱。

有些女人温柔、善解人意，这样会让男人活得轻松。越成熟、越成功的男人，越会对这样的女人有一种生活上的依赖和依恋。如果女人称男人是一座大山，可以依靠，那么男人更想女人是一片静静的港湾，可以让男人停靠。

有些女人一脸亲切可爱，使人感到特别的亲切。这种亲切能给她和老公带来良好的人际关系，她们在生活中尽力照顾他，在事业上尽力支持他，生病时有她的身影，喝醉时有她给你倒水捶背……空闲的时候，做做自己喜欢做的事，晚上盼着老公下班回来，不必为金钱烦恼，也没有工作压力，这样轻松安逸的生活多幸福！

有些女人直率、自立、心胸宽广，这种女人的最大特点是能让家庭稳定。在漫长的一生中，有太多的沟沟坎坎，而心宽的人愿意做出牺牲，把完全真实的一面展现给你，她不会当面一套、背后一套玩把戏。她们实在、自立、有信用，最主要的是能给予你认可和最大的尊重。

还有些女人给男人一种相依相伴的感觉，这些女人大多长相普通，没有太多欲望，能够踏踏实实地生活。老公不愿意处理的人事都由老婆出面，她们还要生孩子、孝敬父母、稳固家庭，这种女人是男人特别好的伴儿。男人心情郁闷、生活颓废时，她可以跟你坐下来聊聊天，相互沟通，从不会指责。

女人，最主要的还是要善解人意。善解人意的女人知道，躺在身边的这个男人虽然是她今生今世的至亲至爱，但作为一个男人，他那颗心在属于女人的同时，更多的还是属于他自己。女人知道，对于男人来说，外面的世界的确比家里要大得多，这个男人的事业有时还要胜过爱情。

因此，善解人意的女人无论在什么时候都不会把男人当成私有财产，要男人对自己言听计从，不会在男人忙于工作时抱怨男人不顾家，也不会要求男人时时刻刻牵挂着自己。

善解人意的女人知道男人既很刚强又很脆弱。而且，有的男人是把荣誉和脸皮看得比生命还重的。

善解人意的女人绝不会和男人斗气斗勇，绝不会像泼妇一样把男人调理得像只斗败的公鸡。而男人都极具理性，事后他们会对这善解人意的女人心存感激而宠爱她一生。

婚姻专家点评： 善解人意的女人才是最精彩的女人，她能让每个男人对她痴迷。在这个诱惑力特强的社会里，由于她的温暖和风情，再花心的男人也会对这种精彩女人忠诚。为了自己的幸福，做个善解人意的女人，来缔造自己的幸福家庭。

7. 温柔到底

想“拴”住男人其实不难，一招“温柔体贴”的柔功就能将他套牢。

温柔，这是作为女人不可缺少的一种基本的资质和品性。人心不古，外面的世界充满着太多的诱惑，这让一门心思爱男人的女人总担心自家的男人思想出轨。其实，想“拴”住男人也不难，女人不妨试试用你的温柔体贴将他套牢。

（1）让男人放心

男人都担心自己妻子的漂亮会招蜂引蝶。如果丈夫曾以你的姿色自豪的话，而你也想与他共同奋斗，那就必须给予男人足够的“安全感”，让他安心，也要让他信任你，不要把你想象成人见人爱的无聊美女。

（2）让你的照片监视他

女人要牵住男人的心，有必要时常提醒他你的存在。便如：送丈夫一张你的漂亮照片，背后写几句爱慕的话，放在他的皮包里，让他随身携带。这个土办法很管用，可以警告他不要肆意妄为。同时，也向其他女人标示此男人已“名花有主”。

（3）让男人感觉到家是最好的地方

男人不管工作性质如何，都会感到紧张和压力，都希望在他回家后，能有个舒适、清静的环境，让工作中的紧张与疲惫得以消除。所以说，营造一个愉快、温暖的气氛，让男人在家感到舒适，会让男人留恋家的温馨。

（4）随时随地献上你的爱

妻子应注意一些示爱的细节。如果老公上班或下班回家时，你对丈夫是不理不睬、不闻不问，丈夫肯定因受到冷落而感到不悦。

（5）令男人折服

女人如果想长期地令一个男人死心塌地地爱自己，还真不是件容易的事。男人不要求妻子特别漂亮，但女人不能没有温柔。要让男人从心里佩服女人，不仅仅因为你的外表，更是为你的内涵而折服：体贴、温柔、大方、慷慨、识大体、为他人着想，也为将来着想。

婚姻专家点评： 男女之间的感情就像一杯陈年老酒，越久味儿越浓。可是走在感情线上的男女，在平淡的日子中却感觉激情不再。女人要想拴住就要用女人特有的体贴、温柔、贤惠作为手段。

8. 温柔不是软弱

作为女人，你尽可以潇洒、聪慧、干练、足智多谋，但有一点不能少，那就是你必须温柔。但温柔不是软弱，更不是唯唯诺诺的顺从。温柔的女性静水流深、外圆内方、低调谦和、从容大度，给人以玲珑剔透的感觉！

女人，最能打动男人的就是温柔。温柔像一只纤纤细手，知冷知热，知轻知重。经女人温柔的抚摸，受伤的灵魂就会很快地愈合，昏睡的恋情就被唤醒，痛苦的呻吟也就变成甜蜜幸福的鼾声了。

温柔是女人特有的武器，哪个男人不愿意被这样的武器击倒？温柔有一种绵绵的诗意，它缓缓地、轻轻地放射出来，飘到男人的身旁，扩展、弥漫，将你围拢、包裹、熏醉，让男人感受到一种放松、一种归属、一种美。

温柔是一块磁石，只要你进入它的磁场，就会不知不觉被它吸引，想躲也躲不开。

温柔不是娇滴滴、嗲声嗲气，这里有真假之分。娇滴、嗲声嗲气是假惺惺，是故做姿态；而温柔是真性情，是骨子里生长出来的东西。

温柔是人人都能感觉到的。一个女人站在面前，说上几句话，有时甚至不用说话，就能让人感觉出这个女人温柔还是不温柔。

温柔的女人给男人如沐春风的爱恋，也给了自己最美丽的幸福滋味。

温柔的女人不是张扬，不是轻浮，更不是举止言谈不知深浅。应该将温情的语言、亲和的态度、宛转的音调、平静的微笑，综合运用，有效发挥到极致。它能使一个相貌平平的女人魅力迅增，即使无情的岁月拂去了女人脸上的光泽，但还会呈现一种集苍桑成熟、丰韵深重的美感，使女人魅力依然。

温柔的女人不是奴颜卑骨，更不是毫无主见、一味地应和顺从，而是要能以柔克刚，以柔处世。能于不动声色中洞悉事理，能在纷繁的关系中冷静地展示自我，笑对云卷云舒，那是一种真精神、真本事。面对轻狂的人，投以恬淡的目光；面对气急的人，报以甜静的微笑；面对沮丧的人，给予慈善的关爱；面对淫威的人，回以泰然的漠视；面对弱势的人，赠送厚重的款待。一个女人如能将温柔运用到如此境界，即使是钢浇铁铸也能化为绕指柔。

婚姻专家点评： 善良慈爱、谦和体贴、内敛成熟、达观大义，这是温柔女性的集中体现。让女人的温柔钻进自己男人的心里，让你的温柔来滋润出美满的婚姻。

(二)做个"爱情"的女人

常常发生这样的事：数年的感情敌不过一夜的诱惑，"一起打拼"在"不劳而获"面前丢盔卸甲。情感热线也时时传来男人的声音，爱情不再是美好的信念，就像换个包包一样轻易遭遗弃。任何时候，懂得坚守爱情的女子必定有一颗火热的心，有藤蔓一样柔韧的性格。这样的女人才会令男人念念不忘、痴心不改。

1. 有情不多情

有一种感情，介于友情和爱情之间，那就是异性之间的喜爱。当一个女人决定要嫁给自己心爱的男人的时候，就说明要和以前的环境脱离开，特别是与原先异性朋友的关系一定要处理好，稍不留神就会被老公怀疑为第三者插足。

大多数男人都不能容忍和别人分享爱情，他不希望看到自己的老婆和别的男人走得很近。假如一些流言蜚语被你的老公听到了，那他一定会大发雷霆，气得暴跳如雷和你大打出手，那这个家庭便在暴风雨中飘摇不定了。假如被撞个正着，看见自己的老婆和以前的异性朋友在公园里正谈得热乎，即使你们正在谈工作上的事情，也会被误解为你们之间有不正当的关系，要不干嘛来公园里谈事情啊。

大虎和小马属于青梅竹马，从小一起长大，相互熟悉得连呼吸的频率都相似，到了成家立业的时候，自然而然地结为夫妻。和所有的婚姻一样，新婚时黏黏糊糊，一年后，开始闹小矛盾，有点小拌嘴，逐渐升华为大吵大闹，经常需要邻居出面才可罢休。两个人的感情也日渐疏远。

一天，小马照常到菜市场买菜，无意中碰见以前的大学同学大冯。他们一边走一边聊。原来，大冯毕业后，被分配到别的城市当教师，现在学校放暑假了，所以才有时间回家来的。由于两人在大学时便情投意合，只是因为家庭的原因没有结婚，现在一见面便无话不聊，聊聊过去，说说现在，好不投机。

时间一长，风言风语就传到了大虎的耳朵里，把大虎气得暴跳如雷："好你个小马啊，你竟然给我戴绿帽子。""不就是和同学聊聊天，说说话吗，至于你动这么大的肝火吗。我和大冯只是同学关系，没有你想的那么坏。""仅仅是同学关系？一买菜就两三个小时不见人影，还是同学关系。""你……"两人整天因为这个事情闹得不可开交，已到了分居的地步。幸好，学校要开学了，大冯又回到学校，这件事情慢慢也就平息了。

婚姻专家点评： 婚姻就像沙漠中的绿洲，需要男人和女人来好好地营造，为之添花植草，稍有不慎，苦心经营的绿洲便会迈向死亡的边缘。女人一定要注意,朋友就是朋友,密友就是密友,老公就是老公。在他们之间一定要有清晰的界限,假如模棱两可,那你的婚姻就有危险了。

2. 像做情人那样做老婆

婚姻好比围城:“没进的人想进来,进来的人想出去。”为什么要进来呢?是因为男人找到了一个爱自己的女人。那为什么又要出去呢?是因为婚姻生活太累,缺乏柔情;又因为生活太平淡,没有激情。

情人很媚,情人最美。情人从来都是把最美丽的一面展现给男人,为了约会的时刻而精心打扮自己。而妻子虽然把她一生最美丽的时光都给了男人,却为了生活而常常无心打扮自己。

情人不烦。男人在忙完工作后,最怕回到家再忍受老婆的指责。而情人从来不在男人忙的时候打扰他,更不会和男人谈柴米油盐的话题。作为妻子,要记住:柴米油盐的事不能不说,但是也要尽量少说,问题解决了就可以了,应该多说一些男人感兴趣的事情。

情人让男人始终有恋爱的感觉。恋爱时,你每一次见他,都带着欢跃的心情,让男人觉得他在你心中的地位至高无上;恋爱时,你为了与他约会,可以几个钟头以前就开始做准备,因为你希望自己在男人心目中十全十美;恋爱时,你很少固执己见,你让人感觉温婉可人;恋爱时,他吻你,你以热情的拥抱回答……这一切的一切,仍是婚后的你所应该继续保持的美德。

如果你想做男人“情人”式的老婆,就要让男人在浪漫中找到成就和温馨,拒绝平静,因为平静得波澜不惊,时间长了总有种沉闷的感觉。都说好女人是一本耐人寻味的书,要让男人时时对你有一种新鲜感才好。可以在结婚纪念日里搞一次烛光晚宴,火红的蜡烛映着你们的容颜,优美的乐曲下可以翩翩起舞,沉浸在对往昔美好的回忆中。如果你的男人没有十足的审美观点,你最好不要带着他逛街,要知道十个男人有九个对陪夫人购物感到头痛,你可以约上好朋友,买自己喜欢的适合自己的衣服,给他个惊喜,让他眼前一亮。还有,一定不要忘记,在他高兴地回家时,给他个热烈的拥抱,小鸟依人般叽叽喳喳。在他疲惫时,给他捧上杯暖茶,让他知道家才是温暖的港湾。在他烦恼回家时,你什么也不必说,这时候沉默是最好的回答。

婚姻专家点评: 情人和老婆不要分得那么清楚,认为老婆就是老婆、情人就是情人。要知道做个好老婆不难,做个好情人也不难,但要兼顾两者的角色却不是件容易事。什么时候能做到两者兼顾,让丈夫想念和迷恋,家庭生活也就很有乐趣了。

3. 经常回忆热恋

热恋是婚姻的前导。热恋中的男女，那种两情依依、片刻难离的情景，实在是非常美妙的。结婚以后，经常回忆婚前的热恋情景，能唤起夫妻的感情共鸣，并在回忆中增加浪漫情感，使两人更加向往未来，从而增进夫妻感情。

许多走进婚姻殿堂的男人和女人，由于结婚多年容易“日久生厌”。在日复一日的平淡生活中会经常产生摩擦，出现这种情况后，经常回忆热恋是解决婚姻危机的一种不错的方式。重新温习热恋时的情形，不但可以增进相互的感情，还可以促进两人之间的交流，好好回味热恋时的二人世界。最重要的是，你还可以享受到更多的疼爱和照顾，通过热恋的回忆爱情也会更加甜蜜。

咖啡女时常在花生壳面前回忆他们刚刚谈恋爱时那段美好的日子。那段时间也是咖啡女一生最快乐的时光。那时的花生壳是咖啡女生活的中心，时时刻刻咖啡女都想和花生壳在一起，永远也不想离开。两人的爱是坚不可摧的，是双方可以用生命去捍卫的。那时，咖啡女真的很幸福，可以拥有花生壳的全部。花生壳是那样地爱着咖啡女，对她也无微不至。咖啡女一下班花生壳就去单位接她，现在想想那也是一种幸福。如果她是晚班，花生壳会去她的寝室给她做她最爱吃的菜，做好后，花生壳便去接咖啡女下班。每次都会给咖啡女一个惊喜，那时的两个小恋人是世界上最幸福的。白天休息的时候，两人就出去轧马路，去中央大街漫步，去江边静静地坐着谈心。那时总想让时间停止，两人一直坐在一起聊着未来，最后花生壳总是会恋恋不舍地离去，走之前花生壳都要给她洗脚，还说要给她洗一辈子。经过这些美好回忆，他们二人感到很是幸福，爱情也重新焕发活力。

婚姻专家点评： 由于生活中的平淡和工作上的压力，男人和女人在感情上的投资便会减少，造成情感上没有进行有及时效的沟通，进而造成隔阂。当夫妻之间产生矛盾的时候，女人可以帮助男人回忆热恋时的情节，这样对化解矛盾和增进情感有很大的帮助，对营造一个美满的婚姻也是很不错的方法。

4. 庆祝纪念节日

女人的情感是奇怪的，你若得不到她们的尊敬，也就得不到她们的爱。

在中国值得两人纪念的节日可真不少，如 2 月 14 日是情人节，情侣间互送巧克力和玫瑰花,甜言蜜语,花前月下,多么好的增进感情的机会;3 月 8 日是国际劳动妇女节,是男人回送女人礼物的日子;4 月 1 日是国际愚人节,你不妨跟你的老公开一个不大不小的玩笑,最后再告诉他今天是愚人节;5 月的第二个星期日是母亲节;七月初七是中国的情人节。另外,圣诞节、第一次下雪的日子等等,这些都是非常有意义、值得庆贺的日子。除了这些“公共纪念日”以外,最主要的还是只属于两个人的节日,如相识周年纪念日、结婚纪念日、结婚周年纪念日,另外千万别忘记他的生日。

大熊今天的心情不错,因为今天是他的生日,还有一个更为重要的缘由,今天也是他们结婚三周年的日子。但他却隐约有点担心,怕妻子秋菊不能和自己一起过。自从她当上经理后实在太忙,第一个纪念日秋菊在上海;第二个纪念日秋菊在广州。所以,这第三个纪念日大熊估计秋菊已经忘记了。

下午大熊正在办公室里工作,有位送花的姑娘送来一束鲜花,原来是老婆特意订花给大熊庆祝生日和结婚纪念日的。这束鲜花让周围的同事羡慕不已,原来男人也有人送花。大熊觉得很有面子,也觉得好浪漫,心里热乎乎的。

下班回家,秋菊还没回来。一进门大熊就看到桌上放着一个包装精美的礼物,在礼物上放着一封信。他真地没想到还会有这样的惊喜等着他。大熊看看礼物,看看手里的信,眼泪在眼眶里打转,他很久没有这样感动了。没想到老婆真是个有心人,会对他如此关心,今天的安排想必她也用尽了心思。

大熊的感动一直持续到秋菊回来,接着他们一起共进烛光晚餐。忽然间,大熊觉得又有了恋爱的感觉,又回到了热恋的时候,他在心里暗暗发誓,要用一生去好好关爱眼前这个女人。

婚姻专家点评: 感情需要两个人来维护,公共的节日要过,属于两个人的节日更要花些心思去过。多给男人一些惊喜,这样会让男人死心塌地地爱你。

5. 创造点意外惊喜

男人和女人在一起生活久了,感情上难免就会产生厌倦。

太过平淡的生活,没有一些激情,会使得感情疏远,如果能多给男人制造点出乎意料的惊喜,常会起到感情兴奋剂的作用。因此,在平淡的生活中,常常创造一点意外惊喜,对于增进夫妻双方感情很有好处。如给男人一个突如其来的吻,再比如周日中午卧房里的亲昵,也可瞒着男人,将他在远方的亲人接来见面;或看为男人买一件他日思夜想的礼物等等,都可使意外惊喜油然而生,从而在惊喜中迸发出强烈的感情之花。

当女人早早起床为男人做出别致的早点的时候，男人不会为之无动于衷；当女人为男人买来他盼望已久的足球比赛门票，男人一定会欣喜若狂。男人怎能不为这种被爱的感觉而高兴！能够不时给男人惊喜的女人，肯定能够让男人对她死心塌地。要知道，虽然男人希望每件事情都能够按部就班进行，但是男人也愿意享受偶尔的吃惊带来的幸福。

今天是情人节，但是盼盼的心情并不好，因为在外出差的老婆文文昨天打来电话，说无法赶回来和他一起过情人节了。盼盼虽然能够理解，但是心里还是有点不痛快，毕竟今天是情人节啊！

反正回去也是一个人，还不如在公司呆着。盼盼一边想着，一边打开电脑，开始玩游戏打发孤独的时间。

这时候手机里接到一个短信，原来是女朋友发来的祝福，并问他现在在做什么，盼盼无精打采地回复："没有情人的情人节，好无聊，在办公室玩游戏呢。"信息发出去以后，盼盼觉得有点伤心。

到了晚饭的时间，盼盼正准备去叫餐，突然听到有人敲门。盼盼开门一看，愣住了，他的女朋友正手捧他最想要的节日礼物——笔记本电脑，笑咪咪地看着他。

盼盼简直要开心死了，他觉得自己是世界上最幸福的男人。

婚姻专家点评： 女人天生爱浪漫，总是在不停地给男人制造惊喜，在制造惊喜的同时也悄悄地拴住了男人的心。试着去做吧，生话中有了惊喜，你一定会觉得爱情更加甜蜜、生活更美好。

6. 再写几封情书

不要以为情书是小年青的事情，或者是只有在热恋的时候才应当写的。情书应该成为点燃爱情的星火。

很多女人谈恋爱的时候喜欢写情书，或者把自己的那点小心事写在笔记本上。结婚后那种诉说的冲动怎么也找不回来了。但是，婚姻专家认为，即使已经走进婚姻的殿堂，也应当时常写写情书，诉说对男人的绵绵爱意。

如果女人无法摆脱女性的这种矜持和羞涩，那么可以在业余时间，或者工作闲暇的时候，给你的男人写点情书，这样的效果或许比你天天说爱他更有情调。

小土豆是一个知书达理的女孩子，虽然家庭比较贫穷，可性格很是坚强。在她情窦初开的时候与帅帅虎相恋了。帅帅虎的条件比小土豆要高得多，家境非常富裕，在父亲开的房地产公司上班。

两人相见恨晚，不久就结了婚，如胶似漆过上了小日子，身边的人都羡慕他们的幸福甜蜜。

但是快乐总是短暂的，几个月后，帅帅虎因公司业务需要，被派往南方开发一个房地产项目。

刚去的那段日子，帅帅虎还能天天给小土豆打个电话，互诉衷肠，但是随着项目的发展，帅帅虎的工作越来越忙，打给小土豆的电话也就越来越少了。小土豆虽然十分想念帅帅虎，但是她总是想："我的帅帅虎忙完工作后，一定会跟我联系的。"

于是，等待、等待、无期的等待。一个星期过去了，两个星期过去了，日子就这样在等待中逝去……

后来，小土豆听了一个好姐妹的建议，给帅帅虎写了一封热辣辣、饱含深情的情书，最后她还附了一首诗：

我住长江头，君住长江尾。
日日思君不见君，共饮长江水。
此水几时休？此恨何时已？
只愿君心似我心，定不负相思意。

令她意外的结果出现了：帅帅虎第二天就飞了回来。

所以说，爱不论在何时何地都不要藏在心里。爱是两个人的事情，所以就一定要说给对方听，要让他知道你在深深地爱着他，这才是对爱的公平。

婚姻专家点评： 爱情的船需要两个人互相努力，才能有动力到达幸福的彼岸。如果你爱他、在乎他，就要告诉他。在婚姻的二人世界里，美好的爱情不能被生活的柴米油盐所困扰，拿起你手中的笔，说出你心里的话，说出你的甜言蜜语，好好地使用女人的糖衣炮弹，幸福就抓在你的手里。

7. 适当来点"小别"

男人和女人一旦结了婚，成为家庭一分子的时候，面对太多太多的真实生活、太多太多的零距离接触，婚前那种神秘的美感就会渐渐地消失。于是，家庭中常常会发生一些矛盾和摩擦，听到夫妻间的吵闹也就不足为奇了。俗话说："小别胜新婚。"这样的感觉正是说明人与人之间的接触还是需要有点距离的，不管是谁，都应该有自己的个人生活空间的。这样的美，才有持久的魅力。

从热恋进入家庭的那段日子，可以说是最幸福，最甜蜜的时光。新婚的甜蜜，也是因为两人初次同居一室，哪儿都是没见过的新鲜。因此，不会有厌倦的感觉。于是，二人特客气互相尊重，相互间一不留神露出的缺点也都假装看不见。

新婚的保鲜期是很短暂的，时间长了，新婚时的甜美就会被打扫屋子、洗衣做饭等琐碎的事情给淡化了，热恋时的那份热情也就消失殆尽了。接着，随之而来的便是两人无休止的吵闹。

阿静在家里总是和老公吵嘴，闹得老公心情很不好，工作也没有进展，为了出去散散心，阿静的老公公司正好有一个出差的机会，他便请了这个差事。这一走，阿静还有点恋恋不舍。

老公走后的第一天晚上，阿静就在想老公什么时候回来，自己一个人睡这么大的床，感觉到太冷清了。可是老公在家的时候，两人也在同样的床上不知闹过多少意见，这一走还真地好想他。阿静就这样想着、想着进入了梦乡……

一天上午接到老公打来的越洋电话，说事情办的很顺利，晚上就到家了，高兴得阿静蹦了起来。离别的相思、重逢的喜悦，此时都化成了爱情的添加剂。

晚上，阿静躺在老公的怀里，品味着小别重逢的温馨和激动。半个月的风吹日晒，在老公的皮肤上留下了黝黑的痕迹，不过更显露出一种成熟的美。也许在别人的眼里，老公是很平凡的，可是在阿静眼里，他是最优秀的男人，就连他身上特有的男人汗香味，在阿静这里好像也胜过任何一种名牌香水。阿静慢慢地体会着、感受着幸福的滋味。

婚姻专家点评： “小别胜新婚。”在过了一段平静的夫妻生活后，有意识地离开对方一段时间，故意培养双方对爱人的思念，再欢快地相聚。这时，就能使夫妻俩思念的感情交织成愉悦的重逢，把平静的夫妻感情推向一个新的高峰。

（三）做个会“笑”的女人

有一句歌词叫做“一见你就笑”。笑是人类共同的语言，人们互相微笑致意是友好的表示。总是面带笑容的女人是快乐的，总是面带微笑的女人往往也能带给别人快乐。甜甜的微笑也是女人非常厉害的一种武器，“回头一笑百媚生”，在这一笑里融化了多少英雄豪杰。一笑倾城，你说这笑厉害不厉害？在婚姻里，脸上总挂着甜甜微笑的女人，在矛盾和冲突发生时，总是不战而胜的。

1. 微笑是一种镇定的表现

无论发生什么，都要好好去爱、去生活。青春如此短暂，不要哀叹青春易逝。伤心和委屈的时候，可以嚎啕大哭。哭完洗洗脸，拍拍自己的脸，挤出一个微笑给自己看，千诉自己生活依然美好。

微笑在我们的工作和生活中是一剂必不可少的良药。微笑，是一种美丽的心情；微笑，是一种坚强的意志；微笑，是一种人生的态度；微笑，是一剂拯救心灵的良药；微笑，是一座通向成功的桥梁。

精神从容、镇定的女人总是微笑着面对困难、面对环境。她不为日常琐事而计较，不为生活的压力而焦虑，不为现代人儿女情长的善变而烦恼忧郁。委屈时，她躲在房间品味《命运交响曲》的强劲有力；失意时，她用笔记录潮起潮落的心绪，寄给远方的亲友一同勉励；挫折在前，她告诫自己要重新振作，适应新的处境；苦难面前，她命令自己跨过沟坎，去拥抱新一轮的太阳。

面对亲友，我们会微笑；面对成功，我们会微笑；面对困难，我们依然要微笑。始终保持微笑，在困难的情况下能够保持镇静，才能使你的家人不至于因突发的事情而慌乱，将损失减少到最小，即使你的内心是那么的恐慌或者痛苦。

对女人来说，只有坚强、不畏困难的微笑，才是最可宝贵的。

婚姻专家点评： 微笑是美丽的、温馨的，人人都渴望微笑。无论在生活中，还是在人际交往中，处处都少不了微笑。特别是在突如其来的危险中，一定别忘记用你镇定的微笑来控制混乱的局面，以避免不必要的损失。从容镇定的女人总是微笑着面对困难、面对环境。

2. 微笑可以化解对立

微笑是人类最美丽的语言。它是一种强大的力量，可以化解人与人之间的矛盾，缩短人与人之间的距离，在人与人之间传递友情和善良，构建和谐的社会关系。

微笑可以表现出温馨、亲切的表情，能有效地缩短双方的距离，给对方留下美好的心理感受，从而形成融洽的交往氛围，还可以反映本人高超的修养、待人的至诚。微笑有一种魅力，它可以使强硬者变得温柔，使困难变容易。微笑是人际交往中的润滑剂，是广交朋友、化解矛盾的有效手段。微笑要发自内心，不要假装。

微笑能够在社会交往中缓解彼此心理、情绪和思维的过度紧张，使得紧张的空气得以缓解，创建一个和谐的氛围，使得交流更加顺畅。

交际过程中出现的心理、情绪和思维的过度紧张，常常表现为人际关系的矜持、对立、矛盾、僵局、磨擦、不和谐与别扭。微笑可以使这一切得到调整，因为双方的心理、情绪、思维得到放松，人际关系的紧张度也随之降低。

于是我们发现，微笑在一切交际场合都是非常宝贵的、智慧的手段。

欢欢和乐乐已经结婚三年了，可是有时候还会因为一点事情意见不一致而发生口角，两个小时的口角后，开始十天的冷战。冷战过后又开始一个小时的热战，热战后就去居委会调解。

居委会的大妈一见他们两个气呼呼的样子，就笑着说："你们又来了啊，请坐请坐。两口子打架拌嘴是很正常的事情，可没有像你们两个这样的，不是大妈说你……"

居委会的大妈给他们倒了杯水，接着说："看你们两个苦瓜脸。生活是什么，生活是一杯苦咖啡，里面什么滋味你都得尝尝、都得品品。你看大妈都60多岁了，人家猜我说不到50，这是为什么啊？偏方就是一个字——笑。生活没有过不去的坎儿，不就是因为他与你在孩子上哪所学校的看法不一样吗？孩子上学还有的是时间，慢慢考虑还来得及啊，反正你的孩子还没有出世呢。还有……"

经居委会大妈的开导，两人的脸上露出了些许的笑容。大妈一看，笑了：那就说明两个人内心的对立消除了，再继续开导，小两口的矛盾终于解决了。

婚姻专家点评： 微笑是一剂缓解对立的良药。生活中有太多不如意、太多坎坷，没有必要将外面的心累带到家里，因为家是一个休息的地方，是一个放松的地方。女人，不要吝啬你的微笑，善用你的微笑，来抚慰男人的心吧。

3. 微笑可以得到宽容

对别人宽容也意味着对自己的宽容。

古希腊哲学家苏格拉底说："除了阳光、空气、水和微笑，我们还需要什么呢？"很显然，在苏格拉底的眼里，微笑如同生活中的阳光、空气、水分一样重要。微笑能使疲倦的人得到休息，使沮丧的人见到希望，使悲伤的人感受到温暖的阳光，使伤害别人的人得到宽容。它是大自然赐予人类化解烦恼的最佳良方。

其实对别人宽容也意味着对自己的宽容。

人需要善待自己，尝试着多对自己笑，多对人笑，即使对方是你的仇人，也不要让自己背负太重的包袱。因为在人的骨子里都想让自己生活得快乐，这就要求学会用微笑来化解一切。

如果说宽容是良药，那么笑容就是这味药的药引子，没有什么比笑容更能治疗愤怒、不平以及人和人之间所有的矛盾和不愉快。

明朝年间，山东济阳人董笃行在京城做官。一天，在京城的董笃行接到家信，说家里盖房为地基而与邻居发生争吵，希望他能借权力来出面解决此事。

董笃行看后马上修书一封，道："千里捎书只为墙，不禁使我笑断肠；你仁我义结近邻，让出两尺又何妨。"

家人读后，觉得董笃行有道理，便主动在建房时让出几尺。

而邻居见董家如此，也有所感悟，同样效法。

结果两家共让出八尺宽的地方，房子盖成后，就有了一条胡同，世称"仁义胡同"。

以怨报怨解决不了问题。生活中常常可以见到这样的场景：别人踩了你的脚，无论是有意还是无意，你都要踩一脚还回来。这样怨怨相报何时了？如果能给对方一个微笑，说一声"对不起"，对方也一定不会再计较了。夫妻之间也是如此。

婚姻专家点评： 微笑，代表宽容者的勇气，原谅伤害自己的人，忘记不愉快的过去，让心灵永远为博爱和理想所充盈，无论在社会交往和处理婚姻问题，都有重要作用。

4. 女人的亲和力是快速拿下男人的武器

女人的亲和力，是一种威力无比的武器，让男人乖乖地臣服。

亲和力是女人原本就具有的一种天性。她总是可以通过得体的衣着、巧妙的配饰，如丝巾、挎包等的搭配，把一个小女人搭配得清新自然，看上去更加迷人。虽然工作繁忙、家务琐碎，可是在她的脸上总是洋溢着快乐的灿烂微笑，于不经意间散发出女性细腻芬芳的香味。这种女人随和风趣，很得人缘，说话做事总让人感到愉快。

毋庸置疑，这样的人走到哪里都能换来一片友谊之声。还有，说话声音不要高八度，因为别人的心脏承受不了，这样做别人肯定对你也没有太多好印象。亲和力胜过所谓的美貌，这也是为什么有些美女就是不讨人喜欢的原因。拥有亲和力的方法很简单：心态放平整，别老觉得是别人欠你的或是你欠别人的。这样的人的亲和力肯定不及格！

过日子的男人钟情的还是有女人味的女人，那就是女人的亲和力。骨子里没有谦逊品质的女人，只是表象的亲和，不仅让人感受不到温暖，还会觉得虚伪。在两性交往中，女人独有的亲和力是男人快速被拿下的武器，女人独有的亲和力是：发自内心的尊重、不俗不媚、宽容随和、通情达理。

具有亲和力的女人，在交际中都会得到很好的人缘，还可以得到女人的赞赏。在家庭中的亲和女人，更会料理生活，每天的一日三餐，做得别出心裁，让老公吃得开心，吃得舒心；将家庭也布置得很有品位，色彩搭配得很是合理，浪漫中不失典雅，活力中不失稳重，华丽中不失中庸，在这样的环境里得以休息，哪个老公会不死心塌地爱你呢？

婚姻专家点评： 女人如果能巧妙地利用好亲和力这柄武器，就可以让自己心爱的老公服服帖帖地听自己指挥而毫无怨言。

（四）几种行为要不得

也许你不知道恐怖电影大师 WES CRAVEN，但你一定对他拍的那部提起名字就不禁要尖叫的《夺命狂呼（SCREAM）》记忆犹新。把女人吓哭不过是男人的伪装，其实有些男人心底怕女人怕到四肢发凉、浑身筛糠……男人喜欢女人不假，但有几种女人他们不喜欢，甚至会让他们逃之夭夭，你可千万不要是其中的任何一种。

1. 醋坛子

女人吃醋太多，往往是对婚姻、对自己不自信的表现。

有这样一位爱吃醋的聪明妻子。星期天晚饭过后，和丈夫一起逛街，有一妙龄少女从夫妻身边走过，丈夫的眼睛便直勾勾地望着那少女的背影。妻子看见这种情形，拉着丈夫紧走几步来到女子的背后，快速地摸了摸女子的屁股。然后，妻子没等那女子开口，便骂起丈夫来："你这个没良心的，我在你身边站着，你还敢非礼其他女人，简直是色胆包天啊你！"妙龄女子大怒，转身对着她丈夫就是一巴掌，嘴里大骂不停。妻子暗暗得意："看你还敢不敢在我面前看美女！"从此，丈夫果然再也不敢和妻子一起去逛街的时候左顾右盼了，但他对妻子的感情已发生变质。

吃醋是女人的天性，她可以向男人大送秋波，即使被丈夫看到了，也无法管也管不得；而丈夫的眼神稍有偏移，其结果便不堪设想。如在大街上多看了几眼美女，那女人一定会醋性大发，与丈夫大哭大闹，寻死觅活。倘若你的女人是吃醋大户，那么再谨慎的男人也难逃被怀疑、被折磨的厄运。

清晨，燕子和老公一起散步，发现老公的目光总是在看街上那些漂亮的女生，而且是看得目不暇接。燕子见了心里大为不快，好几次都想教训教训这位好色的老公，可又一想，爱美之心人皆有之，那些面容姣好、气度不凡的女性的确像优美的风景一样让人赏心悦目。于是，燕子夫妻两人不论清晨散步，还是在上街购物的时候，总是时不时地欣赏和品评那些漂亮的女性："这位小姐的服饰很得体，那位女士的妆容很亮丽……"这样一来，老公感到燕子很理解、信任他，便对燕子更加体贴、关心。以往不会买东西的老公，也经常买一些小礼物给燕子，两人的生活更加和谐、幸福了。

女人吃醋本身并不是一件坏事。幸福的女人会利用"醋坛子"给生活"添油加醋"，让平淡的日子变得丰富多彩，让夫妻之间的关系变得越发融洽，让感情基础更加牢固。

婚姻专家点评： 幸福的婚姻不拒绝异性朋友。但是，当有异性朋友走进你生活的时候，最好将他介绍给你心爱的男人，使你的朋友成为你们夫妇二人的朋友。这样不但会使正常的友谊得到发展，还能使家庭生活更和谐，爱情之花常开不败。

2. 侦探女

当女人独守空房的时候，总是会忍不住给在外面应酬的老公打电话，问他"在哪里、现在做什么、为什么还不回家"等等一大堆的问题。男人呢，必须斩钉截铁地回答每一个问题，如果有一点迟钝，那就有你好戏看了！

女人打电话跟踪老公，其实只是提醒老公，或者是希望自己能够知道老公到底在哪里、在做什么。女人打电话，从表面上看是挂念老公、对老公的关怀，可是挂完电话后，好久仍不见老公回家，一个人就开始胡思乱想：老公现在是不是又喝得烂醉，还是在与酒吧妹调情，还是在与情人约会，还是……女人胡乱猜疑的天性，促使自己对老公的话总是半信半疑，并尽力在老公身上寻找蛛丝马迹来证明自己的想法是正确的。

最近，闹闹的老公下班后，总是很晚才回来，回来后什么活也不做，就是喊累，倒在床上就睡，对闹闹也不再是以往的缠缠绵绵、又亲又抱，就连床上的嬉戏，也不像从前那样兴致盎然了。女人的直觉告诉闹闹：老公在外面有情况了。闹闹为了不冤枉老公，并没有对他以河东狮吼方式处理，而是冷静观察，收集证据，以求人赃并获！

前天晚上，闹闹的头有些痛，就先上床睡觉了，老公一人在客厅里看书。忽然，老公的电话响了，闹闹朦胧中听到老公说："包夜是什么价？"天哪！老公居然敢背着自己在外面找"小姐"，闹闹听了差点没晕过去。老公接完电话，推开卧室虚掩的门，偷偷看闹，闹赶忙闭眼装睡。随着一阵轻微的关门声，老公偷偷溜了出去。

闹闹一跃而起，快速穿好衣服，悄悄跟在老公后面。走大街、穿小巷，老公在一个娱乐城门口停下，先到旁边的小卖部买了一包烟，然后上了三楼，右拐进了一个房间。闹闹抬头一看，顿时给愣住了，门边挂一个大牌子写着：天天星宇，光纤宽带，高速连接，包夜上网，仅收五元。闹闹好奇，便悄悄溜进网吧。此时，老公正在很投入地玩《征途》。

婚姻专家点评： 好奇心理和胡乱猜疑是"侦探女"的起因。遇到想不明白的事情，总要查个水落石出，要不就坐卧不安。特别是夫妻生活中，一旦发现老公的行为有点诡秘，而且看不透的时候，女人的猜疑就会越发严重。偶尔做一两次侦探女，倒是可以有效地将局面控制在出轨的边缘。但是，不可一味地搞侦察、搞跟踪，这样只会适得其反。

3. 长舌妇

纸永远包不住火，骗术再高明也总会被人识破。

长舌妇有两个特点：其一是老爱搜取信息，打听别人的事，东家长西家短的鸡毛蒜皮的事情。知道后，便是断章取义，逢人便说、见人就讲，自编、自导、自演，使人信以为真，产生矛盾、制造爆炸性新闻。别人的疯狂反而给她带来了心理上极大的快感，她的变态心理此时才会得到最大的满足。其二是过分地在两人的中间乱搅，把别人的家庭生活给搅和得一塌糊涂。时间一长，大家知道了这种长舌妇的危害，极其厌恶，见了这种人，形同见了瘟神一样迅速避开。

长舌妇很乐意参加网上的道德舆论监督等交流活动，特别是具有攻击性的话题，她最起劲儿。有的年轻人阅历尚浅，看了长舌妇的帖子，很是认同她的观点，认为遇上了贴心知己。阅历颇深、考虑问题很理性的网友，则权衡利弊，再三思索，查证所属，知其在此胡言乱语。

此外，长舌妇爱说、爱唠叨、爱使小心眼、爱使雕虫小技。她在亲戚朋友当中说着甜言蜜语，故意交心传递着比较暧昧的信息。比如"你是我这辈子遇到的最知心的人，我想下辈子还和你做知己"、"我其实特想帮助你，我也在发动别的朋友帮助你"等诸如此类的话语，让朋友对她心不设防。

婚姻专家点评： 对长舌妇而言，总认为自己伪装得天衣无缝，以为会瞒天过海。她们用心良苦、用尽心机，自己正为编导了一场闹剧沾沾自喜。可是，纸永远包不住火，骗术再高明也总会被人识破。她的阴暗心理，昭然若揭！众人得知，敬而远之。

4. 小心眼儿

女人小心眼儿会严重妨碍夫妻感情，千万要不得。

女人会因为男人手机接收了别的女人的短信而痛哭流涕，不论这个女人和男人的关系如何；也会因为没有得到男人的重视而伤心难过；更会因为男人总和别的女人在一起聊天而生气。这些都和小心眼儿分不开。

一定情况下，女人的小心眼是可爱的。女人的小心眼儿主要是为了引起男人的注意，让你重视她。女人在赌气砰地踢上门后，又悄悄地在门上留把钥匙，如果你看也不看转身就走，门后的女人才会真生气了。女人的小心眼儿，实际是爱的表现，当然也是一种自私的表现。

小心眼儿本身也许并不可怕，关键是看如何看待小心眼，怎样理解小心眼儿，如何包容小心眼儿了。这个世界也许很精彩，但是不如意的事随处可见，每天都在你的身边发生。所以女人要多体谅男人的辛苦，男人也要多理解女人的小心眼儿。当女人认为一份感情可有可无的时候，她就无所谓了，一点都不会在男人面前要小心眼儿。当女人认为那份感情愈来愈重要、爱到无法呼吸的时候，女人的小心眼儿开始无限制地膨胀……老公也要明白这一点。

婚姻专家点评： 女人的小心眼儿是天性，但也不是无缘无故的。女人在男人面前要小心眼儿，是爱的一种表现，也是对老公的关心和体贴。但什么事情都要有个度，要是经常检查老公的手机、翻老公的衣兜、看老公的电子邮件……这是对老公的不信任。

5. 麻辣泼妇

做泼妇能捍卫爱情的尊严，做泼妇能一吼倾城，但做泼妇应该仪态万千。要做一个正版的、合格的泼妇，她泼辣而不失调皮，她愤怒而不失理智；做一个黄蓉似的泼妇，她冰雪聪明、机灵可爱；做一个杜十娘似的泼妇，她热血热性、耿直刚烈；做一个风四娘一样的泼妇，她作风大胆、不拘小节。

杜平最近的日子很不好过，在家里被老婆欺负得要死，在工作中也不能认真做事，业绩总是上不去，被老板批评。

今天下班到家后，杜平又是好话说了一大堆，竭力劝阻老婆不要再闹下去了，并向老婆发誓说，自己与方华只是认识而已，什么关系都没有。可老婆哪里听得进杜平的话，见杜平这么护着方华，便又把一腔怒火全撒到了杜平身上，一脚把杜平踹翻在地，还不解恨，又狠狠地踩了几脚。要不是儿子放学回家，她准会像以前那样扒光杜平的衣服用皮带抽杜平的屁股。

两个女人对阵，杜平被夹在中间两头受气。杜平的老婆骂方华，方华就打电话骂杜平是王八蛋，娶了这么个泼妇老婆却不会管教，像条疯狗似地放出来到处咬人。这事杜平跟老婆解释不通，只得求方华："姑奶奶，杜平这边给你跪下了，求你不要和我老婆一般见识好不好！"方华虽然也不是个善茬，但她毕竟是个讲理的女人，见杜平这样哀求她，也就不和杜平老婆对着干了。

但是他们这样做，反而助长了杜平老婆的嚣张气焰，以为人家怕了她，于是变本加厉地打电话去辱骂方华。最近，杜平的老婆更加嚣张，天天给方华打电话，有时候一天要打二三十次，骚扰辱骂方华，电话里脏话连篇。

杜平感觉自己曾经爱过的女人，现在竟然变成了一个魔鬼！本来就够冤枉、够颜面扫地的了，可他老婆却还嫌闹得不够，每天只要看到杜平，就闹个没完。杜平一气之下，离开了家，住到了办公室里，她又找到单位。当着杜平的同事，像个泼妇似地跟杜平闹个没完。

杜平一怒之下，当着所有人的面，打印了两份离婚协议，要她在上面签字，他老婆想也没想就签了字。

婚姻专家点评： 每个人在走进婚姻的时候，都希望能得到对方的爱，彼此的关心。要记住，在出现越轨的时候，过激的处理方式，只能将事情激化。生活本来就坎坎坷坷，何必给自己的家庭制造障碍，拿自己的婚姻家庭当儿戏呢。

6. 女皇型

女皇型的女人不适合在当今社会生存。

女皇型女人从不因为物质的满足而放弃精神的追求，相反是物质基础使她更有实力建构自己的精神世界。她的奢华与她的高贵一样引人注目，最华丽的场合她总是出尽风头。她喜欢那种众星捧月的感觉，她征服世界的方式便是征服男人。

女皇型女人懂得利用女人的天赋来让男人心悦诚服，从不同的男人身上获取不同的需要，同时却巧妙地让每个男人都以为自己是她的最爱。这样的女人表面上对男人关怀备至，像个恰到好处的大姐，甚至让你认为可以超越年龄的界限和她相爱，即便是年老色衰的女皇，在你看来还是那么的性感神秘。她们通晓如何展示自己的魅力，如何让男人投入怀抱，为她所用。她们渴求男人的“追捧”，希冀所有的人都拜倒在她的石榴裙下，她则像是永远高高在上的“女皇”。她要的不是爱情，而是一种征服的感觉。

“女皇”型的女人最爱用八面玲珑的假面具，以达到她的目的。所以，在众人面前大声地与其争论，往往能使她的想法和看法发生改变，但如果你的态度表现得不够强硬，她可能不把你放在眼里，甚至对你进行诱骗，来为她所用。

历史上有过多少英雄豪杰，他们征服对手以后，坐上了自己的江山宝座，但又万万没有想到，自己毕生的努力，竟会毁在女人的甜言蜜语之中。这毕竟已是历史。当今社会生活中，女皇型的女人实在要不得。

婚姻专家点评： 女皇型女人的征服心极强，喜欢将男人玩在股掌之中，使得男人俯首称臣。无论在何时何地，男人也要小心谨慎地提防这样的女人，可以使你避免许多麻烦。

7. 唠叨女

绝大多数女人通常都不承认自己爱唠叨，而是认为这么爱说话，纯粹是自己在生活中扮演的是提醒的角色，认为是对家庭的一种负责的态度。

唠叨可以让男人崩溃。但有些唠叨有时还是少不了的，比如在提醒男人做家务、吃药、修理坏了的电器，以及把男人弄乱的地方收拾整齐，在外面少喝啤酒、少吃快餐、多锻炼身体等等。有时候，如果女人不唠唠叨叨，男人就永远不会进步。从这个层面上说，唠叨还是一种对老公关爱的表现。

女人也同样觉得自己的唠叨是关心的表现。但是，男人可不这样看待女人的唠叨。女人总是责怪男人：不该把湿毛巾扔在沙发上，不该脱了袜子随手乱扔，不该老是忘了倒垃圾。女人也知道这样做很容易激怒男人，但她认为对付男人的办法，就需要反反复复、一遍又一遍地重复提醒，男人才会去做，要是只说一遍的话，男人往往会无动于衷。

男人很难承受女人的唠叨，唠叨很可能成为他们在情感上产生隔阂的重要因素。很多喜欢唠叨的女人，并没有真正意识到唠叨对男人无形的伤害和对他们心理承受的折磨。女人的唠叨不仅会引起老公的极大反感，对孩子的成长也极为不利。唠唠叨叨，决不会给男人带来活力，反而会使婚姻生活窒息而死。

婚姻专家点评： 作为女人，应该力戒唠叨。对此，可以试着扩大自己的心理空间，自由地发展、完善自己，避免将注意力过度集中在老公身上。若实在想唠叨，就把唠叨作为和老公交流的话题，这有助于女人改变自己处理日常家务的方式。

8. 河东狮吼

这种女人像一匹难以驾驭的野马，奔放、潇洒、热烈、不羁。她让你联想起一切浓烈和快节奏的感受，她一向简洁、痛快的作风容不得半点纠缠。她的心太大，也太高，于是烦琐碎事便一概被她忽略掉了。

河东狮吼型的女人，说话大大咧咧，做事有恃无恐，甚至是男子气十足，总是凶巴巴的，似乎全世界的人都与她有仇，稍有不快，就做河东狮吼状。面对这样的凶悍强横女人，就是再温柔、再妻管严的男人，也会忍无可忍，奋起反抗，因为若一味妥协将永无出头之日。

河东狮吼型的女人，在恋爱时温柔如水，性格随和，令男人怦然心动，即使偶尔使出一些狮子的表现，那野味在男人眼里也很有女人的味道。可结婚后，变得爱唠叨、易发怒，前后判若两人，稍有不如意，便找男人的茬儿，一天不吼两声、不骂几句，心里就好像不痛快。。骂起人来，往往是如滔滔江水连绵不绝，而男人只得五体投地，跪地求饶。这样的女人对爱情的表现也是忽冷忽热，反复无常。有时候会讨厌丈夫到了极点；有时候，对老公又爱得肉麻；有时候，忽然想起某一件事，而且绝不容丈夫唱反调，丈夫只有唯唯诺诺，连声称是。她可以在大街上把别的女人抓得满脸是伤，也可以不管男人的感觉，令其当众出丑。

婚姻专家点评： 每个人都有自己的个性，这是无法改变的。河东狮吼型的女人在外面绝对可以独当一面，在家里则有时候会甜言蜜语，有时候便大发雷霆，使得男人不知所措。常言道："家和万事兴。"还是应该多一些温柔，多一些体贴，生活才能幸福美满。

9. 懒婆娘

俗话说:“妻贤夫祸少”,但若娶了个懒婆娘到家里,那这个老公就苦不堪言了。

没有谁能忍受懒女人房间里的爆炸现场,袜子、毛巾、脏衣服到处乱放。对家务、对男人和孩子得糊弄就糊弄。懒女人不是不能干,而是不想干。吃饭叫外卖,打扫请小时工,生个孩子也要全托,男人加班回来,一口热饭都吃不上,她还赖在床上看时装杂志。懒婆娘对男人来说,简直是个负担,男人不得不逃之夭夭。

懒女人总是一幅慵懒疲惫的模样,爱吃爱睡,不爱动,家里弄得乱糟糟也不管不顾,要么躲在房间里无休无止地同电视交流,要么一边吃着零食,一边同别的女人聊聊西家的短长。自己穿的也是邋邋遢遢,甚至头不梳、脸不洗。单位里的工作也是干的越少越好……懒惰是女人的大敌。常言道:勤俭、勤奋持家,家才能兴旺。懒女人必须改掉自己的毛病,振作精神,才能使家庭幸福,自己才能获得尊重。

婚姻专家点评: 懒惰是女人的大敌.天性懒散的女人应该慢慢调整自己的习惯,树立积极的人生态度,勤劳、勤俭持家,婚姻才会幸福美满。

六、美、媚、眉

——让老公欲罢不能的『女人味』

（一）可以不漂亮，但不能没有女人味

一般来说，漂亮的女人不一定有女人味，但有女人味的女人一定会流露出夺人心魄的美。那种伴着迷人眼神的嫣然巧笑、吐气若兰的燕语莺声，轻风拂柳一样飘然的步态，再加上细腻的情感、纯真的神情，都会让一个长相并不非常炫目的女子溢出醉人的娴静之味、淑然之气。置身其中，暗香浮动，女人看了嫉妒，男人看了心醉。

1. 适度裸露

有的女人的美是与生俱来的，但更多的时候要借助服饰来传递。把握好露肤的尺度，给他惊喜，收获满满的宠爱。

一个完美的女人不能缺少性的美感、缺少女人味，否则就谈不上可爱。当女人爱上男人，最美好的表达是用撩人的性感来回复他的宠爱。而性感是一种高超的技艺。

女人的露不在于多，而在于裸露的恰到好处，而在于露得妙、露得巧、露得刚刚好，若隐若现好过露无可露。要记住，女人的性感并不等于肉感。

女人露得太多，会被误认为是“暴露狂”、不正经。如何露得恰如其分，可是一门大学问。对颈部有自信的女人，穿V字领的衣服，再搭配以金项链，能衬托美丽的颈线；对肩部有自信的人，不妨穿着削肩、直筒型服饰；如果担心肩露太多，不妨缀缝一些花边或是搭配肩围；对胸部有自信的人，可以多解开一个衬衫的钮扣，穿透明衬衫搭配同色系的花边胸罩；对大腿有自信的人，宜穿迷你裙，若穿长裙的话，宜露出足踝。

性感，不单只有美丽、丰满、野性的女人才拥有。最耐人寻味的性感从来都是超越视觉和先天因素，需要靠后天一点一滴地装扮。女人的性感指数，可以从外表、内涵、肢体语言、言谈举止等几种层面来规划，只要能熟练地掌握其中一项，在男人眼中，你就算不是国色天香，也是个性感女神。

婚姻专家点评： 要知道什么样的性感才适合自己。有些时候可以做以下的尝试：偶尔穿上性感内衣，给老公欣赏；以女人性感的声音去刺激；偶尔写一封热辣辣的情书……去引发他的想象力，会有意想不到的效果。

2. 显露羞态

女人脸上的红晕，就是青春羞涩的花朵。

女人羞涩是一种美，是一种特别的魅力。世上所有的色彩中，女人的羞涩是最美的。

羞涩，是一种感情信号，常常是一种动情的外部表现，是被陌生环境、场面所触发的紧张情绪和被异性拨动了心弦的表现。很多时候，一张羞涩的脸，就是一首优美的诗。

羞涩，是女性独具的风景，是特有的风韵和美色。当然，男性也会有害羞，然而更频繁、更鲜艳迷人的羞涩，却总爱浮现在女人的脸上。

羞涩朦胧，魅力无穷。这是一种含蓄的美，“犹抱琵琶半遮面”，“插柳不让春知道”的神韵犹能刺激人的丰富想象力，甚至使人如醉如痴。同时，它闪耀着谦虚的光辉，是一种道德和审美的反射。

动人的表情、迷人的色彩、文雅的举止、朦胧的神韵、温柔的蕴藉，女人的羞涩竟具有如此大的神奇魅力和功能！

羞涩是梦中花、水中月，使女人别有一番韵味和美色。“最是那一低头的温柔，像一朵水莲花不胜凉风的娇羞……”徐志摩这广为流传的诗句，可谓写女性娇羞美的经典之作了，也最能刺激男人的心灵。

害羞还是女人吸引男人并增加情调的秘密武器。害羞出现得适时而又恰如其分，便成媚态，是一种女性美，一派天真的脸上突然泛起红晕的少女，没有哪个小伙子会不动心。但要注意羞涩不可使用过度，否则有淫荡意味，那就走向反面了。

婚姻专家点评： 羞涩是女性美特征之一，蕴含着妩媚和柔情。它不仅是情窦初开的少女用以传递爱情的特殊语言，更是婚后夫妻之间的爱情信号。

3. 学会使用香水

女人身上的香味是最不能藏住的一种感情外化，是一种最易于挥发的诱惑感。

男人对于女人身上的香味有很大程度的依恋感。香味对于嗅觉的感官刺激，会引起脑内产生一种爱情催化剂的分泌物，并产生一种无形的致命吸引力，会在潜意识里对于这种气味留下深刻的记忆。科学家证明，人也会像其他动物一样凭着嗅觉选择配偶。为了吸引异性的注意，增加自己在气味上的魅力，是绝对必要的一种手段。

现在市场上的香水品种繁多，但女人看到如此多的香水摆放在面前的时候，也会不知所措，假如女人一旦认定了某种香水的寓意和所要展现的气质的时候，那么就说明女人已经走进了自己的特定品味中。比如绿色的基调的清新和清爽与怡人感，檀香般的那种木质的感觉制造出的沉稳，莲荷样的以水洗涤制造出的淡雅。选择适合自己某种固定牌子的香水，会成为女人的专有标志。

每次出现在男人面前时，他闻到这种香味，就知道你来了，这便是"闻香识女人"的道理。

一般女人在出门前多把香水洒在手帕、衣服上，这不但使香味易于消失，而且会使衣服招致虫蛀，所以这种方式不是很合理。有些女人把香水涂在发根、耳背、颈项和腋下，这也不是很恰当。最好的方法就是每天出门前20分钟把香水涂在肚脐和乳房周围，另用一小团棉花，蘸上香水放在胸罩中间。这样不但使香味保持长久，还可以使香味随着体温的热气向四面八方溢散，这种淡淡的清香，保证让男人为你神魂颠倒。

婚姻专家点评： 香水是女人必不可少的化妆品。香水不可以乱用，一定要在种类繁多的香水中找出最适合自己的香水，要突出自己的特色和个性。这样，你的老公一闻到散发在空气中的香水味道时，不用回头看，就知道是你在他的背后。

4. 学会动作语言

那脉脉含情的目光，那嫣然一笑的神情，那仪态万方的举止，那楚楚动人的面容，有时胜过了千言万语。

为什么男人喜欢女人大大的、黑黑的、亮亮的眼睛？因为在人的五官中，最会"说话"的其实不是嘴，而是眼睛。大大的眼睛包容了无穷的情意，黑黑的眼睛蕴含了更多的深沉，亮亮的眼睛充满了生命的活力。会说话的眼睛能表达的情感，远比嘴巴表现出来的更含蓄、更深、更广……

著名人类学家雷·伯德威斯特尔经过研究发现，人与人面对面沟通时的三大要素是文字、声音及肢体语言。三大要素影响力的比率是：文字7%、声音38%、肢体语言55%。所以，哑剧演员即使不说话，也能完整地把要想表现的思想完整地传达给观众。但是，一般人常常只强调说的内容，却忽略了声音和肢体语言的重要性。

一个女人一旦掌握了这些身体语言的信号，并准确地解读出其中的涵义，无疑会大大增加你的魅力。

（1）注视：如果对他人的讲话很感兴趣，就要用柔和友善的目光正视对方的眼睛，内心充溢着友善和敬意。

（2）微笑：无论倾听还是说话，都要微笑。

（3）点头：在他人说话的时候，适当地点头表示赞成和认可，会让人觉得你不但明白了他的意思，而且还是个很不错的倾听者。

（4）初次与男人接触，直视男人后，要把眼睑垂下。不要显得过于精明，和强悍。

（5）偶尔用手撩额前秀发和散落在脖子上的发梢，但动作不要太快，要轻缓、若有所思，这会增加你的女性魅力。

（6）遇到突发的小小的意外时，可表示出惊喜的神情。

（7）用餐时，动作要轻，应该轻轻开启樱唇，而且要结嚼慢咽。

（8）不要披头散发或浓装艳抹。衣着打扮要得体，什么场合穿什么衣服应和周围的环境相适应。

只要你坚持自然流露的原则，时间长了就会自然培养出真正属于自己的迷人的姿态。

婚姻专家点评： 身体语言是一种非常重要的信息。女人若能正确地施展，将会大大增加自己的魅力，让你大受欢迎。。

5. 培养你的“神秘之美”

网恋为什么让很多人沉迷？就是因为虚幻、神秘。所以，做女人一定要保持自己的神秘感。

很多女人都有这样的感觉：男人在和女人热恋的时候，追得你紧咬不放，但男人一旦将你追到手后，就不像以前那样爱自己了。这是因为你在男人的心里不再神秘，他没有再想探寻你的愿望了，就要寻找新的神秘目标了。

男人喜欢有神秘感的女人，这和男人的天性有关。

原因之一：男人都有很强的好奇心。世界上的事情就是这样，越不了解的事情就越会给人一种神秘感，而神秘感就是一种吸引力，吸引人去探索和发现它的秘密。富有神秘感的女人最能引起男人的好奇心。

原因之二：男人天生就有一种征服女人的欲望。在男人眼里，有神秘感的女人充满诱惑力。

因此，作为女人，要想保持自己对男人长久的吸引力，就要悉心为自己营造和保持一种神秘感。

(1)偶尔做短暂的分离。结婚后,夫妻天天生话在一起,每天重复着同样的事情,没有一点激情,久而久之男人就会产生乏味的感觉。而适当的小别,产生一点空间上的距离,反而会找到热恋时的感觉。当然,这种别离一定是短暂的,过长的话会淡化夫妻感情。

(2)保持各自的朋友、各自的兴趣爱好。如果婚后失去了以往的朋友,那就意味着失去了自己的活动空间。对朋友的疏远和对丈夫的过分依恋,非但不能把老公的心拴住,还会引起他的厌倦。

(3)保持女人特有的性感神秘。女人性感的身体曲线如果若隐若现,还有含羞带怯的娇柔都会对男人产生巨大的诱惑力。然而在婚后,一些女人往往就忽略了这一点,不仅没有了那曾使男人心动的羞涩,而且对内衣也不再讲究,甚至于不化妆、不修边幅,认为既然两人已经亲密无间就没必要再遮遮掩掩。

(4)为你的神秘感填充新的内容。神秘感不是固定不变的,也需要不断地更新,需要靠女人不断地学习来充实。一些徒有漂亮的外表而没有丰富内在修养的女人,往往只能够使人在感官上取悦一时,一旦与男人相处久了,由于知识贫乏、思想没有深度、缺乏神秘感,便很快失去吸引力。

婚姻专家点评: 男人都有猎奇的心理,女人越神秘男人就越想去探索。女人应该学会营道自己独特的神秘感来吸引男人,保持爱情新锋。

(二)有一颗永远的爱美之心

长相丑与美没关系,但你要以一个美丽女人的姿态陪伴在他身旁。请记住:不管你老到什么程度,都要学会对着镜子穿衣打扮自己,而且要懂得穿衣的法则。自己的睡衣、内衣更要讲究,因为外衣是给别人看的,而睡衣、内衣可是专门给自己的老公看的哦。经常打扮自己,你会传递给他对生活积极的讯号:有这么热爱生活的妻子,又有谁能够不满足呢?此外,经常以光鲜的一面出现,也会给自己增加很多的自信,而女人是会越自信越美丽的,你这种美丽会让他尽收眼底。想抓住一个男人的心,就要给他奉献出一顿视觉宴飨,并且每天都"上菜"。

1. 不必天天敷粉施朱,但也要有适度的修饰

婚后更要注意仪容,虽然不必天天敷粉施朱,但也要有适度的修饰。

许多女性在婚后以为感情已趋于稳定,就没有必要再装扮自己吸引老公了,这是非常要不得的观念。因为夫妻之间朝夕相处,许多以前不易被发现的缺

点都会毫无保留地露出来，这样很容易失去对彼此的新鲜感和期待。况且，即便是一成不变的装扮，长久下来都会令人觉得索然无味，更别说是不修边幅的模样。所以，在婚后更要注意仪容，虽然不必天天傅粉施朱，但也要有适度的修饰。

一个女人从姑娘到做妻子、做母亲的时候，她的青春早已渐渐逝去，她的容颜也已渐渐老去。往往这个时候，女人就不再修饰自己，她们为了丈夫、为了孩子，牺牲了自己的大好时光。但你是否注意到，那个曾经深爱你的老公每天见到你总是那个样子，没有了惊艳、没有了激情。这并非是因为他心有所想，而是你自己在不知不觉中陷人家庭主妇的误区，没有了打扮自己的那份闲情。

虽说老公爱自己，彼此间也过着平静幸福的生括，可是女人却不能因此而放弃自我修饰，以及对美的追求。一个人放弃对美的追求，会很容易衰老，不是身体的衰老，而是心理上的衰老。

因此，女人要懂得修饰自己。修饰要以整洁、新颖、协调为原则。首先要以整齐、干净为第一位要求。其次要做到新颖，但并不意味着怪诞，修饰不在多浓，而在于协调。装饰品戴得太多反而显得庸俗，一身淡雅的服装，配上一串项链，在强烈的对比下，会显得更为协调、漂亮。

女人，特别婚后的女人，一定要记得：你不仅仅是一个家庭主妇，你还是老公的妻子，所以要对自己好一点，给自己留点儿空间。无论从外表上还是学识上，都要学会修饰自己。只有这样，才能保持自己的魅力。

婚姻专家点评： 女人一定要注意打扮，修饰自己。修饰一定要恰到好处、点到为止，千万不可弄得一身矫揉造作之气。你得体大方的装点，会让你的老公有一种荣耀感和成就感。

2. 化妆宜淡雅

女人天性爱美，喜欢装扮自己来吸引男人的目光。不仅为尊重别人，更为爱惜自己。

由于现代生活中社交活动频繁，生活节奏加快，工作压力加重，使得女人更加注重自己的形象。她们会考虑出席社交场所，穿戴什么样的服饰才显得得体大方，方可显示出独特的个性美，以取得焦点的效果。

女人要知道，男人再爱你，你再爱他，都不要忘记呵护自己的身姿。容貌是女人颇具升值潜力的资产，如果你想得到它，就要学会好好呵护自己。

女人的淡雅装束，给人以开朗、沉稳的感觉，具有极强的亲和力。不论是办公室里，还是出席交际晚会，淡雅之装的明朗与端庄都非常得体而不娇作。时尚

淡雅的装束更是优雅、简约、和谐并富有都市时尚气息的表现。简约风格、整体协调、简易搭配的时尚服饰一度流行。简洁的线条、舒适的剪裁、精致的质感、典雅的风格，更能体现出女人楚楚动人的曲线美。在理性保留自己着装品位的同时，又体现出现代女性的高贵、时尚、优雅大方的韵味，同时也体现出东方女性的美。

女人，要懂得化妆。这不但可以使自己闪亮起来，寻找到青春的气息，保持少女的心态，而且还使男人身心愉悦，何乐而不为呢！

婚姻专家点评： 淡雅的装束，使得女人看上去更精致美丽、淡雅清新。心情也会随着淡雅而灿烂起来，心态也会变得温柔而又甜蜜。一个懂得化妆的女人，加上高雅的气质、风趣的谈吐，一定会使男人心旷神怡。

3. 服装要得体

出席的场合不同，就有不同的着装要求。穿衣得体能显出一个人的品位。

对于女人来说，穿衣打扮是再熟悉不过的了，但是要穿出自己的品位，可不是一件容易的事情。因为在不同场合，需要不同的装束才显得得体大方。穿衣得体能显出一个人的品位，不分场合的穿衣，会引人侧目而视。衣着要和所去的环境相匹配。

女人求职时的服装一般以西装套裙为宜，这是最通用、最稳妥的着装。不论年龄，一套剪裁合体的西装、套裙和一件配色的衬衣或罩衫，外加相配的小饰物，会使你看起来显得优雅而自信，会给对方留下良好的印象。切忌穿太紧、太透和太露的衣服。

有些女性认为面试时一定要穿黑色套装，这种穿法虽然十分稳重，但是现在社会已能接受一些较鲜艳的颜色，比如谋求公关、秘书职位的女性穿黄色服装就容易被考官接受，因为黄色通常表现出丰富的幻想力和追求自我满足的心理。红色能显示人的个性好动而外向、主观意识较为强烈，有较强的表现欲望，而且这种颜色感染力强，容易打动考官，令他振奋，给他留下的印象深刻。不过，女性应该避开粉红色，这种颜色往往给人以轻浮、圆滑、虚荣的印象。

穿鞋的原则是应和整体相协调，在颜色和款式上与服装相配。面试时，不要穿长而尖的高跟鞋，中跟鞋是最佳选择，既结实又能体现职业女性的尊严。设计新颖的靴子也会显得自信而得体。但穿靴子时，应当注意裙子的下摆要长于靴端，不要露出大腿。

在选择袜子时，一般以肉色袜子最为适合。另外，不论你的腿有多漂亮，都不应在面试的时候露着大腿。

婚姻专家点评： 女人的着装总体要以整洁美观、稳重大方、协调高雅为总原则，服饰色彩、款式、大小应与自身的年龄、气质、肤色、体态、发型和工作环境相协调相一致。

4. 留出让老公想象的空间

结婚后，为保持爱情保鲜，妻子应有一定的神秘感，给老公一起想象的空间。

在男人面前，女人最好保持适度的神秘感，不要把自己的暴露得一丝不挂。在自己的感情和内心世界，只说七成，保留三成，让男人揣摩与想象，要留一点空间留，有余韵，也是玩“神秘感”的一种技巧！总之，就是不要完全满足男人的好奇心，留点距离和想象的空间，给老公一种神秘的感觉。

神秘感的另一种表现方式，就是欲擒故纵，吊吊老公的胃口。讲话的时候，不要讲得太透彻，留一点余地让老公去猜。不过，这种神秘感也不能频繁地使用，用得多的话，男人会觉得和你在一起太累，到最后也只能是分道扬镳。所以不论用什么方式来增进两人的感情，都要把握一个合适的度，不可滥用。

国庆节快到了，这也是牛牛和妞妞结婚五周年的纪念日。想想老公在外面风吹日晒的真不容易，趁这个机会犒劳他一下。为了给他一个惊喜，妞妞这几天变得神经兮兮的，有时候还傻笑几下，被老公看见了，便问她：“有什么事情瞒着我啊？”“你再等几天就知道了。”“对我还保密！”这几天妞妞四处寻觅，终于找到一个又安静又有情调的餐馆。

到了结婚纪念日那天，妞妞特地向经理请假，提前一小时下班。给老公打电话约到那家餐厅。电话里甜言蜜语的肉麻话说了一火车，把个老公乐得北都找不着了。那顿饭吃得老公心花怒放，还直埋怨妞妞搞得如此神秘，害得他没来得及给她买礼物。妞妞听了心里甜丝丝的。

婚姻专家点评： 在老公面前，女人要制造点神秘感出来，那你心爱的老公就被你牢牢地抓在手里了。这是男人的好奇心和征服欲在起作用。切记，在老公面前千万不要赤裸裸的，不论是身体还是精神上，都要给老公留一点神秘感。

5. 永远优雅动人

做女人,就要做沉静的女人、从容不迫的女人、优雅自如的女人。

优雅的女人有一种天生的气质,这是一种穿透岁月风尘的美丽,是一种从骨子里透出的气质、韵味。这种气质和韵味是不分阶层、不论贫富贵残的,是高级化妆品、靓丽时装,甚至是香车别墅都包装不出来的一种气质。

优雅是一种内在的气质,是因生活阅历的积淀,举手投足间不经意流露出来的成熟气息,是由内而外散发的一种知性的美。它来自于后天的学习和积累,源于丰富的学识、深刻的思想。它不是矫揉造作,更不是金钱、时装、化妆品包袋的产物。

优雅的女人,首先给人以恬静、高贵的感觉,举止端庄得体,外表文雅大方。

优雅的女人,在服装的搭配上绝不随意穿戴,而是精心搭配,格调一致的;她的鞋子也绝对不是赶潮流追时尚的,而是不落俗套的一种协调。

优雅的女人,言语绝不会是粗俗的,而是轻柔却不乏内涵。她生气的时候似怒非怒,而不是歇斯底里;她懂得很多,但绝不会张扬;她会经营自己,而不是让别人去经营。

俗语讲:“一夜之间可以冒出一个暴发户,但三代也不一定能培养出一位贵族。”贵族不是一夜之间造就的,女人的优雅也是模仿不来的。优雅是一种恒久的美,它是一种文化和素养的积累,是修养和知识的沉淀。从一个女人优雅的举止里,我们可以看到一种文化教养,让人赏心悦目。

男人都希望自己的老婆最好是永远的优雅动人。不管是朋友聚会还是公司的新年晚会,心爱女人的衣饰可以不惹眼,但底线是不要让男人在众人面前丢面子。本着内外兼修的原则,女人最好应对自如,显示出有修养、有见识、有品位,你的老公看着你如此动人,一定会心花怒放。

婚姻专家点评: 优雅的女人是懂得生活、有智慧、有礼貌、善解人意、爱自己的女性。一个人即使并不富有,也同样可以拥有优雅的生活,只要用心去体验,就会感觉到周围的一切都会使自己变得优雅。优雅是时尚的永恒主题,做一个优雅的女人,能带给男人一种淡淡的清香和无尽的回味……

(三)做一个“媚”女人

假如女人不想让老公被“狐狸精”给迷走,就要自己学会各方面的“媚术”,自己做老公心目中的“小妖精”,把他迷得神魂颠倒。只要多一点点勇气,生活里处处可以找到爱情的惊喜。要知道该如何眉眼含春、嘴角带笑，才能让男人忍不住向你靠近。但是，聪明的妻子千万不能失去自我，必须自信，要做到媚而不俗、娇而不骄、艳而不妖。

1. 妩媚女人最令男人着迷

最令男人着迷的，是女人骨子里透出来的那种妩媚，它能使一个男人为之疯狂，不可自拔。

由于男人的审美观点不同，不论女人是胖、是瘦，总会有人欣赏。从丰腴之美到排骨美女，从贤良德淑到野蛮女友，从魔鬼娇点到平胸天后，从甜星到辣妹，从羞涩到狂野……当新世纪与“叛逆性”的性感取向接踵而至的时候，最令男人着迷的，还是女人骨子里透出来的那种妩媚，它能使一个男人为之疯狂，不可自拔。

对于妩媚，不同的人有不同的理解。有人说抽烟的女人最妩媚；有人说女人穿高跟鞋走路最妩媚；有人说身材火辣的女人最妩媚；有人说女人温柔的神态最妩媚；有人说成熟的少妇最妩媚……可见，不管是什么女人，都有妩媚的一面，只是在于女人如何发挥。女人的妩媚，最核心的就是女人给男人的强烈吸引力，这也是男人最本初的感受。

女人最妩媚的地方是眼睛，它让所有的男人为之倾倒。女人回眸一笑百媚生的情景，不知倾倒多少男人的心。同时还有举止，女人穿着高跟鞋、扭着小蛮腰的姿态，总会引起男人的注意。

女人的神态也是妩媚的重要因素，女人的羞涩神情与神秘感，往往能让男人兴奋不已。

妩媚就是特有的女人味，它包括了成熟、优雅、自信与从容，还有品位，可是不可能每个女人都能够做到如此的完美，因此就需要不断地修炼与提高自己的内涵。你可以不漂亮，但是不能不细致；你可以不聪明，但是不能不温柔；你可以不优秀，但是不能不自信；你可以不性感，但是不能不优雅。

婚姻专家点评： 男人天性就喜欢妩媚的女人，只要让自己成为一个妩媚的女人，就会将情感的主动权牢牢地抓在自己的手里，那么心仪的男人也就会乖乖地束手就擒。

2. 露一半的女人最性感

好莱坞大美人苏菲·罗兰，曾经用心良苦地告诉全世界女人一个真理:“穿得若隐若现,比脱光光对男人更有吸引力。”显然,现在的很多女人没有把她的话听进心里。

中国古代的女人,都喜欢拿小团扇遮着半边的面,把樱桃小口藏在淡粉色的小丝扇下,留一双单凤眼,轻轻回首浅浅地一笑,百种风情,万般妩媚,表露无遗,令人不禁产生爱意。

到了现在,春天一到,便可见街头美女如云,她们穿梭于城市的各个角落,像开屏的孔雀一样,高傲地朝周围的人群展示着自己美丽的身材。美女是美女,可穿的衣料却已省到不能再省,有几个真正明白什么叫做若隐若现。

一些电影里的女主角,发型利落,露着一丝微笑,眼神如水一般清澈,穿一套得体又端庄的晚礼服,包裹得女人的曲线玲珑。只见她一转身,一背的春光乍现,洁白的肌肤在温柔的灯光下呈现浅浅的光泽,像是忽然在暗处见到光彩夺目的美景,让人明白什么是慑人心魄的真正涵义。

生活中也确实如此。女人只要一半就可以点明美丽的所有内涵,那一半的高雅、一半的性感、一半的美丽、一半的神秘就构成了一个女人全部的绝代风华。

不仅仅在穿着打份上,生活中女人也应该懂得露一半的重要性。

女人确实要注意露一半的重要性。为什么穿小肚兜的女人容易被人遗忘?因为它太过直白,没有给人留下回味无穷的余地。女人的性感并不等于肉感,太张扬地裸露,搔首弄姿,只能使人生厌,并不是妩媚的表现。

婚姻专家点评: 真正聪明美丽的女人，是那些懂得露一半的女子,身姿若隐若现,魅力总在不经意间流露出来。在生活中也要明白给自己留有一半的余地,它能给人很多美好的回忆。

3. 有韵味的女人最牵动人心

女人有一个漂亮外表固然也是重要资本,但光有漂亮的脸蛋,没有涵养,那韵味还是不够的。如果既长得漂亮,又有丰富的涵养,那女人的韵味就显得十足,在男人的眼里就是一道永远靓丽的风景。

外表漂亮的女人不一定有韵味,但有韵味的女人肯定特别有魅力。因为她懂得“万绿丛中一点红,动人春色不需多”的规则,她懂得以少胜多的智慧。

若将漂亮的女人比作秀美山景、奇山异石，让人一见动容，但却难以亲近，只能饱饱男人的眼福；而有韵味的女人则是碧水蓝天，使人倍感亲切，让人留连忘返。漂亮的女人是山珍海味，虽是美味佳肴，但久吃则厌，还容易吃坏肚子，有韵味的女人则如清茶淡饭，虽然味道清淡，但却养生舒心，让人回味无穷。

所以女人不一定要长得漂亮，但必须要有韵味。如何保持女人的韵味，这就要看自己的文化素养和内涵了，不管你是什么人，记得永远不要大大咧咧，矜持永远是女人保持韵味的最高品位。

有些人在特定的环境下，才有特别的韵味。比如：看书的姿势、聊天的神态。在某些时候，这种韵味更耐人寻味。韵味还是一种对比状态下的美。一个很有理智的人突然感情用事，就如一个将近四十的女人身上，会偶尔发出少女的气息，也别有一种风味。还如一个将近四十的男人偶尔在老婆面前撒娇一样，情思不断、柔声细语、甜甜蜜蜜、卿卿我我，也不失为一件美好的事情。

婚姻专家点评： 女人韵味是一门学问，也是女人在现实生活中应该学习的一种东西。有韵味的女人永远不会老，有韵味的女人最美丽，有韵味的女人，男人最喜欢。所以，做个有韵味的女人吧。

4. 做一个风情万种的女人

漂亮的女人各有各的漂亮，而风情浪漫的女人却是对男人最具有安抚力的女人。

现代社会中，女人越来越坚强、自立，尤其是一些所谓成功的女士，高优越傲、冷艳、理性、强悍的气质，无不使男人敬而远之。所以才有男人的感叹：“现在女人的杀伤力太强，而风情浪漫的女人却濒临绝种。”

风情万种的女人，让男人的眼前一亮。

这种女人距离男人不能太近，也不要太远。太近就容易变得透明，从而成为一种习以为常；太远又会让人感觉琢磨不透。适当的距离会让男人永远以欣赏的眼光度量你。

风情万种的女人，可以不是十分的漂亮，但一定要有女人的韵味。买衣服不一定要最贵，但一定要买最适合自己的。风情女人会花很多时间精力，去细心装扮自己——一枚别致的胸针、一件让人眼睛一亮的手饰、一个和衣服相得益彰的手提包……让自己平添几分风姿。

就像丰满不是胖、苗条不是瘦一样，风情女人的身材一定要匀称。太多的赘肉和脂肪的堆积会让你的风情打折。所以，风情女人很注意自己的外貌身材，美容厅、健身房常能看到风情女人的身影。

风情万种的女人,永远知道什么叫适可而止。在需要风情的时候适当风情一下,在回避暧昧的时候却不会刻意卖弄。这样的女人心中有一把控制温度的尺子,让男人一边感觉她聪慧无比,一边又无可奈何地疑惑:她难道真的是不解风情?

漂亮让一个女人光芒四射,才华让一个女人魅力无限。风情女人的床头案边一定堆放着各种各样的书籍,因为她们最懂得不光要“金玉其外”,更要“金玉其中。”风情女人应该是温柔的、善解人意的、富有女人味的,她会在男人最需要帮助的时候伸出援助的手,在男人受到打击的时候,会用母亲般的情怀来安慰他们受伤的心灵,而不是一起发牢骚。

婚姻专家点评: 如果一个女人没有风情,等于鱼儿离开了大海、鸟儿失去了天空。既然今生注定要做女人,那就要让自己成为最有风情的女人,这样才算对得起你爱的人,也对得起你自己。

5. 拥有自己独特的“体香”

每当你的男人闻到这种香味,即使不去看,也会知道你来了,这便是“闻香识女人”的道理。

闻香识女人,香气是女人的标志,只要男人一闻到女人那独有的香气时,不用眼睛看便知道美女是谁了。清新淡雅的香气传递给男人的不只是你的味道,还有从你的香气中透出来的个性和气质。

早在唐宋时期,无论是宫廷妃子,还是民间百姓都非常盛行食杏仁、饮杏露、宫室薰香、佩带香袋、淋浴香汤、妆饰香膏、品饮香茶,以各种方法使玉体蕴香。历代皇妃贵妇视幽幽的体香为贵体,杨贵妃不仅常沐香汤浴;武则天爱饮用狄仁杰进献的“龙香汤”;慈禧太后喜饮“驻香露”;红楼梦里的薛宝钗服用“玲香丸、玫瑰香露、木樨露”等,成为人羡人爱的美人。

远处飘来女人香,挑逗着男人的味觉,刺激着男人的感官,让男人期待,更让男人浮想。这就是香水的魅力所在。女人要懂得正确地使用香水,才会使你由内而外流香四溢,魅力无限!

女人用若有若无的优雅香味,配以得体的化妆或服饰,可以给人留下深刻的印象。隐隐约约飘散着的香气,正是衬托女性魅力的无形装饰品。在男人眼里,一个洒香水的女人更具女性特质,也更具有女人味。

婚姻专家点评： 女人独特的体香，是女人的标志。透过弥漫在女人身上的这种体香，可以让男人感觉到你独有的女性魅力。有女人味的女人，更注重生活情趣，也更有魅力。

6. 富有魅力的声音，让你更迷人

声音是女人裸露的灵魂。听一些女播音员富有磁性的声音，真是一种享受。所以，对于女人来说，富有魅力的声音，能让你更加迷人。

女人温柔甜美的声音能征服男人，越有阳刚气的男人越能被温顺的女声所吸引。女人的声音听起来很柔，但质却像火一样烫人。

憨憨最近在网上结识了一位声音甜美的女孩。在 QQ 上他们是无话不聊，到了晚上还要通电话三四个小时，两人聊得十分开心，特别是女孩沉静的思想和温柔的声音给憨憨留下了美好的印象。

那天，憨憨约这个女孩见面，憨憨坦率地告诉她："你的形象比我想象中的要差一些。开始我还有些犹豫是否要出现在你的面前，但我很喜欢听你说话的声音。"

其实憨憨的自身条件很好，追求他的女孩子也不少，想不到，最后却被女孩迷人的声音所俘虏。

生活中，有一副甜美的嗓音很重要。一个声音好听的女人，很具有亲和力，容易被周围的人接受，即使她很幼稚，形体也很一般，别人也会说与她接近。女人好听的声音如泉水叮咚，时刻奏响在生活的每时每刻，使生活如诗如画。男人大都喜欢女人有女人味，而声音是体现女人味的量佳途径。女人的声音和容貌一样，对男人具有很大的吸引力。

婚姻专家点评： 女人要想征服男人，对男人威胁、撒泼和自杀都是下策。其实征服男人很简单，只需柔声细语便可搞定。在女人悦耳的声音前，男人的免疫系统便失去了作用。所以，女人，请千万记住声音的魅力。

7. 女人风流而不下流

现在的社会，由于女人地位的提高，也同男人一样参与到了社会建设中，承担了家庭一部分责任。在交际中，女人会有更多的机会与男人交往，也多了许多应酬，在男人之间穿梭周旋，风流而不下流非常重要。

风流与下流，都是女人情感外在的表现。风流与下流和女人的娇媚有关，但却是有分寸之间的差别。娇媚表现得恰到好处则为风流，娇媚得过分了则为下流。通常，所谓风流是先天的，下流则属于后天养成的。女人，若想风流不放任自流，就需要掌握好一个度字，若放任自流，一味地在男人面前展示女人的娇媚，那就是下流的表现了。

风流女人是浑然天成的。自美丽的身姿中，自然流露出女性的魅力。风流的女人永远长不大，像小女生一样纯真，言语风趣、热爱生活、无拘无束，大多有着浪漫的个性，与世无争，看似漫不经心，却有着细腻如水般温柔的性情。风流女人的装束地看似不经意，但细微处却能显示出雅致。对待男人方面，风流的女人则注重男人的品质，妙用男人理性之中的感情色彩来装扮自己，既欣赏自己，也欣赏男人。

女人的风流并不是单纯追求感官刺激，而是崇尚性感，对男人很挑剔，宁缺勿滥，追求高品质的爱，就像一朵睡莲，只为心仪的男人、懂得欣赏和珍惜自己的男人盛开。这正是男人眼里的极品女人，也成就了她与许多异性之间的友情。而下流的女人则正好相反，她们以取悦男人为主，处处流露出挑逗的眼神，以女人的色相来征服男人，骨子里就透出十足的娇媚。

婚姻专家点评： 做个风流女人，做个追求美的女人。会风流的女人是男人眼中的极品女人。但可以风流，却不能下流。下流的女人失去了个性，也丢失了自我。

（四）生活中不能没有“醋”

婚姻看似两个人的事，却有很多的学问在里面。要懂得男人追求新奇的本性，让他一辈子研究你，他才会感觉到你是迷人的女人。

1. 先吃点老公的醋

女人在生活中，或多或少地都会吃点老公的醋，这是对老公爱的一种表现。

在平淡的生活中，适当地对老公表示一下自己的醋意，既表明你很爱他、很在意他的行为，又可以更强烈地激发他对你的爱慕之情。适量的“醋”是爱情良好的调味剂。

学会吃醋，并不是让女人把自己变成爱嫉妒的醋坛子。吃醋和嫉妒是有本质区别的，就是再有魅力的醋坛子，也会令对方退避三舍。而适当地吃醋，只是你对老公的某种行为表示一下自己的态度。爱情是自私的,女人偶尔地吃醋,会让男人感到自己的重要地位,在心理上获得极大满足。偶尔吃醋对爱情有着积极的推动作用,没有醋意的爱情也就缺少了一点浪漫的成份,所以适当地吃点醋是增强爱情活力的体现。

两个人生活久了,在情感上总会变得淡薄,就会没有新鲜感。所以女人可以经常想个办法,多为爱情增加一点调料,调节一下情调,刺激一下已变得麻木的神经。在审视老公行为的时候,适当地来点醋意,是甜蜜的爱情所必需的技巧。吃一点醋,可以让爱更甘甜。若从不吃醋,生活必然平淡无味,说不定还会丢掉另一半。而吃醋太多,神经过敏,弄不好会出人命。所以,只要一点点就足够,可别把醋缸打翻。

如果,你只尝过爱情的蜜,不曾喝过老公的醋,就不算真正地爱过。当然,醋绝对不可单独饮用,应该巧妙地勾兑,方有奇效。

婚姻专家点评: 女人吃醋的好处很多,既去掉了自己思想上的疑惑,也给对老公平了反,摘掉了越轨的帽子。同时也提醒老公时时刻刻都要警惕,有一个酸溜溜的醋老婆在家里等他。醋是生活的调味剂,也是爱情的调味剂。偶尔在爱情生活里滴上一两滴醋,可能会收到意想不到的效果。

2. 男人的嫉妒心不亚于女人

男人也爱吃醋,特别是家中有个娇妻的时候,那吃醋的本领比女人还强。

很多人相信,女人的嫉妒心比男人强烈。只要一说起嫉妒,就是在说女人。在人们的眼里,女人的嫉妒心要比男人强上百倍。可是,嫉妒并非是女人的专利。事实上,男人的嫉妒心也绝对不亚于女人。

女人感到嫉妒时,可以直截了当地说出来,发泄给老公,但是男人绝对不可如此。当男人感到嫉妒时,将尽量地把它隐藏在心里。即使再嫉妒,也不能让女人看出来。

男人并不比女人缺少妒忌心,而且嫉妒起来比女人还要强。男人可以为了嫉妒而与情敌决斗,为了维护自己男人的尊严,甚至不惜自己的生命,而女人的嫉妒也仅仅是争风吃醋,撕破脸皮。如果一个女人真地爱她的男人,她就应该明白男人掺杂了自尊和虚荣的心态,小心地对待男人的多疑和猜测,主动解释自己与其他男人交往的原因和过程,不仅是对自己男人的真正理解和关心,也是女人对自己言行的监督。

在家庭中,当女人说:“你少来!人家会嫉妒哦!”时,她的态度看起来,有一种可爱的吸引人处。如果换成是男人的话,一定会遭受到指责:“喂!你实在太差劲了！”或者“唉……亏你还是男人呢！”

可是，当男人难以抑制嫉妒心时，往往会通过几个步骤说出来，而不是像女人一样直接说。首先，男人会若无其事地问你：“昨天下班，你和大明一起去看电影了？”“是什么电影啊，大明一定是一位电影迷吧？”“今后，你不妨与他多接触接触，对提高你的电影欣赏水平很有帮助，也很有益处的……”男人如果这样对你说话，那你就要小心点了，这通常就是男人表现嫉妒的方法。

婚姻专家点评： 嫉妒并不是只属于女人的，男人也有嫉妒的时候，不过男人的嫉妒表现出来时大都显得很含蓄。所以女人一定要仔细地观察和揣摩男人的言外之意，同时也要对男人坦白自己的行为，避免不必要的误会。

3. 多一点“醋”，就会多一分爱

爱情就像一道道美味佳肴，酸、甜、苦、辣、咸，无论缺了哪种，佳肴也就不是美味了。爱情的滋味里如果没有醋，那爱情这道菜便会冷涩无味，难以下咽，让人弃之不惜。

醋溜白菜要是没有醋作佐料，那名字就要改为盐巴白菜了。为让爱能时时释放出诱人的香味，那就要给爱加点调料，加点浪漫的酸溜溜的味道，这道菜才会成为美味。

走进婚姻的这几年，丫丫一直精心地培育着二人世界的爱情之花，用心烹调着爱情的美味佳肴，适时地给爱情加点佐料，给爱情一个酸溜溜的感觉。现在的丫丫算是一个烹饪高手了，把个老公给酸得服服帖帖。

“醋”可算是爱情的“调味剂”，如炒菜加点醋，味会更鲜一样，给爱情加点“醋”，能使爱情的菜肴香气四溢。

丫丫有时吃醋吃得令人啼笑皆非。她会吃路人的“醋”，吃小说、电视、电脑的“醋”，甚至还会吃孩子的“醋”……走在街上，看见老公偶遇美女，难免会多看几眼，称赞一句，丫丫便会语带酸气地说：“你的视力什么时候下降了？我可比她们靓丽多了。你要看美女，看我就行了。”当老公熬夜看小说、看电视、打电脑时，她也会酸酸地说：“你爱它们比爱我多，宁愿花时间陪它们也不陪我。”当老公和乖儿子一起闹的时候，丫丫会伪装着难过的样子：“你咋不和我亲热亲热呢？”让爱情适当地吃一点“醋”，就会增加一分爱。

婚姻专家点评： 女人适当地吃一点醋，可以给爱情增加点味道，也可以让老公感觉到他的重要性,明白你对他是多么的关心。男人和女人都来为爱情继续添加佐料吧,这样的生活一定充满了柔情和温馨!

4. 找个明星偶像

让老公偶尔吃点醋,会让老公感到自己在妻子心中的重要地位,在心理上有种满足感。如果夫妻之间不吃点"醋",那便说明爱情的佳肴快糊了。

找个偶像崇拜一下,这本来是小女生的事情,与已成了家的女人来说好像不搭边。虽然年龄上早已不能算是小女生,可是很多女人还是不舍得那份小女生的情结,希望永远天真浪漫,永远单纯可爱,永远都可以拥有自得其乐的浪漫情怀、执著和痴迷。

在女人的心里,都装着一个完美的人,这个完美的人,就是心目中的偶像,偶像也算是生活中的一点寄托。如果在生活中,有一个人和她的内心产生了共鸣,那这个人一定是她崇拜的偶像了。女人崇拜偶像,是为了激励身边的男人;也是为了激励自己,同时还是在失意的时候给自己一点鼓励。

美美很喜欢看古代的古装戏,其中最爱看张国立主演的片子。每天晚饭后,她便心急火燎地坐在电视机前,嘴里叨叨咕咕:"八点二十五了,快到开演的时间了,我就喜欢国立,今晚我们又要见面了!"

她老公闻听此言,故作镇定地说:"老婆,你喜欢张国立啊?"

"是啊,我太喜欢他了。别看他长得不帅,可他有气质、有风度,最有男人味了。"

老公斜了美美一眼,不再说话。

为了让老公发点醋意,美美买了一张张国立的大画片,回家贴在了床头,还特意选了一张转头斜视的照片, 正好与美美的一张肖像照片形成互望的局势。同时,还把张国立的照片设成了电脑桌面,打开电脑,就能看到张国立那种特有的男人气质。

她老公的醋瓶终于被美美打翻了:"你这么喜欢他,他知道吗?你不如干脆写封求爱信给他!"

"真正喜欢一个人,有时是不需要让对方知道的。我就是要在心里默默地喜欢他,爱着他,永不说破!这才是一种美妙的幸福啊!"

看着美美沉浸在幸福里的样子,她老公是又气又爱。

婚姻专家点评: 结过婚的女人,也可以释放一下小女生的情怀。偶尔找个偶像崇拜崇拜,不但可以调节平淡的情感世界,也可以增加一点生活的情趣,使生活变得更加美好。

5. 吃醋是世界上最绝对的一种感受

爱情只属于两个人，是很自私的，不能和任何人分享。男人和女人之间只要产生了爱情，就必定会为对方吃醋。

著名作家蒋子龙曾精彩地对吃醋进行过描述："吃醋是世界上最绝对的一种感情。花花世界，女人吃醋，男人也酸，大家一同大吃其醋，醋海兴波，酸不溜秋，不亦乐乎！"

赫尔岑也认为：世界上很难找到根本不吃醋的人，只不过吃醋的程度不一样罢了。要想男人和女人都没醋可吃，除非男人和女人之间没有爱情，将爱情投入大海。

在婚姻中，两个人为了更好地增进情感，可以适当地吃点醋，也是对身心的一种有益调节，也是增加情感的一种方法。事实上，有醋可吃的人是幸福的，因为那一点点醋味，可以让你爱的人更在乎你，或者让你爱的人知道你很在乎他。

女人爱吃醋，假如女人不吃醋，也就不可爱了；而男人不吃醋，就失去了爱的动力。在男人和女人的醋海中，只要爱无止境，这醋就得一直吃下去——吃醋也无止境。

因为有了爱，女人才会吃醋，醋味越浓，证明爱得就越深！

婚姻专家点评： 女人一般都是为了喜欢才吃醋，为了爱才吃醋。爱情中的醋味越浓，感情就越深，证明老公在你的心目中的地位就越重要。男人吃醋也一样。

6. 避免老公吃孩子的醋

女人将绝大部分的时间和精力给了孩子，但是不能因此而忽略了身边的老公。当老公因为孩子吃醋，而且已明显表现出来时，你也许依然是个称职的母亲，但也已经是个非常失职的妻子了。

母性的爱和对老公的爱若同时兼顾，并不是一件容易的事情，这就要看女人是如何处理两者之间微妙的关系了。如：当你无限温柔地抱着怀里的宝贝又亲又哄的时候，而此时老公却用异样的眼光看着你，你不妨说："老公，太感激你了，不是你，我哪里有这么可爱漂亮的宝贝啊！”

女人不只是为孩子活着，还要为老公、为父母，更要为自己而活。时常要提醒自己要像以前一样出去和女友小聚，手里除了捧着《育儿宝典》，还要有《瑞丽》、《时尚》，还要像以前一样挽着老公的手一起逛街。自己活得精彩，老公才会更爱你，也才能更爱身边的亲人。

丽丽正在哄着儿子玩，电话响了起来，丽丽想一定是老公打来的。接起电话果然是大笨熊：“老婆，又在逗儿子玩呢。自从你怀孕开始心里就没我了，我的衣服你也从来不洗，一回家就是儿子这个、儿子那个……其实家务活我全包了都行，可是你也该多和我说说话啊……”果然吃儿子的醋了！丽丽一直道歉：“哈，老公，你啥时候变得这么心细了？等你出差回来，我把给儿子的爱分给你一半。”

从爱情的角度来讲，如果说结婚是考验爱情的第一个门槛，那么孩子就是第二个。小宝贝出世，会打破家庭原有的平衡。有无数的年轻爸爸在这一阶段被打入冷宫，地位一落千丈。在这个时候，最好记住一句话：“男人永远是孩子。”当你决定生一个孩子的时候，最好做足思想准备——除了那个哇哇乱哭的孩子需要照顾，另外一个身高一米七八、拥有硕士学位和一个经理头衔的家庭成员，也同样需要你的照顾！会很累？是的，会很累！但是必须处理这个问题，除非你不爱他了。

婚姻专家点评： 都说女人爱吃醋，其实男人也爱吃醋。在女人心里，孩子是全部的希望，自然给孩子的时间和精力就多了一些。可这样做，你身边的老公就不高兴了，不能有了孩子就忘了老公。在哄孩子的时候，也需要哄哄你身边的这个大孩子，要不他会醋意大发的。

7. 谨防“酸”过了头

爱就好比是一个大醋坛子。醋有多浓，爱就有多深。但是，吃醋过了头，便会走向极端，产生极端的恨。

女人吃醋是爱情活力的表现。适当吃点醋，可以刺激爱的激情，激活爱的细胞，让爱有种酸酸甜甜的味道。根据男人的喜好，适当让男人品尝一下醋的味道，这样可以给平淡的感情生活增添一点酸酸的味道，但是吃醋不能吃得过头。

吃醋一定要把握好“量”的限度，绝不是毫无限制地大吃特吃。因为再好的美味，吃得过量了，也会适得其反。

炒菜的时候，一不留神醋放多了，你会感到酸气逼人，觉得难以入口、酸掉大牙，使肠胃感到不适。而生活中的“吃醋”同样如此，不可过量。不论是夫妻还是朋友，淡淡的醋意，说明一方对另一方的在意，会拉近双方的距离，往往带有一丝甜蜜;而过量地吃醋,醋意过度,就必然会伤害双方。

要精确拿捏"吃醋"的分量,首先得牢固把握住吃醋的目的。用林黛玉对宝玉的话来说,这便是:"我也不是要你不去理别人,只是要你知道我的心。"

阿杰被一个叫小燕的姑娘暗恋了。小燕曾多次向阿杰传递爱意,暗送秋波,可是阿杰并没有觉察出来。随着时间的推移,小燕对阿杰的暗恋情怀不断地加深。当一天小燕看到阿杰跟别的女人亲热的时候,妒嫉万分。于是,小燕明确表明了对阿杰的爱意。

故事说到这里,小燕做得并无不妥。因为爱就要说出来,不说出来谁知道呢?

但是她却没有拿捏好"吃醋"的一个尺度,那就是别过火,尤其不能给对方造成伤害。

小燕被阿杰拒绝后,很不理智,认为自己得不到阿杰的爱,是因为阿杰的女友跟她争男人的缘故。于是,小燕不断造谣中伤阿杰的女友,给对方的生活造成了很大的影响,并因此丢了工作。

婚姻专家点评: 女人吃醋是因为爱。但聪明的女人会利用吃醋给生活添点情趣,让平淡的日子变得多彩,让夫妻之间的关系变得越发融洽,让感情基础更加牢固。

七、给老公『性』福

——老婆不妨『坏』一点

（一）性秘密

在性爱这个话题上，即使是最相爱的夫妻，有时也会难以沟通，你常常会抱怨他不了解你的心事。那么现在，你是否愿意慢慢走进他的心里，听听他想说什么呢？作为妻子，理解丈夫的性秘密，对增添闺房情趣无疑是大有裨益的。

1. 调情——男女都要学的一门艺术

“调情”一直被视为人类两性之间的本能游戏。

“调情”这个字眼，给人的第一感觉好像是态度不严肃、挑逗和轻浮。但在婚姻生活中，调情作为一门艺术，一旦掌握，便成为受惠终生的能力……

肢体语言是调情的主要手段，若运用巧妙，可以加速恋情的进度。抚摸是一种无声的情感交流方式，避免了在表达感情时，由于羞涩或用词不当而产生的尴尬。女人对抚摸更为敏感，更容易动情，同时也会对会对男人传递某种讯号。

在性表达方面，由于天生腼腆，女人多数比较内向，许多妻子都羞于向老公说出自己的性需求。同时女人的性要求一般比男子弱，性欲和性兴奋不易激起，所以女性在性行为中一般较被动。

对于男人和女人来说，各自坦承自己的性需要，让伴侣了解如何取悦自己，才能使夫妻同时达到愉悦的巅峰，这也是调情的目的所在。让调情成为生活的一部分，并不是鼓励你做一支不甘寂寞的花蝴蝶。女人在心爱的男人面前表现风情，对于增进两人的情感和开发自己的性爱是很重要的。

婚姻专家点评： 夫妻两人，在性爱时，适当地使用调情的技巧，如绵绵的情话、热烈亲昵的拥抱、接吻和抚摸，不但可以增强性爱时的激情，也可以增加两人的情感，使生活平添趣味。

2. 女人要知道的性秘密

夫妻生活中，性爱是增进情感的主要交流方式。没有完美的性爱，将会影响到两人情感的发展和家庭的稳定。要想得到完美的性爱，就需要女人更多地了解性爱方面的知识，了解性爱的小秘密，让性爱过程掌握在女人手里。

在夫妻生活中，男人最怕女人说自己的性能力不行。所以，很多时候男人向女人提出性要求，是为了证明自己的能力，并非真正的需要，而是一种担心：长久不过性生活，女人会说男人不行，很多男人甚至在自己力不从心时，为了面子也要硬撑着。

在女人的眼里，认为男人的性爱，就是做爱，没有夹杂其他成份。其实做爱仅仅是一方面，他们更需要的是多方面的情感交流。有时候，男人所需要的就是拥抱、接吻或者说说贴心话，仅此而已。他们对性的要求，没有妻子想的那么单一。

走进婚姻殿堂的男人，都希望从妻子那里获得爱恋、快乐、轻松的感受，享受家庭的幸福，也希望卿卿我我的浪漫。男人同女人一样，他们越是含情脉脉，性爱快感越能得到满足。很多结婚多年的男人，最怕妻子不理解自己对浪漫的需求，说自己没有男子汉气概，于是硬摆出一副阳刚的模样。

在性爱时，有些女人对丈夫的表现不是很满意，觉得丈夫没有尽心尽力，有的甚至认为丈夫是在应付自己。其实并非如此，不是丈夫不需要性爱，也不是因为妻子缺乏魅力、缺乏性感，而是因为缺少做爱的前奏。男人也需要通过性爱前的含情脉脉、肌肤相亲，来点燃男人的性欲望。

男人性欲望的满足，并不都是需要通过做爱来满足的。在夫妻亲密接触过程中，妻子小鸟依人般的娇艳妩媚、甜言蜜语的温柔体贴，都能令丈夫激动，产生亲热、舒畅的性体验，让男人感觉到他是真正的男人。

婚姻专家点评： 性生活在家庭生活中是必不可少的。你和爱人共同享有的美好时光以及相互了解，都有助于彼此用最短的时间、最有效的方式，激起对方的情欲。随着时间的推移和生活中的实践，性爱会变得越来越美好。

3. 男人不愿吐露的性秘密

在性生活方面，尽管男子扮演着主动的角色，而女人只是配角，但是男人也有不愿吐露的性秘密。作为妻子，应当了解丈夫的这些性秘密，这对增添性爱情趣是大有益处的。

(1)当你的丈夫向你发出性爱要求的时候，如果你说：“不行！不行！”“我今天太累了，明天再说吧！”之类扫兴的话时，他会觉得自尊心受到了极大的伤害。

此时，男人顿时会产生一种不满情绪。如果你经常拒绝他的性要求，他也许就会停止这种求爱行为，双方在感情上就可能出现问题。当你知道了男人的这点秘密时，在今后做爱时，最好不要直接拒绝丈夫的求欢，而是应该理解丈夫，你可以说：“亲爱的，我知道你想要我，但今天工作太累了，明天早上行吗？”用婉转的语言对他说明，他会感觉好一些，断然的拒绝或者过多的责备都是不妥的。

（2）在男人的心里，都喜欢妻子在性爱的时候主动一点，做个性进攻者。由女人来调动男人的性意识，这样常会收到意想不到的效果。除此之外，如果总是由男人充当主动角色，他可能会觉得缺乏新意，而且还总要冒着可能被拒绝的风险。所以，男人更喜欢女人采取主动。

（3）由于男人在社会和家庭中承担的责任和压力，所以也很喜欢女人有点幽默感，用幽默的笑话故事让男人开怀大笑是放松精神紧张的一种方式。女人学会同老公一起逗笑，或自己常表现出幽默的言语和举动，生活就会拥有更多的乐趣，并使他“性”趣倍增。

（4）男人在做爱时，一般不喜欢与妻子多交谈，当你和老公说话时，回答你的往往是几声简短而含混不清的话语。如果做爱过程中，你老是谈及生活或工作中的一些琐事，男人可能会产生不耐烦的情绪。此时，你也许会感到受了冷落。其实，他是太投入了，而交谈可以分散他的激情。所以你大可不必因为他一声不吭而感到失望。

（5）一般而言，男人易受视觉刺激，而女人易受听觉刺激。这就是为什么男人爱看色情图片，而女人则爱读浪漫小说，这意味着男人的性冲动主要来源于女人的表情。所以，作为女人应该穿一些性感的内衣。如果你习惯关灯做爱的话，不妨改变一下，让房间里有一点微弱的光亮做爱。这样你的丈夫会因其视觉效应而更有激情。

（6）对于男人的亲热举动，你如果不能肯定是何种要求，就问问他想如何？例如，他早上醒来抱住你，就问他是要做爱吗？还是要相互拥抱而已？这样他就会轻松自如地做出选择，并对你的关怀充满感激之情。

婚姻专家点评： 一般男人是不愿意将心里的秘密告诉给女人的，特别是性爱方面的秘密，究其原因还是男人的面子在作怪，也担心被女人看扁了。这就需要你仔细地观察，并做出正确的判断，以达到完美的性爱，使夫妻都能达到感官上的刺激。

4. 最不该有的错误判断

在男人的意识里往往存在着种种偏见，由于这些偏见的存在，使男人做出错误的判断。这些偏见甚至被女孩子接受，成为自然而然的事。

（1）当女人打扮的很性感时，这就意味着她想和心仪的男人发生点什么

如果你看见一个女人打扮得很性感，她有可能告诉你，她希望你觉得她很性感或者赞美她的身材。不过，她也可能只是希望你对她时髦的服饰表示赞赏而已。当女人买了几件迷你裙、低领衬衫等性感衣饰时，她只不过是想赶赶潮

流、追追时尚，或者希望男人赞美她的品味，而不是表示她想要与心仪的男人发生性关系。

(2)男人拥有强烈的性欲，自控力较溺，所以女人不要诱惑男人

男人与女人一样具有强烈的性欲，并且男人与女人一样能够自我控制。跟一个风情万种的女人在一起，对于男人来说便是一种诱惑。但是，如果男人产生了性欲，他也应该为自己的行为负起责任。事实上，男人有很强的自我控制性欲的能力。比如：男人和女人在房间里准备做爱时，有人敲门，不论敲门的人是谁、是否认识，他一定会中断他的欲念，因为他的思想发生了转移。由此可见，当女人拒绝男人性要求时，他必定具有自我控制的能力，而不可轻易以"生理需求，无法控制"为借口忽视女人的意愿。

(3)男人的性需求是不容忽视的，以至于女人不满足他时，他会在生理上受到伤害

男人和女人对性的感觉都是很强烈的。但是，男人和女人都不会因为性的挫折，而造成生理上的伤害。当男人的性需求没有得到满足时，他常会在睡梦中排出精液，这便是"梦遗"。当然，男人要解决这种不适感的方法很多，绝对不会在生理上受到任何伤害。

(4)如果男人和女人在约会的时候，两人的性接触是由女人主动开始的，她就不能随意停止，否则她就是蓄意使男人误入歧途

男人和女人都有权利在性爱中互相探索，在探索中为自己设定一个界限，并可以依照自己的愿望在性接触的过程中改变心意。女人有时候可以答应接吻而拒绝爱抚，或在一个晚上答应挑逗，而在另一个晚上拒绝挑逗。当男人对这种情形感到受挫时，他应当坦诚地与女友沟通，或是停止继续约会，不可强迫她做她不想做的事。

(5)男人在约会中喝醉了，他就不能为性行为负责

不论是醉了或清醒，每个人都应为自己的行为负起责任。男人可能在喝醉酒的时候，做出很多在清醒时不会做的傻事，但事情如果是因你而发生的，那你就必须为这件事情负责。如男人在醉酒时回家，在路上被一辆停在路边的汽车给绊倒了，他便用砖头砸坏了那辆汽车，他不能说："不是我的错，都是酒的错。"或者说："别怪我，因为我喝了酒！"

婚姻专家点评： 在性爱方面有很多细节需要男人和女人仔细地观察，并做出正确的判断，才会得出正确的处理方式，不至于因为自己判断的失误而酿成不堪回首的后果。

5. 男人的性"希望"

一些细节往往会被女人忽略，而它们恰恰是足以令男人为你疯狂的重点。

与女人相比，男人对性爱的要求不是很挑剔。但有些细节还需女人引起注意，以下几点是你不容忽视的。

（1）希望自己的激情澎湃能让妻子满足

男人都希望女人能为他疯狂。在做爱的时，你对他是否有热情和热情的程度是至关重要的。他更愿意相信是他令你发情，是他令你呻吟，而不是你通过性幻想或者其他的情境所带来的效果。作为一个男人，他想知道，他做点什么才能使你达到最佳境界。

（2）希望妻子保持正常的性态度

有时候女人对性爱过分的要求，让男人招架不住，过分放浪疯狂是男人不愿看到的。但是，一本正经、板起面孔的女人又对房事不利，两人达不到满足。男人认为女人最好有个健康正常的性态度。如果一个男人对做爱胆怯，原因多在于女人的态度问题，而不是男人的生理问题。

（3）希望妻子不要在床上保持沉默

没有什么声音能比得上做爱时发出的声音更能增加激情了。女人的呻吟声音一般都会使男人感受到性事是如此美妙，可以充分调动情欲，达到快感的极限。

（4）希望妻子能舒服

只有你感到舒服，才会提升你同男人的性致。女人要放松自己，要把性爱当成美味来作享受韦进行。

（5）希望妻子也有幽默感

在关于女人的幽默感上，有的男人认为女人的幽默感在性爱方面不是很重要，可以彻底地忽略它。有的男人则认为幽默气氛有助于缓解尴尬的场面，添加一些笑料可以激发爱的火花。所以，你要仔细观察和体味自己老公的性倾向和性爱好。

婚姻专家点评： 对于男人而言，性不单纯是肉体的感受，性爱还代表着男人的征服和成就。女人应该了解男人对性的希望，更加协调地配合男人，使以达到完美的性爱满足。

6. 性生活不协调是感情不和睦的导火线

健康和谐的性生活，是协调夫妻关系的桥梁、是夫妻关系的润滑剂，完美的性生活会使夫妻生活更加甜蜜、美满与幸福。

夫妻间的性生活，并不是指简单的性交，其中还包括许多感情因素在内。如果性生活不协调，那将是造成夫妻感情不睦的导火线。

男人的性欲和性能力既有区别又有关联。有些男人虽有性欲，但性行为的能力却较低。而有些男人由于性能力较低，无法满足妻子的要求，因此在夫妻生活中会出现性心理不平衡和性生活不协调，但通常将其埋在心理，形成的心理压抑，又会进一步加重性生活的不协调，进一步增加苦恼，因此造成恶性循环，而导致婚姻的破裂。

夫妻的性生活过程，既包括生理反应，又包括心理反应。夫妻间对婚姻感到满足的程度和获得性满足的感受是相互影响的。在夫妻生活中，若性生活不协调、不满足，很难感到婚姻的幸福。反之，夫妻婚姻关系不好，也很难得到满意的性生活。

如果女人在性生活中，经常抱有怨恨、愤怒等情绪，那这样的性生活是不会协调的，这种情绪长期积蓄下去，后果将不堪设想。对于长期生活在一起的夫妻来说，性生活中培养良好的情绪是至关重要的。如果对方有不良情绪，一定要正视，并将其化解。不可采取以毒攻毒、以牙还牙的方式处理情绪上的问题，否则会影响到家庭的稳定。

婚姻专家点评： 性生活是否协调，往往是夫妻情感的晴雨表，也是婚姻质量的一种客观体现。性生活的和谐发展，有助于增强婚姻的凝聚力。但是，如果一方或双方在长期的性生活中从来没有得到过满足，无论如何都会影响到感情的发展。但也要明白，在现实生活中，不可能每次性爱都真正令人满意。一两次的不协调，完全可以通过沟通来解决，尽量不要将情绪激化。

（二）性技巧

如果说婚姻是身体和灵魂的彼此交付，那么可以说生理的需求是婚姻中一个最基本的需求，身体的快乐也是最根本的快乐，失去这一切，婚姻的幸福美满就会大打折扣。请不要再为身体的欲望感到难为情，大胆地说出你的感受以及期望的状态，之后是彼此诚意的调整，让身体仍为对方深深迷恋，让快乐历久弥新。和谐甜蜜的性爱生活并不一定要依靠什么奇特的方式和新鲜的刺激，只需要一点点了解、一点点体贴，再加上一点点的小技巧……

1. 性兴奋需要感官刺激

男人和女人在性爱前都需要有所刺激，并引起性反应，这些都要通过人的感觉器官才会发生作用。

对于男人和女人来说，究竟要什么样的感觉，如何刺激才能引起性兴奋，这并没有一定的规则，每个人都有自己独特的性兴奋触发因素，这就需要夫妻两人不断地磨合，以达到性爱的完美。

(1)触觉

许多触觉都能够带给人以愉快的感觉,而且与性欲行为密切相关。常见的接吻和拥抱,就是通过触觉来实现的,它既可以引起性欲,又可以作为性行为的准备。但由于人体肌肤的神经末梢分布在全身各个不同的部位,尽管触觉是性感觉中最重要的一部分,但触觉对于心理、情绪的依赖特别强,所以在性爱前有一个好的心情是很重要的。

(2)视觉

性欲时最容易受视觉所刺激，这就是男人为何喜欢看色情图片的原因,色情对视觉有很大的诱惑力。在做爱时,男人喜欢看女人的表情和身体,这样对延长做爱的时间很有帮助。

(3)听觉

听觉在性活动中,对性唤起有重要作用。在夫妻性活动前、性活动中的窃窃私语,对于双方的思想交流以及促进双方进入性兴奋都必不可少。一旦进入性高潮阶段,语言所表达的意思可能会变得含糊不清,所剩下的只是一种充满激情的语音语调。

婚姻专家点评: 做爱时,不论性爱的前奏还是性爱的消退,都需要感官上的刺激。性爱前的热吻和一些甜言蜜语,还有轻轻的、富有挑逗的动作,都是在刺激人体的各个器官,以达到完美的性爱。所以,女人在做爱前,首先保持一个好的心情,然后利用各种调情的手段,来完成一次完美的性爱。

2. 女人也疯狂一回

女人应该学会在夫妻关系中转换角色,大胆地向自己的男人示爱,大胆享受由性爱带来的快感。

爱与性是男女之间情感的催化剂。性是婚姻生活中夫妻双方最重要的精神沟通方式。如果说爱情是婚姻的支柱,那么性爱就应该是爱情的根基。性与爱是分不开的。夫妻之间的拥抱、亲吻、抚摸以及发生性关系,都是一种爱的语言。它能使你更清楚地明白男人的爱意,也让你更加清楚地体会到爱的愉悦。

但是,女人一般认为性爱应当是男人主动,当自己有性爱的需求时,当自己对男人的抚摸方式感到不适时,当男人满足后倒头就睡时……这些不悦感受都羞于向男人表示出来。女人甚至觉得做爱时发出声音是很难为情的,出于这种心理障碍,便缺乏应有的配合和反应,从而导致男人觉得与你做爱索然无味。

其实,性爱是男女之间最基本的生理行为。女人应该学会在夫妻关系中转换角色,大胆地向自己的男人示爱,大胆享受由性爱带来的快感。千万不要认为性只是婚姻生活中的义务劳动。

女人应该放下羞怯的心理，积极地追求美妙新鲜的性爱感觉，在心爱的男人面前也疯狂一回。这样，女人可以激起男人更大、更强的性欲，使自己和丈夫得到最大限度的满足。

婚姻专家点评： 女人都希望他的丈夫能愉悦、满足，尤其是在性爱方面。而表示爱的亲密行为本来就是两人的事情，只有彼此配合得当，才可以得到性爱上的满足。因此，女人不应该一直处于被动状态。

3. 女人也主动一回

在情人节，女人一般都等着男人送玫瑰花。但如果反过来，你给男人送一回玫瑰花，另加一盒巧克力，再不浪漫的男人也会产生爱的激情。

女人一般在性生话中都处于被动状态，女人在和丈夫做爱时，都只是被动地等待着丈夫主动进攻。长此以往，男人会渐渐地失去对性的冲动和性的欲望，最终丧失对你的性需求。其实，男人的性冲动来得非常快，这也导致男人极易被挑逗起“性趣”。在性爱时女人只需掌握一点技巧，采取一点主动，就可以在丈夫面前发挥和保持女人的魅力。

(1)善用女人的天生本钱

大部分男人都认为：女人穿着性感点的内衣最能挑逗起男人的性趣。因此，女人不妨根据男人看你时的反应，并分析他的性幻想，找出他的喜好，穿上他喜欢的内衣，以取悦自己的男人。

(2)给他一些惊喜

当女人想做爱的时，可以在老公快下班的时候通个电话，在电话中说一些暖昧的话，也可偶尔写一封热辣辣的情书，在日记中记下性爱的感受，而在无意间让老公看到，总之要引发他的性幻想。

(3)让爱火越燃越烈

夫妻发生性关系是很正常的事情，但若一切变成习惯，缺乏新意也就缺乏“性趣”了。所以，无论他多么了解你，你都应与男人保持一定距离，以产生一定的神秘感。

(4)使用女人火辣辣的言语

性爱时女人可以使用性感的声音刺激男人的性趣，会有意想不到的效果。有时一些平日难于启齿的情话，会刺激男人的神经。

(5)将性爱的节奏放慢

当你开始爱抚他时，要采用慢慢的、柔柔的动作来挑逗他。当你温柔地给你的老公以爱抚和缠绵时，肌肤之亲的快感将使他很难抵挡你的柔情攻势。

婚姻专家点评： 性爱是两人共同完成的，若女性能积极主动爱抚男人，那么两人的性生活必定能更充实、更快乐。女人主动的表现也是一种控制，它不仅控制了男人的性欲，也控制了男人的心。

(三)性纪律

性活动过程中所洋溢着的爱慕、深情、依恋、温柔、分享，都能产生十分美好的感觉。然而，由于不当的方式或行为而导致出现这样那样的问题，你遇到过吗？下面这些出自医学、社会学和行为科学各行专家的建议，相信会对你在性生活中遇到的问题提供有益的帮助。

1. 这三种男人需要调教

在今天比较开放的社会环境里，做爱这个词已不是什么不能公开的话题了。但是做爱是两人的事情，有些男人为了自己的快感而不关注女人的感受，如果嫁的是如下三种男人，就需要你费点心思加心调教和培养了。

(1)自私自利、不尊重女人的男人

女人和这种男人做爱，一般不会达到因做爱而给女人带来的快感。与这样的男人做爱，你会感到自己像个发泄的工具，而不是女人。

(2)不戴安全套的男人

遇到不愿戴安全套的男人，一定要想办法说服他。一是防止性病的传染率，以免遗憾终生；二是防止怀孕，惹上不必要的麻烦。

(3)爱留长指甲的男人

男人的指甲如果留得很长，很容易造成女人的某些部位划伤，使女人的性趣和快感顿时降到了最低点。况且指甲长，很容易隐藏细菌，很不卫生，对女人裸露的身体会有很大危险性。

婚姻专家点评： 性爱是一种美好的感官享受，但如果女人不注意自己的感受，就会对自己造成不必要的伤害。

2. 性爱三大纪律两项注意

性爱是一门学问，需要男人和女人共同学习和不断磨合，加强夫妻间的沟通与配合,才能达到美好的性爱。要进行一次美妙的性爱,至少需要掌握以下一些基本的规则。

三大纪律:

(1)放松心态。愉悦的心情是性爱进行之本。如果你最近正好为工作上的事情搞得自己喘不过气来,或者因为孩子上学的问题东奔西跑,在这种情况下要是做爱,最好先缓冲一下自己的心态,放得平和一点。可以安排一天到城市的近郊走走,呼吸一下大自然的气息,吃一些美味的野餐,放弃那些杂乱的坏情绪,晚上可以住农家小院,当你们带着疲倦倒在床上的时候,两人一定会心领神会的。

(2)不苛求完美。男人和女人因生理上的差异,在性爱上同时达到高潮的概率很小,如果双方都还保留着同时达到高潮的这种想法,那就像被着一个包袱在进行性爱,这无疑是自寻烦恼。

(3)不要受朋友性爱历程带来压力的影响。为什么别人可以轻易获得高潮而我们不行?这种失落的感觉很容易影响两人的性爱情趣。在生理上,男人只需要 3 分钟就可以获得高潮,而女人则需要 25 分钟以上才可以得到性满足。这可以通过性前或性后爱抚来解决。同时,还要学会倾听,交换彼此的感觉,来自伴侣的理解可以让你事半功倍。

两项注意:

(1)改变环境。夫妻之间通过旅游等居住环境的改变,也能增加"性趣"。

(2)享受触摸。人处于原始状态的时候,就学会了通过触摸来表达彼此的亲密关系。夫妻之间应学会触摸和爱抚传送爱的信号。

婚姻专家点评: 性爱也需要使用不同的方式方法,来达到感官上最大的刺激和愉悦的感受。每个人在性爱中的感受都是不同的,只有自己慢慢地体会和总结的经验,并很好地进行交流,以达到性爱的完美。

3. 性爱时容易发生的意外

性生活在夫妻生活中是不可缺少的,这也是增进情感的一种方式。可是性生活的过度或行为方式方法使用不当,也会发生意外的事情。遇到这些情况时一定要正确处理。

(1)性生活过敏

有些男子的精液会使妻子发生过敏。过敏者多表现为外阴部发痒,有时出现轻度充血与水肿,少数会引起胸闷、心悸或全身性"风疹块"。此外,有些外用避孕药物,如外用避孕胶冻、外用避孕膜等也会引起过敏反应,使外阴部发痒。

一旦女性在性生活后外阴部发痒，最好及时清洗阴部并排尿一次，或立即下蹲一会儿，让精液流出阴道，以减少发痒机会。

(2)痉挛及疼痛

痉挛及疼痛最常见的是性交时大腿外侧或小腿的肌肉痉挛，俗称“抽筋”。这可能与性生活时动作过于剧烈及肌肉过度拉伸有关。身体缺水、疲劳等均可能成为诱发因素。可自己或由伴侣帮助按摩易出现问题的部位，促进局部血液循环，松弛肌肉。

(3)避孕用具滑落

几乎所有的已婚者都经历过安全套破裂或阴道隔膜滑落的意外。正确的做法是：若安全套破裂 72 小时内口服两次避孕药。若安全套脱落在阴道内，只需轻轻捏住其根部拽出即可。

(4)盆腔充血

女性在性兴奋时，大量血液涌入盆腔组织形成充血状态。如果未能达到性高潮，则盆腔充血状态消退得很缓慢。约 10%的人会感到下腹坠胀、背部下方酸痛等不适感。此时，你应平卧，用一只枕头将臀部垫高，每次半小时，每日 3–4 次，可帮助血液返流，必要时可服阿司匹林等抗炎药物。当然，最根本的预防方法是提高性生活质量，达到性高潮时肌肉和性器官强有力地收缩，便可以使充血状态迅速消散。

(5)尿路感染

一般说来，每周性生活达 4–5 次或每次性生活的时间太长都算在“过度”之列，过度性生活容易造成细菌侵入尿道甚至上行膀胱，导致尿路感染。

(6)颈部疼痛

倘若颈部肌肉僵硬或是牵拉容易发生扭伤，可用一条毛巾扭成一股围在脖子周围，并将两端系紧，来支撑头部减轻肌肉的负担。

(7)背部扭伤

正常的性生活是不应有疼痛的。性生活中背痛多见于背部肌群相对较薄弱的女性，处理方法是立即屈膝侧卧，两膝之间放一个枕头，并局部冷敷。

婚姻专家点评： 适当的性生活能增进夫妻感情，但过频的性交，或不注意卫生健康，会导致细菌侵入尿道感染，甚至可引起女方免疫性不孕。所以，在性交的同时还应该注意合理的性交方式，以避免给妻子带来身体上的疾病。

八、满足老公的口福

——要管住老公的腿，先管住老公的胃

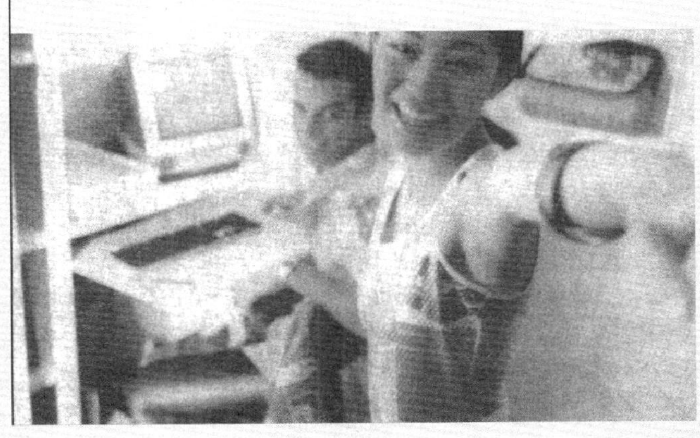

(一)了解老公的饮食习惯

男人比女人强壮,他们肌肉发达,消耗的热量更多。但是,男人的胆固醇代谢经常遭到破坏,因此他们易患高血压、缺血性心脏病、中风、心肌梗塞等疾病。如果你是一位细心、体贴丈夫的妻子,就应该了解男人的饮食习惯,从老公的一日三餐上关怀他。

1. 男人也馋嘴

男人都喜欢有一位像韩国电视剧中的女人当老婆——没有一手好厨艺,至少也会弄几样拿手的小菜。

男人一般比女人馋嘴,爱吃、好吃,更注重口腹之乐。不论是在酒店、餐馆、大排挡、小吃摊上,捧场的大多是男人。吃和穿是男人和女人在这个世界的两道风景。

小林在单位可以说是女人心里的白马王子。不论家庭条件,还是个人条件都没的说。他身边的女朋友一个接着一个,小林的选择余地很大。可自从认识小叶以后,小林像着了魔似的,再也没有换过女人。这让朋友们大感惊奇,他们嚷着要见见这个小叶到底有什么能耐,看看究竟是怎样的美女,能让小林如此死心踏地。

周末小林便约朋友到家里做客,但朋友们看到小叶后,却着实吃惊不小。原本他们将小叶想象得很是不一般,可这一看,和小林的前几个女朋友相比差了很多。

快到中午了,小叶就张罗去做饭。不一会儿的功夫,满桌的菜肴都准备好了,馋得大伙儿口水都要流出来了。小叶招呼大伙上桌,"尝尝小女子的手艺如何?"

大伙毫不客气地大吃起来,可这一吃上,大伙的嘴就控制不住了,一个劲地称赞小叶的手艺高,这菜做得地道,不亚于五星级宾馆里的厨师,等品尝了所有菜肴后,男同胞们看小林的眼光就有点嫉妒了。

吃完饭,小叶开始收拾杯盘,酒足饭饱的小林开始吐露真言:

"女朋友谈了不少,但每次带她们来我家,她们不是看我的书房或者和我讨论些深奥的问题,就是说这里的装饰不好,那里的画该换一幅。只有小叶很特别,第一次来就把我的房间整理得干干净净,又烧可口的饭菜,让我觉得很温馨。"

"其实,论学问、论才情,她比不上以前的女友。但是,她懂得男人在家最需要什么。她的体贴、勤勉让我感动,与这样的女人相处越久就越吸引你。以前大家都说我花心,那是我不知道要找怎样的女人,自从遇到小叶后,我就认定就是她了。"

小林的嘴太馋,正巧小叶做的菜又可口又美味,所以小林便离不开她了。

其实,男人都很嘴馋,要想抓住男人的心,一定要在他的胃上下功夫,这是不灭的至理名言。虽然,男人天天在外面山珍海味,可是家里的小菜才是男人百吃不厌的最后选择。但这并不是说，女人一定要会烧满汉全席，只要一两道绝活就行。这个“绝活”自然是他在外面馆子里怎么吃也吃不到的味道。

为了你这几样拿手好菜，男人也就心甘情愿被你牵着鼻子走了。

婚姻专家点评： 幸福的生活就是在柴米油盐中延续，为所爱的男人精心烹制几道合胃口的菜肴，会令他在心头时时想起。从此，男人的心，因爱你而牵挂；男人的胃，因你的爱而满足。为所爱的人做菜，本身就是一种幸福。

2. 烟酒不分家

在男人们的日常生活中，烟和酒历来是分不开的。

中国有个俗话：烟酒不分家。《诗经》中“十月获稻，为此春酒”和“为此酒春，以介眉寿”的诗句，都以人类不同的社会活动表明：中国酒的兴起已有五千年的历史。酒以治病，酒以养身，酒以成礼，酒文化的历史可谓久远。虽然烟的危害人皆尽知，但其推广普及速度却远远高于酒。饭后一支烟，赛过活神仙。地无分南北，人不分老幼，中华大地历来名烟佳酿举不胜举。

人们对于烟酒的需求，主要是社会交往和心理上的需求。

在社会作交往中，请客吃饭、求人成事、逢年过节、探望领导，不能光耍嘴皮子，只嘴上说说那是不行的，总得有一个桥梁，于是烟酒就成了牵线搭桥的工具。

即使朋友间沟通情感也少不了烟酒，一边吃着海味，一边抽烟、喝酒、聊天，气氛热热烈烈。倘若没有烟酒作陪衬，气氛就显得冷清，要是席间有几位不熟悉的朋友，那就递支烟，搭个话，这烟就成了沟通感情的敲门砖。水与火不相容，但烟酒却亲如兄弟。烟酒除了能兴奋神经消遣寂寞外，还担当着社会交往的工具。

对于许多人来说，没有烟酒为媒，真不知道首次见面该如何开口，也不知道难言之事如何出口。烟酒一递，说话和气。烟酒的意义早已超越其自然属性，被赋予了更多的社会功能，它被用来表示一种礼仪、一种气氛、一种心境。

婚姻专家点评： 在社会交际中，烟酒是不可缺少的角色。男人不抽烟，不喝酒是好习惯，但既喝酒又抽烟的男人也未必是坏男人，就看如何对待这个问题。当然，烟不可猛抽，酒不可多饮，还是身体要紧。

3. 老公该吃什么

吃也要讲究膳食的搭配、营养的均衡，可别小看了吃的学问。

在日常生活中，饮食一般习惯分为三餐。怎样安排好这一日三餐是有学问的。有的家庭安排得非常合理，吃的是五花八门，蔬菜水果样样齐全；而有的家庭饮食则相对简单一些，吃饱就行，没有太多的要求。其实，吃也要讲究膳食的搭配、营养的均衡，可别小看了这吃的学问。

（1）早餐吃什么

由于工作比较紧张，大多数人没有时间吃早餐，而不吃早餐会导致血糖降低，使人整个上午注意力无法集中，昏昏欲睡，工作效率极差。因此，当你想多睡片刻而没有时间吃早餐时，至少应喝一些牛奶和服用适量的复合维生素。

（2）在办公室里吃什么

整天在办公室里工作的人，容易缺乏维生素D。中午可吃一些如香菇等菌类食品后，再晒晒太阳，体内会产生维生素D。但是办公室人员日晒机会少，因此需要多吃直接含有维生素D的食物，如海鱼类、鸡肝等。

（3）连夜加班吃什么

在给老公做夜宵的时候，应以易消化且不含过多热量，还要含有丰富的维生素和蛋白质等食物为主。若工作结束后吃宵夜，则应选择易消化、不会加重胃负担的食品，如菜粥、蛋花汤之类。切忌在上床前吃大碗面，然后呼呼入睡。

（4）电脑族该吃什么

经常面对电脑的人，一日三餐应吃得相对均衡。早餐要吃好，营养要充分；中餐应多吃含蛋白质高的食物，如瘦猪肉、牛肉、羊肉、鸡鸭、动物内脏、鱼、豆类；晚餐宜清淡，多吃含维生素高的食物，如各种新鲜蔬菜，饭后吃点新鲜水果。同时，选用含磷脂高的食物以健脑，例如蛋黄、鱼、虾、核桃、花生等。

（5）脑力劳动者该吃什么

脑力劳动者必需补充的九种食物分别为：龙眼、大豆及其制品、动物内脏类、红枣、芝麻、核桃、蜂蜜、葱、蒜。

婚姻专家点评： 吃得饱不如吃得好，对老公的一日三餐一定要合理地搭配。还有就是针对老公的工作性质，再进行合理的补充。幸福的婚姻家庭就在你日常生活的点点滴滴中。

4. 从婆婆那里打听老公的口味

知子莫若母。

婚姻中的女人如果想赢得男人的心，就必须以美食为饵，在一日三餐上下一些功夫。事实的确如此。“要想拴住男人的心，首先得拴住男人的胃！”好多女性把这话当作金玉良言。

也许你曾听他讲过,"妈妈的味道"如何令他怀念,或者你自己也在他家吃过一道他最喜欢的菜。

那么,告诉你,男人的饭菜习惯都是受母亲生活习惯而影响的。

女人要想真正拴住男人的心,最简单的方法就是从婆婆那里了解他的饭菜口味。聪明的女人一定不会忽视婆婆是最了解丈夫的第一人,从呱呱落地到长大成人,每一个环节都和婆婆永远分不开。那女人就应该和婆婆和平相处,从婆婆那里学做一些他最爱的饭菜,这也省去了你走很多的弯路。

这就是为什么有些男人常怀念母亲做饭的味道,因为那里有发自内心的亲情和关爱,那里有在外面花钱买不到的感觉。

为了你心爱的老公可以吃出妈妈的味道,首先,你要虚心地向他的母亲请教食谱;其次,你不妨请半天假,把材料买齐,用做实验的心情,慢慢地学着做做看。可能第一次做并不会成功,并不会令老公满意,不过没关系,重要的是你的一片关爱之意,一定会感动老公。

婚姻专家点评: 妻子应当了解老公的口味,要知道他的饭菜习惯是婆婆培养出来的。聪明的妻子懂得如何在婆婆那里了解老公的饮食习惯,只有这样才能真正抓住老公的胃,拴住男人的心。

5. 坏习惯"偷袭"男人健康

男人从来就没有把自己当回事,身体有了不适也不去医院检查。这主要是男人缺少自我保健意识,还有不少不良习惯也为健康埋下隐患——经常熬夜抽烟、喜欢在餐桌上狼吞虎咽、身体有了不适也不去医院等等,这些看似很小的事情,却影响着男人的身体健康。长此以往,将会影响到男人的健康,导致小病变成大病。

(1)暴饮暴食

近代医学研究发现:在15岁以前和50岁以后,胃溃疡和十二指肠溃疡的发病率男女差别不大。

难道是男人的胃不如女人的胃强健吗?显然不是。男人喜欢喝酒、抽烟、饮咖啡,不按时吃饭,喜欢在餐桌上狼吞虎咽,经常暴饮暴食,这正是让男人的胃受到伤害的直接原因。其次,男人工作精神压力大,容易发火动怒,也容易促成胃的病变。

作为妻子,要时常提醒自己的老公:千万不能自感强壮而肆意怠慢自己的胃。饮食要定时定量,细嚼慢咽,使胃有规律地工作和休息;要戒除不良嗜好,以免吸烟、酗酒、贪食辛辣食物等嗜好导致胃黏膜的化学性破坏,造成胃黏膜糜烂、溃疡和癌变。要注意胃部保暖,以免胃部受寒后胃平滑肌发生痉挛性收缩,使胃的分泌功能和节律蠕动都发生紊乱,导致胃部疾患;还要保持轻松愉快的心情。

(2)不良饮食习惯让男人“伤心”

都说女人脆弱,其实男人的心更脆弱。报告显示,前往就诊心血管疾病的男人明显多于女人。世界卫生组织还做过不完全的统计,男人患心力衰竭的风险是女人的1.24倍。

由于男人每天的工作强度远高于女人,且男人和女人本身的生理结构不同,旺盛的新陈代谢加快了器官的老化,心血管系统更是首当其冲。若男人平时吸烟、饮酒过度,体重超重,都会增加心力衰竭的几率。男人应当养成良好的生活习惯,戒烟、少喝酒、减少体重,改善饮食习惯,以减少心脏疾病的发生。

婚姻专家点评: 由于男人在社会中承担的责任不同,所付出的体力和精力远远大于女人,往往又缺乏自我保健的意识。所以作为妻子,应当时刻提醒自己的男人,改掉生活中的坏习惯,为幸福的婚姻打一块坚实的基石。

6. 老公“乱”吃会影响共同的“性”福

病从口入。

男人的生育能力与营养因素密切相关,营养不足或过剩都可能导致男性不育。营养不良时,维生素A、B、C、E和矿物质钙、磷、铁及微量元素锌、硒等缺乏,造成精子生成减少、活力下降。动物实验也表明,营养不良会降低动物的精液量和精液中为精子活动供能的果糖含量。少年时期,由于不注意日常饮食习惯导致营养过剩多致肥胖,脂肪沉着使脑垂体功能丧失或减退,男性激素不能释放或减少,患者易出现小睾丸、小阴茎及第二性征缺乏、女性化等征态,成年后极可能导致不育症。

其次,长期食用某些含有亚硝酸盐类的食物防腐剂或间磺胺类食物有色剂的食品、生棉籽油、芹菜等,亦可导致精子数量和质量下降,从而造成不能生育。

此外,英国的科学家发现,近几十年来男性精子数量减少和睾丸体积缩小与辛基苯酚、双芬A和丁基苯甲基酞酸脂有关,而这些物质被广泛用于制造奶瓶、罐头盒、食品包装袋等的内壁涂层。

因此,为了担负起繁衍后代的责任,男人不要因为吃而背负不育的“罪名”。男人应改变不良的饮食习惯,讲究膳食平衡,保证维生素、矿物质和微量元素的正常摄取,纠正营养不足或过剩,使你在充分享受“性”福的同时,具有良好的生育能力。

婚姻专家点评： 男人在社会中还担负者繁衍后代的责任，所以不要因为乱吃而失去男人应有的功能。要保证老公生活中一日三餐的合理搭配，以不失营养的平衡。让老公既享受美味的同时，也享受“性”福的快乐。

（二）让老公就“好”你的“这一口”

这里要说的可不是泛泛的美食，你可以不会做番茄蛋汤，但是你一定要会做老公喜欢吃的红烧肉；不需要你会做山珍海味，但是一定要会做你老公喜欢吃的几道家常菜。这样他出去的时候就会说“这个还不如我老婆做的呢”。这样一来，他就会想快点回到你的身边，就是你拿菜谱学习的样子，也会让他记得。所以，你必须在烹饪艺术上下一番功夫，以博取他的宠爱。当他发现离开你就不可能吃到一顿称心如意的晚餐时，他这一辈子就会跟定你。

1. 做出自己的特色

做出自己的特色，一来可以解馋；二来也亲身感受下厨房的快乐；三来可以拴住男人的心。

男人和女人在一起，除了缠绵之外，其余时间大多都是围着柴米油盐团团转。因而，最能够打动男人、最能够维系两人情感的方式，莫过于一桌热气腾腾、香飘四溢、美味可口和拥有自己特色的家宴了。

当男人工作一天，下班来到自家楼下，看见老婆的身影在厨房里忙忙碌碌，他心里一定会有幸福感。当他推开门的刹那间，房间里热气腾腾、香味扑鼻的饭菜让他为之一振，一天的辛劳，被美味菜肴的香味所溶化，那是怎样的幸福呀！

女人在做菜的时候，一定要做出自己的特色，让老公在任何地方都无法品尝到和你一样的饭菜。这样可以让老公每天下班后，乖乖地按时回家，牢牢地抓住老公的胃口。在饭桌上，男人不仅是在品尝着妻子为他烹调的香甜可口的饭菜，也是在品尝通过饭菜折射出来的甜蜜爱意和幸福生活。男人在这样一种轻松释然、快乐温馨的氛围中，感悟着妻子对男人的浓浓爱意和温柔体贴，品位着家的温暖和生活的情调，从而对家充满了眷恋和感激。

在家里吃饭不仅仅是为了果腹，吃的是温暖和亲情。自己做饭虽是一件辛苦的事情，但这是对爱人的用心、关心、爱心和体贴。在家里亲自下厨，那种全家人围坐在一起吃饭的温馨感，是在任何一个酒店用餐所无法代替的。

对男人来说，若自己的妻子会做出既美味又有特色的饭菜，那是无比的幸福。周末闲暇的时候，朋友聚会，一句“让你嫂子今天显显她的厨艺”，透露出男人的慷慨和自豪，同时也赢来他人艳羡的目光。

婚姻专家点评： 在生活中，为心爱的人做饭，也是感受快乐的过程。一个做菜能做出自己特色的女人，更能赢得男人的宠爱，而且她所得到的爱，远远超出她的付出。

2. 会做几道自己的招牌菜

爱情并不是轰轰烈烈，爱情也不是风花雪月，非要爱得死去活来。其实这些都只是表面的现象。爱就是死心塌地地和一个人形影相随，不离不弃。会做几道自己的招牌菜是获得真爱的杀手锏。

男人和女人生活在一起过日子，就免不了一日三餐。所以幸福的家庭、美满的婚姻就在这一日三餐里。真正的爱情是要和你最爱的人一起吃饭、一起做饭，为所爱的人做几道好菜。

很多男人内心里都想找个贤妻良母型的女人做老婆。觉得老婆会做饭，家才像个家的样子，自己也才有一家之主的感觉。要知道，一个家最美满、最幸福的时刻，就是全家人围着饭桌品尝美味佳肴的时候。

强子的老婆就有一手拿手招牌菜——地三鲜。

晚上下了班，强子刚一进家门就见老婆在忙碌，忙着准备三种主料。强子暗自窃喜：今天又有口福了。透过老婆娴熟的炒菜技巧，强子看到老婆早已将此道菜的精髓深深领悟，结果就不用说了，强子那个美呀！

强子的老婆对做菜有着相当的钻研，网络、书籍、邻居都是她学习的对象，强子也鼓励她，除必要的应酬，强子都尽量回家吃饭。

所以，聪明的妻子总喜欢对着菜谱细细地研究，将煮菜的方法记在心头，什么汤配什么料，热菜、凉菜、荤菜、素菜怎么做，加多少味精多少盐，对其中老公最爱吃的几道菜反复琢磨、反复锤炼，直练到炉火纯青的地步。

到那时，想让老公不爱你都不可能了。

婚姻专家点评： 懂得真爱的女人，必会为所爱的人学做几道拿手好菜。当看着心爱的人品尝着自己做的菜的时候，一定会深刻体会到平凡生活中爱情的滋味，菜香四溢。

3. 宠宠他的口味

男人需要女人的体贴，为他做一顿简单的、合口味的饭菜恐怕就是他的需要。

男人喜欢回到家里时，有一个贤惠的娇妻在等着他，还有娇妻为他做的可口的饭菜。因为娇妻每天烹制的美味就是爱情的味道。妻子精心为他烹制的菜肴，会在他的心头时时忆起。从此，男人的心因为爱妻子而牵挂，男人的胃因妻子的爱而满足。

曾有不少女人说，她们之所以保持家中的女主人地位长期不变，其拿手功夫就是做得一手好菜，色、香、味俱佳，正合丈夫口味。事实上，即使高级饭店的厨师，也不会比妻子更清楚丈夫的口味。更重要的是，饭馆里没有家中和谐宁静的气氛，明白这一点，贤妻就好做多了。

（1）记得他爱吃的东西

身为妻子，你有没有注意过，他特别喜欢吃的小点心是什么？也许是兰花豆，也许是绿豆糕，只要他说过，你要放在心上，就算他从来没说过，你也可以观察到，比如上次买点心回家，他吃得好开心。这些，都是让他快乐的“线索”。

（2）点心不能当饭吃

天天吃也不是人人都负担得起，更何况天天吃就不稀奇了，还容易生厌。

所以，不定期地买一样他最爱吃的东西，宠宠他的口胃，那份点心里便藏着浓浓的爱意。尤其是在你出差或旅游的时候，若能惦记着他爱吃的东西，为他带回家，更能让他开心得不得了。

（3）早晨给他准备好一碗温软香甜的稀饭

男人也许有很多应酬、很多饭局，但在玉盘珍馐之余，男人都希望早晨能有一碗温软香甜的稀饭，深夜回来能有一碗热气腾腾的鸡汤面。爱他的女人，不妨疼疼他。

（4）为他煲一碗“魔厨鸡汤”

男人经常在外奔波，由于社会的责任、家庭的重担，常常使他们无暇照顾自己的身体。许多调研表明，男人在透支着自己的身体。爱他的女人，要时常提醒他注意身体，记得为他煲一碗“魔厨鸡汤”，让他补补身子。

婚姻专家点评： 女人的善良、温柔、勤勉最能打动男人的心。寒冷的冬天，给爱人熬一锅热汤；温暖的阳光下，给爱人缝一粒钮扣；明媚的清晨，给老公准备一份营养丰富的早餐。不要小看这些小事！你在这些小事上具有的能力和表达出的爱意会提升家庭的温暖度。即使你有钱请保姆，但你对丈夫的爱心是别人无法替代的。

4. 系上你的围裙

他根本不担心系着围裙的你跟别人私奔。

男人和女人组成家庭，面临的第一个问题就是解决肚子的温饱。即使女人拥有花容月貌，做一个贤惠的妻子还远远不够，还要有一技之长，能入得厅堂，下得厨房。男人也喜欢一个会做菜的老婆，毕竟这是实实在在每天要面临的问题。

假如你整天拉着老公，在特色饭馆子里穿来穿去，今天川菜明天粤菜，用不了多久，老公保准被你给拖垮。没有一个男人喜欢一年到头下馆子吃便饭。但如果长期给他吃馒头和菜汤，总有一天，他对这种单调的生活会感到乏味对于走进婚姻的女人，悉心研习几道独家私房菜，是迫在眉睫的。掌握了精湛的厨艺，你就拥有了婚姻中的绝对优势，就能让他死心塌地整日守在你的身边。

当然，厨艺练习也不是一朝一夕的事情。你看那些厨师将其作为终身职业，可见里面奥妙之深。从你下决心要为老公下厨的时候开始，只要是美食节目就不要放过，如果你拿着小本子，正襟危坐、不转眼珠的样不小心让他撞见了，说不定还能得到什么意外奖赏。在他带着朋友来家做客，或是公婆到家里坐坐的时候，你下下厨，拿出几道像样的拿手菜，给老公足够面子，定能让他对你刮目相看，你的贤惠指数也会骤然飙升。

其实下厨还有另一个好处，就是可以让你随心所欲地享受时尚生活带来的乐趣。在做饭前，免不了出去买米、买肉、买菜、买面，经常要抛头露面，这就需要在出门前打扮一下。此时，你有什么要求尽管提出来，你心爱的老公一定会满口答应。

女人为了心爱的男人，为他而学做几道美味的菜肴，赶紧系上围裙下厨，把他喂得饱的哪也去不了，只能坐在摇椅上，陪你一起慢慢摇到老。

婚姻专家点评： 女人，用你细心的体贴和关怀，为你心爱的老公学做几道美味的饭菜，用你的美食锁住他那颗其实很容易满足的心，让他觉得，其他女人就算美艳无比，与你也无法同日而语。

5. 能记住老公的喜好

夫妻是两性的结合体，是心心相印的知己。

洋洋最近走到了婚姻的低谷，老公为了一个新的项目而早出晚归，可是项目进展的也不是很顺利。因而，小夫妻的感情也变得淡而无味、生活让洋洋觉得失去了昔日的浪漫，没有了往日的激情。

无奈之下,洋洋便向密友诉说了自己的苦恼。密友对洋洋说:“婚姻就是这样无味,要么离婚,重新来过;要么忍受,两人多磨合磨合。只有你自己选择。”

洋洋怀着绝望的心情,回到漆黑的家,心中更加空荡荡的。自从动了离婚的念头,家里的一切都让洋洋反感,看着镜中依然秀丽端庄的自己,觉得自己应该生活得更好。

快凌晨两点了老公才回来:“怎么没开灯?”

“我们离婚吧。”

“不是过得好好的吗?你怎么了?”

“你一直不在意我的感受,我再也不想过下去了。”

当天晚上洋洋和老公分床而睡。几天以后,老公说同意离婚,字已经签了,说晚上出来吃顿饭吧,在老地方见。下班后,洋洋和她的老公一起去了常去的那家餐厅。他看着洋洋,眼神依然温柔,然后招呼服务人员:“来一份咖喱牛排饭,一份蛋花汤。”这两样都是她最爱吃的。洋洋默默而坐,低头无语。

老公突然对洋洋说:“最后的晚餐,你能为我点一些我最爱吃的饭菜吗?”

“你爱吃的?”洋洋一下被问住了,顿时哑言。

老公笑了笑,一字一句地说:“嫁给我这么久连自己老公的喜好都不知道,其实我一直都喜欢吃辣味的食物,但是你怕辣,所以我在你面前从没吃过。而且是我吃海鲜过敏,你从来都没有发现过。”

听着他的话,洋洋第一次有些自责:这么多年,我却从没问过他喜欢吃什么。“还想说些什么吗?”他温柔地问。

此时此刻,泪水已经流满了洋洋的脸,迟疑了片刻,洋洋对老公说:“老公,我后悔了。”

和老公一起生活,女人要的细心,仔细观察老公平时的喜好。如:老公爱吃什么样的饭菜;老公喜好吃甜的还是咸的;老公喜欢什么样的零食;老公爱喝红茶还是绿茶等。这些生活中的小事,一定要记在心里。

这些,都是他心里的所爱,也是拴住老公胃的线索。

婚姻专家点评: 婚姻需要细心地呵护,需要女人仔细地观察,记住老公的喜好,在他不经意的时候,给他一点意外的惊喜,感受到你深深的爱恋。

6. 吃出家乡味

一碗面里,吃出了童年、吃出了风景、吃出了乡情。

在外漂泊的人谁不怀念家乡的味道,那种温馨回归的感觉是无法言表的。

可是走进婚姻的两人，有的是东西合璧，有的是南北组合，在饮食口味上大都有很大的差别。吃了几十年家乡味的男人，想忘掉这家乡味不是件容易的事情，所以细心的女人在施展你高超的厨艺时，不要忘记你的老公的家乡在哪里。如四川菜的辣、上海菜的口味以清淡为主等。

下面是几种主流菜系的口味和特点。

(1)鲁菜：调味重，纯正醇浓，少有复杂的合成滋味，一菜一味，尽力体现原料的本味。另一特征是面食品种极多，小麦、玉米、甘薯、黄豆、高粱、小米均可制成风味各异的面食，成为筵席名点。

(2)川菜：风味包括成都、重庆和乐山、自贡等地方菜的特色。主要特点在于味型多样，变化精妙。辣椒、胡椒、花椒、豆瓣酱等是主要调味品，不同的配比，化出了麻辣、酸辣、椒麻、麻酱、蒜泥、芥末、红油、糖醋、鱼香、怪味等各种味型，无不厚实醇浓，具有“一菜一格”、“百菜百味”的特殊风味，各式菜点无不脍炙人口。

(3)粤菜：即广东菜。粤菜总体上特点是选料广泛、新奇且尚新鲜，菜肴口味尚清淡，味别丰富，讲究清而不淡、嫩而不生、油而不腻，有“五滋”（香、松、软、肥、浓）、“六味”(酸、甜、苦、辣、咸、鲜)之别。时令性强，夏秋讲清淡，冬春讲浓郁，有不少菜点具有独特风味。

(4)淮扬菜：讲究鲜活，主料突出，刀工精细，擅长炖、焖、烧、烤，重视调汤，讲究原汁原味，并精于造型，瓜果雕刻栩栩如生。口味咸淡适中，南北皆宜，并可烹制“全鳝席”。

(5)闽菜：清鲜、爽淡，偏于甜酸，尤其讲究调汤，另一特色是善于用红糖作配料，具有防变质、去腥、增香、生味、调色作用。闽菜以炸、熘、焖、炒、炖、蒸为特色，尤以烹制海鲜见长，刀工精妙，汤菜居多，具有鲜、香、烂、淡的特点，并稍带甜酸辣的独特风味。

(6)浙江菜：重视原料的鲜、活、嫩，以鱼、虾、时令蔬菜为主，讲究刀工，口味清鲜，突出本味。具有色彩鲜明，味美滑嫩，脆软清爽，菜式小巧玲珑、清俊秀丽的特点。它以炖、炸、焖、蒸见长，重原汁原味。

(7)湘菜：油重色浓，讲求实惠，注重鲜香、酸辣、软嫩，尤以煨菜和腊菜著称。量大油厚，咸辣香软，以炖菜、烧菜出名。湘西菜擅长制作山珍野味、烟熏腊肉和各种腌肉、风鸡，口味侧重于咸香酸辣，有浓厚的山乡风味。

(8)徽菜：量大油重，朴素实惠，保持原汁原味；不少菜肴都是取用木炭小火炖、煨而成，汤清味醇，原锅上席，香气四溢；菜肴讲究咸中带辣，汤汁色浓口重，亦惯用香菜配色和调味。

婚姻专家点评： 喜欢家乡的味道，是一种心理的暗示和依赖。喜欢家乡的味道，也是心灵的一种寄托。拿出你手中的家乡味，伴随你心中的那个他度过在外的每一天，用你的家乡味牢牢拴住男人的心。

九、为老公分忧

——给他一个温馨的家

(一)幸福婚姻里的六个“补丁”

很多男人喜欢妖艳的女人,喜欢征服的感觉,但只是喜欢而已!他们更愿意做倦鸟的浪子,可以疲惫、孤独、无助、逃避、怠惰,而你是能接纳他的黑夜,给他安静,做他恢复能量的空间。一般来说,婚后的男人更需要关怀。

1. 婚后主动增进感情

走进婚姻的殿堂,有了一个可以依靠的肩膀就万事无忧了,这种思想要不得。其实在婚后更要增进两人之间的情感,更要时不时地制造点浪漫,时刻记得为你们的爱情增鲜。

(1)常常取悦爱人

两人通过热恋后一起走进婚姻,走进围城,热恋时的前热火朝天便不复存在,取而代之的是平淡的生活。在热恋时两人总是想方设法取悦对方,但结婚后便不再在意心爱的那个他的感受。这便是双方感情急剧下滑的关键原因。作为女人,要在婚后依然处处体贴,用女人的温柔关爱自己的老公,像恋爱时一样,得到幸福的老公,也更加喜好小鸟依人的你。

(2)安排再度蜜月

蜜月是婚姻中的两人最浪漫的时刻,也是两人感情最浓的时期。那时,两人能够抛开一切纷扰,完全进入赛过蜜糖的爱情天地,享受伊甸园之乐。婚后,如果能够利用合适的时机,常常安排重度“蜜月”,再感受从前的甜蜜,燃起爱情之火,可使夫妻感情得到一次次的升温。

(3)常给对方惊喜

给心爱的人一个出乎意料的惊喜,会起到感情兴奋剂的作用,对于增进夫妻双方感情很有好处。在男人为工作忙碌得不可开交的时候,送一件心仪的礼物给他;在男人因工作进展顺利欣喜若狂的时候,邀请他一起参加他喜欢的活动;在他不知情的情况下,将他的家人接来家里聚聚等等,都可使意外惊喜油然而生。

(4)欢庆每一个纪念节日

平常过日子,两人都忙于工作,忙于家务,很容易导致感情变淡。而有效利用结婚纪念日、对方生日、定情纪念日等夫妻双方爱情史上的重要日子,并采取适当的方式进行庆贺,定能唤起双方心底的爱意,使感情得到巩固。

(5)礼尚往来

夫妻生活中,也要讲究礼尚往来,不要错误地认为:都是一家人,还客气什么！这种想法是要不得的。时时送礼物给自己心爱的老公，就会使他觉得在你的心里，还是像从前那样爱着他，那么他对你的爱便会倍增，并且也会用不同的方式来回报你。

婚姻专家点评： 维护婚姻是一门学问，也是一门艺术，需要双方的努力与付出。男人一般都不注意细节。婚后的女人，应该主动采用种种方式来增进两人的感情，这样才能使爱情在婚姻里得到延续，两人的感情才会越来越深。

2. 对男人要知冷知热

女人的细腻体贴是一种善解人意的特质。

男人，在孤独寂寞的时候，需要女人的善解人意；在心灰意冷的时候，需要女人的鼓励安慰；在情感波折的时候，需要女人的真诚关爱；在左右为难的时候，需要女人的冷静关怀；在劳碌间隙的时候，需要女人的红袖添香；在疾病缠身的时候，需要女人的悉心照料。

一个懂得关心、体贴人的女人，对男人知冷知热的女人，更能给男人最直接的幸福感。

因此，要想笼络住意中男人的心，就得从日常生活中的小细节入手，用你的心、用你的行动去打动他。在生活小事中表露出来的体贴，对他细微的关怀最能体现两人相爱之深。女人知冷知热的体贴，在婚前，它是浇灌爱情之花的甘露；在婚后，它是保证爱情之树常青的阳光雨露。可以毫不夸张地说，体贴是注入爱人心田的玉液琼浆。

男人在劳累之时最需要妻子的体贴。这时的体贴，是一种慰劳、一种关切、一种感情的倾吐。跟花前月下的山盟海誓相比，它更使人陶醉，更使人感受到阳光的灿烂，更使人品味到爱情美酒的甘醇。

男人在一生中会遇上许多大大小小的喜事。当丈夫遇到喜事时，你千万不能无动于衷、漠然置之，而应该及时地对他表示祝贺，这会使丈夫感到是一种精神上的体贴。他因此而喜上加喜，爱情也就随之升华。祝贺的形式多种多样：买一件价廉物美的礼物，说几句情真意切的话语，甚至作一个讨人喜欢的承诺，都能使他陶醉。

真正体贴丈夫的女人，还应该尽一切可能弥补其短处，鼓励他不断完善自我。这种体贴是最高层次的体贴。没有宽阔的胸襟，没有真挚的感情，就不可能有感人肺腑的体贴。

婚姻专家点评： 对男人知冷知热的体贴和关怀，要从生活中点点滴滴的小事做起。女人对自己男人的体贴、温暖、关心和为他着想是美满家庭的粘合剂，也是爱的展示。

3. 多参与他喜欢做的事情

时常抽出时间来陪陪自己的老公，参与他喜欢做的事情，是绝对有必要的。

一般在女人看来，男人总是对自己喜欢的事情充满激情。要男人陪自己去美容院，男人会说还不如去朋友那里喝喝茶、聊聊天；要男人陪自己去到商场选两件合体的衣服，男人说还不如到图书大厦看看书。由于两人的喜好不同，所以在处理事情的时候，都愿意做自己喜好的事情，而忽略了对方的感受，这对增进双方感情是有害而无益的。

而女人往往对男人喜欢做的事情也缺乏激情，总觉得自己有忙不完的事情。如果男人把你从暖暖的被窝里拉起来，要你陪他一起去晨练，那么女人一定不耐烦：你自己去吧，我还没休息好呢。如果男人去和朋友打球，要你陪同，你会说：我一会去和朋友逛街去。女人觉得男人一天就没有正经事，不是聚会喝酒就是打球。在女人眼里，男人做这些事情简直就是虚度光阴。

其实这些想法是错误的，老公邀请你陪他去做他喜好的事情，这是增进双方感情绝好的机会，就像喝酒吃饭能增进感情一样，一起去做男人喜欢做的事情，绝对能够对双方的感情起到意想不到的促进作用。

其实男人喜欢做的事情，也不过那几件：踢踢足球、打打篮球，还有就是和朋友聚聚会、聊聊天，与朋友增进一下情感，有事情的时候可以招呼一下。在做这些事情的同时，男人快乐着，女人也可以享受一下这些活动给女人带来的不一样的感觉。男人希望女人对他的喜好表示认可和支持，并参与进来。

男人爱运动，这是男人的天性，也是男人与生俱来的本性，这一点不容质疑，女人就应该举双手支持。并尽一份力让你的男人更强壮，更有男人味。想想自己无论走到哪里，身边都有一个体格强壮的男人在身边陪着，绝对比穿任何一件名贵的礼服都有面子。

男人爱和朋友喝酒聊天，这并不是一件坏事情，而是和朋友交流的一种很有效的方式，哪个男人没有自己的死党啊！当你看着自己的老公和朋友一起调侃时的那种神情，你在家里是看不到的，这样你也可以更进一步他的个性。再说男人也喜好在朋友面前炫耀自己老婆的贤惠和能干，以满足他的虚荣心。

所以女人不要只顾自己的喜好，不要以没时间、还有事情等着做为借口，忽视了自己老公的感受。

婚姻专家点评： 女人在生活中，应该常常陪老公去做他喜好的事情，以此来沟通和增进彼此的感情，使婚姻的花朵盛开得更加鲜艳，两人的世界更加美好。

4. 要懂得“投其所好”

在生活中，一定要做个懂得投其所好的女人。

有些男人可能会有一些特殊的癖好，懂得投其所好的女人，通常都有敏锐的观察力，她们不仅能细心地发现这些癖好，而且会不动声色地满足他。男人都喜欢温婉多情、善解人意的女人。把握好不同男人的心脉，你就会捕获他的心。

(1)运动型男人

运动型的男人，总是给人一种健康阳光的感觉，他们一般意志坚决、品性优良、孝顺父母。在这类男人面前，你应该尽量表现出女人温柔的一面，也就是尽量表现得小鸟依人、更女性一些，让他有一种怜香惜玉的感觉。此外，你还要懂些运动，做他最忠实的啦啦队。

(2)怕羞的男人

怕羞的男人，即使已近而立之年，见了女人却仍怕羞。这样的男人大都受过良好的教育，有眼光、善品评。此时你不必故作天真，但太过老成也不合适。可以与他讨论一些知识方面的东西，如聊聊音乐、艺术方面的话题，让他有表现特长的机会，又显示你不是一个不学无术的人。切记不要对他纠缠不休，这种男人通常都喜欢自由。

(3)世故型男人

世故型的男人，大多过了而立之年，善交际，颇有讨女人喜欢之处。但这种男子不喜欢招蜂惹蝶。因此，想与他交往就得掌握些技巧。在他面前，应神秘一点，保持若即若离的距离，似有情又无意地对待他。

(4)多情型的男人

多情型的男人聪明而可爱，把凡俗女子看得如仙女一样。他的朋友总是有限的几个，是个爱家的人。你在他面前要做淑女一般，要表现得可爱而不是冷冰冰。他如请你出去约会，你可提议到乡下呼吸野草的气息。野餐时，看见人家的小宝宝，或是小猫、小狗，你该表示很喜爱。你的衣服要穿得悦目一点。多同他谈谈小时候的情形，必定可增加他的兴趣。

(5)沉默型的男人

沉默型的男人有大丈夫的气概，不喜欢讲话，喜欢由人先开口，喜欢女人主动引出他喜欢的话题。而对这种男人，在两人感情还不十分成熟时，不宜到幽静的地方吃晚餐，而且衣服要穿得光鲜而整洁。他虽然沉默寡言，其实很富有热情，为了他，你要常保持你的娇媚可爱，并用你的爱去回报他的热情。

(6)唯美型的男人

唯美型的男人感情丰富、爱幻想、不拘小节，可与之正经地讨论许多问题，坦白地爱慕他，优雅地称赞他。他也许想无拘无束地过一生，然而你可以使他觉得他若没有了你，此生一定不会快乐、不会幸福。

婚姻专家点评： 女人在心里喜欢上一个男人并走进婚姻后，在日常生活里一定要细心地观察男人的爱好，在他不知不觉中来满足他，让他原本大大咧咧的生活观念因你而改变。在男人面前做到随机应变、投其所好，你便能赢得心爱的男人的心，让他一辈子都心甘情愿地依偎在你的身边。

5. 别触犯老公的自尊

男人的自尊需要女人的照顾和捧场。

女人应该像呵护自己的身体一样爱护男人的尊严，千万不要和男人的尊严较劲，以免因逞口舌之快，而断送了苦心经营的爱情。因为努力维护他的尊严，将会使他更看重你、依恋你。

一位善解人意的妻子从来不在家里发号施令。应当在丈夫事业不顺利或经济拮据时，安慰他，为他分忧解愁，善解人意地体谅他内心的痛苦。女人，千万不要持着爱的名义为所欲为，把男人的自尊踩在脚下。尊严，对于一个男人来说，如同生命一样重要。女人不要轻易地触动男人尊严，更不要因为他爱你，你就可以任意地伤害他，践踏他的尊严和轻视他爱你的权利。

但生活中总有些女人以为男人是自己的家产，是自己的私有，认为“这个男人是我的，我说什么他都不能反驳”。在训自己的男人的时候就像训儿子一样，口无遮拦，不讲策略，想怎么说就怎么说，总以为不会破坏他们那铁壁铜墙一般的恩爱亲情，其实这是大错特错。

其实，尊严好比男人的生命一样重要。男人每天都在社会上打拼，建立他的社会关系，建立他的公众形象，以及在朋友中的威望，这些都不是在家里发生的。男人在社会生活中，总是拿出自己最优秀的一面给人看，把自己不优秀的东西，把自己不好的东西，尽可能藏起来，不暴露出来。不良的东西暴露得越多，男人的尊严就越无法提高，品位自然也就无法形成，在社会上当然也就缺少地位。于是，男人把积极向上的、豪情的东西贡献给了社会，而把自己放松的、欲望的、非道德的东西留给了家庭。如果女人经常把在家中对男人形成的印象,当作放之四海而皆准的尺度,那便是天大的错误。当男人在社会大环境中,他就要摆出自己的"社会形象",并捍卫自己的"价值"与"尊严",凡是有损于他形象的言论都会深深激怒他。

婚姻专家点评: 男人的自尊是不能轻易侵犯的,贤惠的妻子要懂得如何来维护自己男人的自尊。男人在社会上打拼,不断提升自己在社会中的地位,无论任何方面都不会给人把他看低的机会。如果你要你的男人成为一个出色的人,请先好好保管他的自尊。如果你不想让你的男人离你而去,请爱护男人的自尊。爱护了男人的尊严,就等于爱护了你自己。

(二)吵架也是一门学问

一个男人和一个女人,从陌生到相识。从相识到相爱从相爱到一起走入婚姻的这一过程,往往是夫妻二人一生中最为甜蜜和充满激情的时段。一对夫妻走进婚姻以后,由于不同的成长环境和生活背景;由于现代社会日渐风行的更为自我的思维方式;由于锅碗瓢盆、柴米油盐等家庭琐事;由于婚后日渐平实朴素的生活和恋爱时的浪漫激情所存在的反差……矛盾的产生是在所难免的。哲学家说:没有矛盾就没有社会。一个家庭也可以看成是一个小社会,出现纷争和矛盾并不可怕,关键是对待纷争、矛盾的态度和解决问题的方式、方法是否合理。

1. 家,不是讲理的地方

在琐碎的家庭生活中,夫妻之间不要遇事都想争个理儿。

夫妻沟通是一门学问、一门艺术,万万不可视男人为自己的私人财产,更不要以为结婚以后两人就可以幸福快乐地生活一辈子了。殊不知结婚只是婚姻的开始,结婚以后,两人更要细心地照顾对方的心情与需要,要更仔细地去规划婚姻生活的内容,有意见、有矛盾时,应该诚恳、温和、讲究策略地说出来,并经常主动地进行沟通。

夫妻生活中,如果为了大小事都去争个对错,家庭肯定会一塌胡涂。家要给人以温馨、亲切的感受;家是心灵的港湾;家是身心疲惫后休息的场所;家是受伤后的疗养所;家是你放下所有面具、做回真我的地方。

男人是泥,女人是水,所以男女结合不过是"和泥",要想将这个泥巴和得不软不硬刚刚好，那就需要讲究一点技巧，得注意水和泥的搭配。婚姻是两个人搭伙过日子，不必什么事都太计较、太在意。生活在大千世界里，难免会泥沙俱下，倘若生就一副“容不得沙子”的性格，那只会弄得对方很累，自己也很累。用惩罚对方的方式来惩罚自己，结果往往是两败俱伤。如此，不如抱着“和稀泥”的超脱与达观，把过日子当成一场过家家，才会过得“泥、水”交融，你中有我，我中有你。

所以，在琐碎的家庭生活中，夫妻之间不要遇事都想争个理儿。因为，家不是讲理的地方。争个谁是谁非、我对你错，常常要付出十分高昂的代价，这又何必呢？即使分出个高下，明天过日子的那个他也不会换人。家里本来无大事，琐琐碎碎，平平常常，如果为这些鸡毛蒜皮的事各讲各的理、各唱各的调，甚至将猴年马月的事情拿出来伤害对方、攻击对方，那这个家庭就只有争吵，只有战火，只有密布的阴云，肯定不会再有快乐与幸福可言。塞缪尔·约翰生博士指出：“如果哪一对夫妇试图用理性的推理来处理日常生活的每一件细小的事情，他们将是所有可怜虫中最可怜的一对。”

走在婚姻中的两人，不要为一件小事而硬要讲出一个理儿，没必要搞清楚谁对谁错。记住在家里是没有道理可讲的。“居家不论”也许是家中过日子的至境。居家过日子没有什么大不了的，过去也就过去了。回头看看，家还是最美丽的乐园。

婚姻专家点评： “执子之手，与子偕老”是每个人的向往和追求。要用女性的爱去拥抱家庭，而不能让家成为辨别是非的法庭。家不是个讲理的地方，但家是个存放爱的地方；家是个疗伤的地方，家是情感的港湾，是避风的港湾！在家中，如果一定要把权利、义务、是非曲直搞得明明白白，那只有天天吵架打架。一个家要用爱去经营，用宽容去谅解，用信任去理解。

2. 先处理心情，再处理事情

两人吵架基本上都是源于一个误会或错误，并且都不肯原谅对方，或不给对方解释的机会。后来越发展越糟糕，甚至到了分道扬镳的地步。

两人走进婚姻圣殿的时候，是多么的甜美。但是，那对于生活来说又是多么的短暂，转瞬即逝，热恋时的甜甜蜜蜜都被生活的平平淡淡给洗刷得没有了滋味，所以吵架在家庭中时常发生。

生活中，每天都围绕着琐碎的事情争来吵去。心情好的时候，任何事情都可以原谅，什么事情都可以心平气和地讨论。而一旦心情因为工作不顺心，或是女人生理的原因而使心情变坏的时候，很容易在很短的时间里失去理智。当你的老公在小心地侍候你的时候，不小心犯了一个错误，而这个不小心便会引发你心中的不悦，一场小的局部战争便开始了，进而极易爆发家庭战争。

婚姻中的两个人，相互谅解很重要。其实，婚姻是需要彼此精心经营的，生活中太多的点点滴滴、太多的磕磕碰碰，都点缀在婚姻的过程中。

所以，在夫妻吵架的时候，不妨先调整一下自己的心情，使心情得到平和，然后用平和的语气来讨论刚刚发生的摩擦。在处理问题之前，先处理好自己的心情。心情好了，问题自然也就好解决了。

婚姻专家点评： 夫妻俩整天生活在一起，哪有不吵架的。可是既然发生了矛盾，有了争吵，就要好好地处理问题。在处理问题之前，最好先处理好自己的心情，让心情平静下来，回归到理智上，再心平气和地沟通，这样会使矛盾得到最好的解决，不至于恶化，婚姻的基石会更加稳固。这都取决于理智地处理矛盾的方法。

3. 不翻旧账

在夫妻争吵过程中，一定不要挖过去的旧账来攻击、诋毁对方，这是最不明智的做法。这只会激起他愤怒的情绪，使问题更加恶化，对于解决问题起不到一点帮助。

在家庭中的男人和女人的关系非常亲密，每个人的优点和缺点都会毫无遮拦地暴露出来，在这种亲密的关系下，没有不磕磕碰碰，没有不吵架的。有建设性的吵架会让彼此相互谅解，两个人的感情会因此更紧密。因此，只要吵架的方法得当、处理的方法巧妙，对增进彼此的感情是很有帮助的。

夫妻在发生口角时，在大脑中会出现一些影像，只要和他有关的人，无论是他的父母、朋友，还是同事邻居，一律“杀无赦”。一个简单的争执，却因为你的乱“开炮”，从他身上扩展开去：他父母去年元旦没有请你吃饭；他那穿开裆裤的死党很不识相，经常到你家骗吃骗喝……吵到最后，你说：“我现在要是没结婚该多好啊！”

心理学家指出：绝对不要在吵架时牵拖出一大堆陈年旧事，不要打击他的家人、朋友以及同事，否则战场将无限扩大，而你原本所想解决的问题却连影子都没看到。心理学家建议，在开战前30秒，先问自己三个问题：

（1）究竟是什么事情让你生气？

（2）是否必须通过吵架来解决？

(3)通过吵架能否解决问题?

通过这样的思考后,你会发现,有些事情根本不值得去争去吵。

婚姻专家点评: 夫妻吵架一定不要翻旧账,这样反而会将情绪激化,同时激起男人对你的愤怒。在这种激化的情绪下,很容易出现意想不到的事情,也会使得婚姻出现不可弥补的裂缝。

4. 在争吵中不乱摔砸东西

天下没有不吵架的夫妻,关键要看这个架值不值得去吵,以及如何吵才能达到想要的效果。

有一次在闲聊时听朋友说:有一对夫妻,在一起过日子,没红过一次脸,没吵过一次嘴。

其实,没有见过他们夫妻吵嘴,不等于他们真地没有吵架,更不等于就没矛盾。很可能是他们掌握了吵架的技巧,巧妙地把夫妻间的吵架,变成了夫妻生活中的调味品,所以外人很难知道他们是否吵过架。

在夫妻吵架中,确实有不少技巧。实际上,在亲密伴侣之间,并没有原则上的冲突,夫妻吵架一般属于"床头吵架床尾和"的情况。因而,绝不能因吵架而伤了感情,对婚姻家庭造成危害。不论吵到什么程度,也不要说伤人的话,更不要将家里可以拿起的物品,统统摔得满地都是,认为只有这样才解气。

将杯子、盘、碗、筷摔在地上,既造成了对家庭的经济损失,对家庭环境也造成了危害。最可笑的就是:战争一结束,还需要自己将一地的碎片整理干净,并重新购置生活用品。这又何苦呢。

所以,夫妻吵架一定要讲究方法和技巧,架吵得好,也许可以成为两人感情的催化剂,使你们的感情在经历"冲突"之后,比以前更加稳固和坚实。但是当吵架升级为开始乱摔东西的时候,那么此时摔方已失去了理智,再争执下去,或是跟着摔东西,矛盾就会升级恶化,甚至促成家庭暴力事件的发生。

婚姻专家点评: 夫妻吵架是婚姻中的一个插曲。掌握好吵架的技巧,可以利用吵架来增进情感,反之则是走向破裂的导火线,一去不复返。原本相爱的夫妻,却形同陌路。所以,在夫妻吵架中一定不要乱摔物品,这预示着吵架的升级和恶化,也给家庭造成了经济损失,不划算。

5. 不做人身攻击

出言不逊地伤害对方，那么最后只能是两败俱伤、难以收拾，这恐怕是谁也不愿意要的结果。

在吵架中，不要说男人的短处。自己的男人再不好，日子也还得过，除非你想和他一刀两断。

不要把过去夫妻间的玩笑话作为攻击他的把柄。夫妻相处，难免因玩笑话翻脸。也许只是在家里开开玩笑的事。但是在两人吵架的时候，你却将那方面的话说出来，在男人的心里，那就是对他的人格进行攻击的表现，就是很恶毒的语言了。

不要把吵架变成谩骂。如“你就不是个好人！”“我早就看透你了！”“这辈子嫁给你，我算倒了八辈子霉了！”等等，把吵架变成谩骂，这是最容易伤害彼此感情的，对家庭的稳固造成了危机。

不能将吵架视为日常不满情绪的发泄方式。吵架应当就事论事，当事人可以直抒胸臆，但不可言词污秽，进行恶意的人身攻击，更不能越吵越远，最后变成“揭底口水大战”，切不可“没事图个嘴快”。

婚姻专家点评： 虽说骂人没好口，但是在吵架的时候，也要给男人留点颜面，同时也给自己留点颜面。吵架时要就事论事，不可图一时之快，用恶毒的言语进行人身攻击，殊不知“伤人一千，自损八百”。

6. 轮流说话

夫妻吵架，其实就是因为生活中一些鸡毛蒜皮的小事，或者一句玩笑话，对方听着刺耳，心里不舒服，脸一沉，嘴一张，一场口舌之争便开始了。倘若是你一句他一句一阵唇枪舌战，这还好一点。若只有女人在那里一个劲地说男人的不是，搞得男人一句话也插不进去，此时，就会激化男人的情绪，使男人失去理智。

你如果频频向老公发起猛烈的攻击，而老公又没有反驳的机会，这样很容易激起男人的怒气，此时要做有效的沟通就很困难了。

在吵架的时候，要轮流说话，给对方发言的机会，你则静静地听完对方讲的话，然后针对他说的内容再进行发言。如果老公讲的内容很多、很杂、没有条理，你可以要求老公一个一个地讲问题，而不是一股脑地全部倒出来。

耐心地听老公讲完之后,你还可以重述一遍他的想法,问问他你的理解是不是正确。通常盛怒中的老公会因为你准确的理解到他的感受而平静下来。所以,要让老公有机会顺畅地谈完自己的想法,这是很重要的。

但是,如果你在讲话的时候,他一直打断你说话。那么你可以直接跟他说:"你现在一直在打断我,这样子我没有办法讲我的看法。"如果你已经提醒过好多次,他依然还会打断你的发言,那么你就可以说:"我觉得你一直在打断我,这样我们没办法进行有效的沟通。如果你想要再谈的话,你就不要再打断我说话。如果你不能够做到这点的话,那么我们就明天再谈。"

坚持你的立场,直到对方能够不再打断你,你再继续沟通。

婚姻专家点评: 夫妻之间的吵架是没有高下之分的,只要将问题讲明白、说清楚,就不会有太大的问题。所以,要给对方讲话的机会,不要打断对方的发言,要仔细地听他在讲什么。他讲完后,你再针对他说的想法发表你的看法。要做到两人轮流讲话,这才是进行有效沟通的方法。

7. 把自己的感受说出来,而不是批评

大吵三六九,小吵天天有。这样的夫妻当然不是好夫妻。但从不吵架的夫妻也不见得就是恩爱夫妻。

在夫妻争吵时,最主要的就是进行有效的沟通,使问题不要无限制地扩大,特别是在两人情绪比较激动的时候,一定要先稳定情绪,将自己的感受告诉对方,而不是一味地指责和批评。

要听明白对方的想法和观点,同时也要清晰地表达自己的想法,这对于化解双方的矛盾和解除误会是很有必要的。

如果对方说:"我觉得你真的很自私。"

"那你呢?你又好到哪里去?"

如果这样交谈下去,那么一场战事将不可避免。

此时你应静下来,并对他讲出你的想法:

"为什么你这么觉得呢,我做了什么事情让你感觉这样子?"

或者"你经常很晚不回家,并且不打回电话,这让我很担心。"

这样将你的感受和想法讲出来,而不是进行批评性的攻击,那么对方就很容易接受你的看法,并且在以后的生活中加以注意。

婚姻专家点评： 生活中，没有不吵架的夫妻，可是人生的时光就是这么短暂，何必给自己再增添烦恼呢？当你的那个他对你有看法的时候，一定要听他阐述明白后，再说出你的感受和观点，而不是一上来就进行批评和反驳，以避免将矛盾激化。

8. 吵架时绝不说分手或者离婚，免得事后下不了台

若能在吵架中表达出自己的想法，总比大家都把话闷在心里不说出来的好，但千万要避免在冲动时说出伤害对方的言语。有些话，一旦说出口就很难收回了。

(1)不要擅谈离婚

如果你动不动就把离婚挂在嘴边，或经常把离婚作为武器，时不时拿出来对爱人进行威胁，那么，离婚的意念就会像一粒种子，在肥沃的土壤里生根、发芽、成长、不断繁衍，直到你或你的爱人把任何不愉快的事情都与离婚建立了联系。通常来说，我们向潜意识输入什么素材，它就通过意念冲动完成什么工作。你把离婚重复1000遍，你爱人的潜意识就可以随时把离婚的意念转化为事实。当你再说第1001遍的时候，你们也许就真地离婚了。这当然不是你想要的结果。

亚杰和丈夫的感情还不错，只是偶尔犯点口角，这本来算不了什么。可是亚杰一到情绪激动时便无法控制这张嘴，便口无遮拦，顺嘴便说："吵什么吵，没法子过就离婚，离开你这地球还不转了呢！"第一次这么说时，丈夫还没太在意，几次以后，他就觉得不是滋味了，以为是妻子有了外遇，所以才总把离婚挂在嘴上。这样一来，丈夫对亚杰的感情越来越淡，不久两人真地办理了离婚手续。

擅自谈论离婚，还可能引起夫妻之间相互赌气。夫妻之间谁都不服谁，一方一气之下把离婚说出口，对方或许真地同意了，闹到去办离婚证。到真正要离婚时，双方都后悔了，一场闹剧就此收场，劳民伤财；一赌气真地把离婚证办了，接下来财产、孩子、生活、再婚等一系列的问题接踵而至，即使再婚，一定比现在过得幸福吗？

(2)在夫妻吵架中尽量不要使用威胁的词语

这类词听上去好像很引人注意，但它们太危险而且不给进一步的交谈留一点余地。就算你确实怒气冲天，一走了之，那你们的夫妻关系也不会就此结束，尤其还要牵涉到家庭、孩子等其他问题。在这种情况下，只要夫妻间的关系还没有破裂，说出真实的感受有助于接触到问题的根本。不过，对于大多数婚姻而

言，动不动就用离开来进行威胁，只能随着时间的推移而变成现实。

婚姻专家点评： 吵架在夫妻生活中是不可避免的。但是，在吵架中一定不能失去理智，想说什么就说什么，什么解恨说什么，特别是一些威胁的语言，不能轻易地说出来。两人能够相知、相恋、相爱，而后走入家庭本身就是一种缘份，一定要好好地呵护这段来之不易的情感。

9. 有些话千万不能说

由于夫妻吵嘴时说话都比较偏激，在用词上不假思索，什么解恨说什么，所说出的话往往不计后果。而有些话常常会刺伤对方的自尊心，伤害其感情。

(1)你真是个窝囊废

王书成是位知识分子，在公司里是一个技术上的台柱子，可就是对专业以外的事情不太在行。妻子看到别人的丈夫都能帮着做些家务，这使她非常羡慕，便经常抱怨丈夫："你看看人家，再看看你，可真是个窝囊废，干啥啥不行，做啥啥不会。"她本是想以这种方法刺激丈夫多学学生活，可事与愿违，她越是抱怨，丈夫越是"窝囊"。可能她还没有察觉，这种引导方法是严重错误的。这样做会极大地摧毁丈夫的自信心，伤害夫妻感情。此时，应以积极的配合和鼓励来提高他的能力。

(2)当初真是瞎了眼，嫁给了你

夫妻之间讲话确实应当注意，比如类似的话还有："跟了你真是倒了八辈子大霉"、"早知今日，何必当初"等等。这些愤怒的言语中，带着深深的懊悔情绪，这无疑是对老公自尊心极大的伤害。再如你因为家庭的经济比较拮据而火气冲天："当初真是瞎了眼，嫁了你这么一个没本事的男人！"话刚说完，你就会知道后果的严重，也许丈夫也正为此焦虑上火，听到这话又怎能不生气？夫妻吵架中任何过激的话，不仅不能解决问题，反而会使问题变得更加复杂，使夫妻感情产生裂痕。

(3)你看人家的老公……

俗话说："货比货得扔，人比人得死。"这种拿自己的丈夫和别人的丈夫进行比较的做法，实在是要不得的，这也是女人的攀比心理在作怪。作为妻子，若常用这种攀比的方法来埋怨丈夫，使得脾气好的丈夫尴尬至极，脾气坏的丈夫则会说："人家好就跟人家过去！"结果会给家庭造成感情上的阴影。其实，每个人都有自己的长处和短处，妻子应该懂得如何发挥丈夫的长处，鼓励丈夫改正自己的不足，而不是讽刺挖苦，讽刺挖苦的结果只能是适得其反。

(4)你管不着

两人走进家庭便是以互相信任为基石的，若发展到相互猜疑就太可怕了。生活中，夫妻应相互信任，以使得家庭和睦相处，使感情日益加深；若因夫妻间相互猜疑而吵吵闹闹，感情便日渐疏远。“这事你管不着”这样的话往往容易使对方产生误解，以为你有什么事瞒着不告诉他，渐渐地他对你也就失去了信任、产生了怀疑。当你因为工作上的原因回家晚了，丈夫便问：“你干什么去了，这么晚才回来？”此时因你心情不好，随口便说：“你管我多会儿回来，你管得着吗你！”此时丈夫便会暗自猜测：她是不是有什么不可告人的秘密？于是猜疑不觉而生。

(5)你撒泡尿照照自己

俗话说：打人不打脸，骂人不揭短。“你撒泡尿照照自己”这句话便是在揭丈夫的短处。“短处”就像人脸上的伤疤一样，虽然影响形象，但没有人愿意揭去它。可是当在气头上，讲话就不计后果，怎么痛快怎么说。当你对个子矮小的丈夫气愤地说：“撒泡尿照照你自己吧，我伟岸的老公！”像这样丧失理智的话语，不但会伤害对方的自尊心，也会在夫妻情感上造成隔阂。

(6)看你那个相好的……

在现实生活中，经历一次恋爱便成功的概率很小，这就造成婚后不少夫妻如何处理旧日恋情的问题。有的女人动辄以“你那个相好的”展开攻击，用戏谑的态度和语言来挖苦丈夫，以为只有这样才能解心头之恨，促使丈夫割断旧情。殊不知，这样做最容易伤害丈夫的自尊心，最容易使丈夫在心里拿你和旧恋人做比较，也最容易使丈夫旧情萌发。如果采取相反的态度，把丈夫以往的恋情当作一段尘封的往事，理解和尊重对方在婚前的恋爱经历，这样反而更容易使丈夫忘记旧情，死心塌地一辈子只爱你一个人。

婚姻专家点评： 生活在围城里的两人，随时都可能发生战争。战争中的妻子是火上浇油，还是春风化雨，往往决定于妻子的言语。恰倒好处的一句话，不仅能平息争端，还能让婚姻更加亲密、融洽。不要以为已经是老夫老妻了，早已没有了激情和浪漫，说话就可以不太在意了。要知道，也许以后的许多生疏和隔阂，就是从这些不经意的话语上开始的。

10. 不记仇

俗话说得好：天上下雨地下流，小两口打架不计仇。

生活中的吵架很多都是因为心情不好，或者是因为一句不中听的话而引发的。

既然吵了，最好吵过后，将它抛到九霄云外。不要记仇，否则将断送你一手经营起来的家庭。

小尹和老公经过三年的恋爱期后，组成了自己的小家庭。刚开始如胶似漆、形影不离，吃饭、上街、看电影时时刻刻都在一起。

到了第三年的头上，为了生活中的一点小事，两人开始发生口角。小尹呢，又有点小孩子的脾气，每次吵嘴都记在心里，为了报复老公，不让老公上床；老公换下来的衣服丢在衣橱里，就是不给老公洗。

久而久之，孩子气的小尹便将自己的家庭给毁掉了。

既然生活中的吵架是难以避免的，那就不要记仇。记仇只会增加你内心的痛苦和对老公的怨恨。对老公宽容一点，也就是对自己宽容一点。

婚姻专家点评： 生活原本就是与苦乐为伴，人人都感叹人生苦短，那还何必给自己过不去呢？快快乐乐地生活每一天，天天都享受阳光普照的日子，那将是多么舒畅的事情。

11. 愿意道歉

吵架是为了解决问题，而不是为了发泄自己的愤怒。

生活中，相爱的两个人，难免会有磕磕碰碰，吵吵闹闹也是正常的事情。争吵实质上是因为相互在乎，互相爱着对方，也是为平淡的生活添点情趣。

王萍结婚已经八年了。在这八年当中吵过多少次架，王萍都记不清楚了。但有一些吵架的情形使王萍记忆犹新。

那是刚刚给新买的房子装修，经协商墙面要刷成淡绿色。那天他却临时改了主意，问王萍刷成淡蓝色好不好。王萍一听火儿就撞到脑门，便很大声地说了他几句，他有点生气："不是在和你商量吗，干嘛这么凶？"

老公平时对自己百依百顺，这次却敢顶嘴，王萍怒火攻心，"离婚"两个字便脱口而出。

王萍和她老公在结婚的时候就约法三章，无论怎样都不要随便说"离婚"。王萍此时想起，觉得有点小题大做，可碍于面子，也没有向他道歉，整个上午在房间里各干各的。

快到中午的时候，王萍有些饿了。王萍又不会做饭，平时都是她老公做。王萍打开冰箱一看，里面的食物全是生的，心里一酸，眼泪就忍不住落了下来。

王萍的老公听到王萍的抽泣声，走过来说："肚子饿了？"

王萍点了点头。

“那我给你做饭去？”

王萍又点了点头。

“你惹我生气了，快给我道歉。”王萍的老公终于找到机会了。

从那以后，吵架也好，冷战也好，王萍的老公都会冲王萍说：“你惹我生气了，快给我道歉！”王萍立便很知趣地顺着台阶而下，“不就是道歉嘛，还不是小事一桩。”

婚姻专家点评： 故事的主人公说“你惹我生气了，快给我道歉”，其实是巧妙地把难题抛给了你，也是表示他想和你和好，就看你如何表态了！聪明的妻子应该抓住这个台阶，不要死撑面子活受罪，哪怕胡乱说些道歉的话，也可以说“宝贝，你对不起我”这样的玩笑话，他都会听着悦耳。

12. 夫妻双赢沟通技巧

两人越走得近就越需要经常交流，表明自己的想法。

婚姻生变的原因虽然错综复杂，但最大的原因在于夫妻之间缺少有效的沟通。那么，夫妻之间如何进行有效的沟通呢？

（1）不断鼓励和表扬对方。夫妻之间的相互赞美要多于指责，这非常有利于夫妻关系健康的发展。当然，表扬时应具体，不论事大事小，只要对方做得好，就要不断给以肯定。这样做可使对方感到你真的很在意他，并会促使对方做得更好。

（2）尽量读懂老公的非语言行为。据专家研究，人与人之间的沟通65%是非语言的，人的一举一动都包含着沟通的信息，如果夫妻之间能尽量体会、准确感觉到相互之间的非语言信息，将有助于夫妻之间的良好沟通。

（3）理解老公真正的需求。如果你特别关心自己的丈夫，那么你是否真正理解丈夫的需求，并给以必要的关注呢？有时候，人说的和做的不一致，男人出于维护自尊的需要，更是如此。此时，就需要你细心地体察，用爱去体味老公的真实意图。

（4）言辞要切合实际、要合情合理。在批评老公时，不能用“你从来什么家务也不做”，“你总是和我大声喊叫”等不切实际的表达方式。那你的老公可能会反驳：“难道我就没有做过家务吗？”“我什么时候大声喊叫了？”这就造成对方不但不承认被指责的事，而且可能还指责你蛮不讲理。

（5）从不玩猜心游戏。既然想让老公了解你的心事，最好主动将它说出来，那你的老公才会知道你的需求。需要什么、苦恼什么、希望老公说些什么，都是直接说出来的为好。你一言不发地自己生闷气，会让你的老公无所适从，因而容易引发胡乱猜疑，很容易产生矛盾和冲突。

(6)对生活中的重要问题，要拿出充足的时间，进行深入的讨论。不管是子女教育问题，还是夫妻之间的感情问题、性生活问题等等，双方都应有深入的交流。这样才能达到真正的相互理解沟通。

(7)选个好时刻讨论问题。在他心情比较愉快的时候，你再和他谈那些棘手的问题，这将有助于减少冲突；而他正处于比较紧张焦虑的工作或生活状态时，就要尽量与他谈一些愉快的话题。选择合适的交谈时刻，其实也是在传达对对方的尊重、体贴和理解的信息。

(8)积极倾听。良好的沟通除了表达自己的感受之外，积极倾听对方并给以反馈也是非常重要的。倾听不仅有助于了解对方的思想，而且也是体贴尊重对方的表现，同时也是在向对方传达着这样一个信息：他也应该这样倾听你的声音。

婚姻专家点评： 夫妻之间的沟通是一门学问。结婚只是两人生活的开始，在这个过程中更需要感知对方的心情和需求，要更仔细地去规划婚姻生活的内容，有意见、不快应该诚恳、温和、讲究策略地说出来，并经常主动地与其沟通，以了解他的需求。

(三)公婆爱你，老公会更爱你

都说婆媳难相处，就算两人有些什么矛盾，你也要牢牢地记住：你最爱的这个男人就是他们一把屎一把尿养大的。仅凭这一点，你也该像对自己的父母那样待他们。若是真做到了这一点，你就是一个十足的好媳妇，一个标准的好老婆！

1. 尊敬老公的父母

如何处理好与婆婆之间的关系，是每一位妻子都需要面对的问题。

在家庭中，妻子和老公父母的关系是最容易产生矛盾的，而且产生矛盾后又极不容易解决。如果处理不到位，便会造成父子关系、母子关系、公媳关系、婆媳关系、夫妻关系的紧张，甚至产生情感上的隔阂。如何处理好与婆婆之间的关系，是每一位妻子都需要面对的问题。最基本的一点便是对两位老人要尊敬，这是处理他们这间关系最基本的原则。

(1)尊重公婆

虽然公婆没有养你,但是她养了你的老公,如果你爱老公,就要理解儿子对父母的心情,就要和他一起尊敬他的爸妈。公婆是老公的父母,做媳妇的就要处处对公婆表现出尊敬,不要指挥公婆做不乐意做的事情。假如你想让公婆帮助你做某件事情,最好和公婆商量着来,不要用命令的口气和公婆讲话。全家的事情要商量着办,不要独断专行。如经济开支这样涉及整个家庭的事情,要大家商量一下再做决定;在日常生活中,还要经常问候一下,和公婆聊聊天、说说话,沟通一下情感。做媳妇的要多尊重公婆,多想想公婆年纪大,思想跟不上时代的发展,在考虑问题的时候难免会有些片面和固执,这就需要做小辈的多体谅体谅公婆。其实公婆也是为了这个家好,只是他们的思想还停留在以前的那个时代里。

(2)谅解公婆

媳妇作为公婆的小辈,要多体谅两位老人,要明白老人所想的不可能和年轻人完全一样;媳妇和丈夫亲热的时候,不要忘记多考虑和安慰一下两位老人,不要使老人产生一种孤独、落寞之感,老人和小孩一样需要别人来呵护;在家务劳动方面,媳妇要照顾婆婆,自己多做些,毕竟公婆年纪都大了,做起事情来有些吃力,别因为家务事把身体给累坏了。

(3)切忌争吵

在任何情况下,媳妇都不要"针尖对麦芒"地与公婆争吵,如果公婆的心情不好发了火,做媳妇的要暂时忍让,过后再说。如果一吵,势必扩大矛盾,而且较难转弯。几次争吵,假若形成成见,就更不好调和了。平时如果有意见,不要和邻居、亲友乱讲,有机会时双方好好开诚布公地谈一谈,或是由儿子恳切地传达。在外人看来,作为晚辈的媳妇唾沫横飞地跟婆婆对着干,他们会认为你没家教,说你没教养,所针对的对象就不是你一个人了,而是捎带上了你的父母。你希望听到自己的父母因为自己的原因被人议论吗?

(4)精神上的安慰和物质上的照顾相结合

媳妇对公婆要多问寒问暖。当老人身体不适时要多加照顾,在力所能及的情况下,经常买些老人爱吃的东西,这不仅是物质照顾,更主要的是精神上的安慰。而且要记住,无论你为公婆做了多少好事,如何关心体贴,都不要常挂在嘴上,也不要对亲友、邻居宣扬;更不要在双方发生矛盾时"算账"。做了好事不到处讲,心里有数就行,如果老是讲,结果可能适得其反。

婚姻专家点评: 家庭成员之间和睦相处是最幸福的,也是人人都希望的。在处理与公婆之间的关系时,要采用转换思维的方式,从公婆的角度出发来考虑问题,处处为公婆着想,即使公婆有点小毛病,做晚辈的也要多体谅体谅。

如果你对老公的父母处处表现出尊敬，那你的老公一定会庆幸自己找了一个通情达理的老婆。

2. 爱老公的亲人

男人需要自己的妻子温和、慈爱、平和，具有包容心，重视自己的亲属和朋友，这样的女人也才是真正爱丈夫的好女人。把丈夫的亲属当成自己亲属一样细心包容的女人，才是男人心中最理想的妻子。

志华家里虽然贫穷，但他很懂得学习，既聪明又孝顺。在他村里有个有权有势的人知道志华对父母很孝顺，希望志华能做他的女婿，便叫媒婆去说和，却被志华给拒绝了。志华认为，反正是要做上门女婿，我宁愿到村里最穷的大有家。大有家是全村最穷的，他有个女儿叫珍珍，虽然长相一般，但心地很好，温柔贤淑。

于是，志华便和珍珍结婚成家了。婚后，珍珍和志华同心协力过日子，生活过得很是和美。可是细心的志华却发现，珍珍每当吃完晚饭，做完家务活后，就不见人影了。

一天晚饭后，满腹疑惑的志华便蹑手蹑足地跟在珍珍后面，才发现原来珍珍是到志华家去照顾志华的母亲。珍珍收拾完厨房后，还把家畜都料理妥当，为婆婆敲背捶肩后才回家。

志华对珍珍的举动很是感动，流着泪感谢，两个人感情愈发的融洽，小日子越过越红火。

聪明的女人，不会说老公父母的不是，即使是老公在你的面前抱怨自己的父母不理解他。但是，无论他怎么说，你也不能随着他说公婆的不是。你只能对他说：我聪明的老公，你是否想想你错在哪里？因为一个聪明的女人知道：公公婆婆永远是老公最敬爱的人，而且自己也不可能取代血肉亲情。

世上没有无缘无故的爱，也没有无缘无故的恨。与人相处就像是照镜子，你对它笑，它才会对你笑。一个女人嫁给一个男人，她不但是这个男人的妻子，还同时身兼媳妇、妯娌、姑嫂多种角色。与丈夫的亲人和睦相处，既是婚姻生活中的一门必修课，也是生命中最重要的一部分情感，如果忽略了它，或故意去轻视它，那么你的婚姻生活一定不会获得真正的美满。

事实上，每个人都有缺点，都有对人对事的好恶，要长久地维持好婆媳、姑嫂关系，并和她们建立起亲如一家人的感情，肯定需要许多包容和谅解。日常生活中，柴米油盐、鸡毛蒜皮一类的烦恼谁也无法避免，但只要你在做一件事之前，先替别人想一想，“己所不欲勿施于人”，就一定能化解烦恼和怨恨。

婚姻专家点评： 聪明的妻子知道如何尊重老公的亲人，特别是懂得孝敬公婆，也懂得在老公亲人面前为老公树立起模范老公的良好形象，从而使老公在人前活得有模有样，也使夫妻感情得到升华，进入一个新的境界。

3. 怎样对待“不讲理”的公婆

结婚后，如何正确处理与公婆之间的关系，特别是当你遇到“不讲理”的公婆时，往往令女人头痛。

公婆与媳妇之间的关系的确是家庭生活中很难处理的一个关系，它不如夫妻关系那样亲密，也不如母子关系那样稳定。处理好了会让你的婚姻生活更加美满稳定；处理不好，相当于给婚姻埋下了定时炸弹。

（1）多多赞美公婆

作为公婆的儿媳妇，要善于发现公婆的优点，并及时给予赞美。比如“衣服洗得真干净！”“妈，您穿这种颜色衣服真好看。”“公公，您养的这只鸟叫得真好听。”“公公，你在阳台上养的那些花儿真漂亮。”等等。这些不起眼的赞美可令公婆心怀喜悦。赞美的话可以直接当面说，也可以讲给别人，让越多的人知道你公婆的优点，公婆越高兴。需注意的是，赞美不同于奉承。赞美是发现并承认实际存在的优点，是诚心的，让人高兴；奉承则是夸大优点或编造优点，是虚假的，令人生厌。

（2）时常与公婆沟通

和公婆交谈，要从他们感兴趣的话题入手，选择合适的话题，激起他们的兴趣。如果公婆喜欢画画、刺绣、养花、养鸟等，不妨以请教的口吻向他们虚心学习，他们必定乐于向你介绍一些专业知识，不仅对你有所裨益，而且能增进彼此感情，让公婆觉得你很好学、肯干。

（3）不要与公婆争他们的儿子

公婆在任何时候都会认为儿子永远是他们的“私人财产”。她可以溺爱你的丈夫，可以责骂你的丈夫，可以随时“指使”你的丈夫，可以任性地让你丈夫做许多你讨厌的事。不过你在这些时候千万不要怒形于色，怎样应对都由你丈夫自己处理，你不要在中间掺和。

（4）在公婆面前不要指使你的丈夫

夫妻之间的事情最好私下里讲，在需要决策问题时，即使你已拿定主意，也要在最后加一句：“老公，你的意见呢？”在公婆面前决不能指使丈夫。相反，要做出贤德样子，在公婆面前给丈夫洗衣端茶，背后让他给你洗脚捶背也无妨。

（5）拿知冷知热、甜言蜜语的话暖其心

在公婆面前多说点好听的话，老人家就好听这个，其实老人就跟孩子一样，是最好哄的。而且记得在逢年过节给老人家买点礼物，东西不在贵重，重要的是让他们感觉到你记着他们、想着他们。

（6）遇到不好处理的问题，交给老公，自己不要出面

媳妇在公婆的心里始终是外人，所以遇到难开口的话、难办的事交给老公，父母再气愤也不会记恨和埋怨自己的儿子。而且儿子在公婆面前夸你，比你自己表功要强百倍，人家就信自己的儿子。

（7）和公婆站在同一战线

一般来讲，公婆很容易把儿媳看成“编外人员”而心生隔膜。为了使公婆早日将你纳入编制，必须要“更高、更快、更强”地灌输给公婆一些“迷魂汤”，全方位地使她感受到你甚至比他们的亲儿子还要向着她。这是公婆与儿媳相处的重要一招，百试不爽。

婚姻专家点评： 在家庭中处理好公婆与儿媳之间的关系是双赢的结果。一个温文有礼的女人，是知进退、有眼色的。知道在长辈面前，什么该说，什么不该说；什么能做，什么不能做。俗话说：“家和万事兴。”一个深爱自己丈夫的女人，总能艺术地处理好公婆关系，使丈夫免受夹板气，不左右为难。从而保持家庭的和睦，给自己带来幸福。

4. 当着公婆的面让老公有面子

在公婆面前一定要给老公留足面子，给你的老公留点自尊。

女人走进婚姻的围城后，难免会在公婆面前指使你的老公或者与其发生口角，可是在公婆面前你要忍着，不可发泄出来。在公婆面前一定要给老公留足面子，给你的老公留点自尊。

（1）公婆在的时候，最好避免在公婆面前指使你的老公做这个做那个。这样做在你心里也许是理所当然的，可在公婆的心里会很不痛快。

其实这个道理很容易理解，换个角度想，如果在你的爸妈面前，你老公不停地使唤你做这做那，你父母的心情是怎样的？他们会以为女儿在这个家里过得很不容易，一定会心疼你这个女儿。

（2）不要在公婆面前跟老公吵架或说老公的不是。一般的媳妇都知道公婆护儿子，如果你当着公婆的面跟老公吵架或指责老公的不是，公婆是不可能偏向你的，更有可能会觉得自己的儿子受了欺负，会跳出来跟他儿子一起对付你。

即使是公婆很会做人，当时偏向你，骂了她的儿子，你也不要认为公婆心里也会偏向你，如果你这样想就太幼稚了！

除非你的老公确实非常过分，除非你的公婆明辨是非，除非你的公婆护理不护短，除非你的公婆对你疼爱有加。如果没有同时具备这几点，你要是在公婆面前跟老公吵架或说老公的不是，只能是自找不痛快。

婚姻专家点评： 你的老公是你公婆的儿子，也是一个男人。男人都是视面子如生命的，所以在公婆面前一定要给足你老公的面子，这样公婆会觉得你这个媳妇很贤惠，同时也觉得他这个儿子能娶到你这样一个知书达理的媳妇是他一辈子的幸福，这对处理好与公婆之间的关系会起到较好的效果。

5. 绝不能对自己的爹娘“活雷锋”，对丈夫的爹娘“周扒皮”

女人和男人结婚以后，便多出一份情感来，那便是要面对自己的公公、婆婆。

女人在没有结婚的时候，可以说是父母手里的宝贝，作为女儿对父母的这份养育之恩也是十分感激。但女人和男人结婚以后，便多出一份情感来，那便是要面对老公的父母——自己的公公婆婆。一般女人和自己的父母在一起时有说有笑，天真得像个小姑娘，有时候没大没小地开着玩笑。可是在面对公婆的时候，就是笑也笑得不自然，心底里总有一种隔阂。

其实一个好老婆应该知道，如果自己的丈夫没有他父母的教育和培养，没有他父母时时刻刻的鞭策，是不会长大在成人的，而且在丈夫心中父母的地位绝对是第一位的。

贤惠的妻子，一定要好好对待老公的父母、自己的公婆。生活中，不要凡事先想到自己的爸妈，还应该时时惦记着老公的爸妈，也就是自己的公公婆婆。家里有什么好吃的，给你父母拿点的同时，不要忘记随便再给公婆带点；有什么好用的，也不要忘记给公婆送点。这既显示出了对父母的孝顺，同时也替你的老公尽了一份孝心。

人，都是爸妈养大的，都应当知道养育之恩，为父母尽些孝道。关键是这些孝道你也应该给丈夫的爸妈一些。自己的爹娘就是他们没说，你也能时时处处地想着，以一种“雷锋”一样的思想设身处地地为他们着想，面对你的公婆，切不可有“周扒皮”思想，不可小气与不厚道不孝顺。都说公婆与儿媳难相处，就算两人有些什么矛盾，你也要牢牢地记住，你最爱的这个男人就是他们一把屎一把尿养大的，仅凭这一点，你也该像对自己的父母那样待他们，应该无比感激地说:“爸爸,妈妈,你们辛苦了,现在该是我们养你们的时候了!”你若是真做到了这一点,你就是一个十足的好媳妇,一个准标的“好老婆”!

婚姻专家点评: 谁都有父母,谁都爱自己的父母,谁都感激父母的养育之恩。但是作为老公的父母,同你自己的父母相比,就会有不同的对待。在女人心里给自己父母多一点关心那是理所当然的,但如果对公婆不好,这样只会使你的老公左右为难,在中间受夹板气。贤惠的妻子,可以很好地将父母和公婆的地位调整到最佳位置。

6. 要讨好老公,不如讨好他的亲人

结婚成家,虽然有了两个人的独立空间,但千万别忘了你同样也属于他原有的那个大家庭。

一般来说,男人结婚前总有许多朋友亲属,平时也经常相互走访,这有助于男人扩大交际、增加信息,为事业打基础。对一个女人来说,结婚成家,虽然有了两个人的独立空间,但千万别忘了你同样也属于他原有的那个大家庭,你同样也需要将你的爱延伸到你丈夫的亲朋好友上。因为,你不可能把他从他成长的家庭中连根拔出来,与那些你看不上眼的亲友断绝关系或来往。如果你执意那样做,很有可能会失去他对你的感情。如果一个女人能把丈夫的亲属朋友看得比自己的亲属还要重要,是可以带给男人好运的。譬如:照料年事已高的公婆,事必躬亲,或偷偷地塞点零用钱给小姑、小叔等,这些行为都能使丈夫有面子。

看你勤勉持家、对人又好,双亲以及家人都会说:“真是讨了个好老婆。”这么一来,做老公的当然会感到骄傲,心里乐开了花,亲戚们也更加信任和看重你的老公。再说老公的朋友,女人也应十分重视与老公的朋友们交好。时常以女主人的身份邀请他们来家中聚会,客人来了,要笑脸相迎、热情招待,真诚希望朋友们支持老公。这样的话,老公的私人关系不会受婚姻的影响,这些朋友还将继续是老公事业上的好帮手。

因此,贤惠的女人,既然爱一个男人就要善待他的亲朋好友,把他的亲人当成自己的亲人,把他的朋友当成自己的朋友。他的朋友来了,高高兴兴地迎接,盛情地款待;他的亲人有困难了,要诚心实意地帮助;过年了,给他的父母买一身新衣服,多买点老人爱吃的东西;正月里,给他的亲人备上一份好礼,陪同他一起去探望;他的亲人考上了好的学校,主动张罗一桌丰盛的晚餐……不经意中的一件件小事,会使他感动一生,认为你是一个不可多得的好女人、温柔贤惠的好妻子。这样,无论外面有多大诱惑,他都会把一颗心交给你,让你珍存一生。

“欲取之，必先予之。”你对老公亲朋好友的付出，其实等同于对男人的付出，男人会因你的付出而感到尊严倍增，那又何尝不会给女人更多的幸福呢！

婚姻专家点评： 能够珍惜丈夫的亲人、朋友的女人，从某种程度说就已经是一位成功的女人了。和老公的亲朋和睦相处，是女人处事的一种技巧，这种技巧在关键时刻，将会起着非同寻常的作用：它既可在你老公事业的道路上助他腾飞，也可在夫妻关系发生矛盾时助你解决问题。相反，如果亲朋问题处理不当，不但会影响家人的感情，同时还会影响夫妻之间的感情。

（四）管好家里的钱

结婚以后，如果不能搞好收支平衡，就会出现家庭财务危机，影响夫妻感情。有些家庭，钱归一方总管，如果不能将财务公开，当一方经济要求得不到满足时，也会产生家庭矛盾。这些都是值得警惕的。因此，要夫妻共同理财，坚持量入为出的持家原则，勤俭节约、精打细算。手中要始终留有一些机动经费，以防不测之用。这样，就能防财务危机于未然，夫妻感情也会更和谐。

1. 会“理财”的女人让老公放心

在男人和女人之间，有一点区别就在于各自理财的能力。通常女人的理财能力要比男人强得多。男人有了钱，往往会控制不住自己容易大手大脚只知道今朝有酒今朝醉，管他来日在何方。

女人都希望自己的男人把所有的钱全交给自己，而且也是这样做的。家庭财政部长便成了女人的专用名词。在金钱上，女人有着强烈的统治欲望。不少女人愿意支配金钱，并且坚决反对自己的老公身上有很多钱，号称为了防止男人在外面沾花惹草。

但是有一点不用怀疑，那就是在理财方面男人确实没有女人强。其实“理财”的本质，就在于善用手中一切可运用资金，照顾家人各个阶段需求，提高现在和以后的生活质量，这对于作为理财高手的女人来讲并不难。

想要理财，若没有资本，一切皆属空谈。不论是月光族的你，还是等待老公发薪日的家庭主妇，或是在职场上冲锋陷阵的白领妙女，如何让现有的资本发挥最大的效力，才是最终的目的。首要的问题就是改变平时的消费习惯，合理地搭配日常开支。

(1)你不理财,财不理你

月光族的你别总说这个月要将多少多少的钱放在银行里,可结果呢? 每月都用得分文不剩。要知道理财不只是嘴上说说,理财也不只是空谈口号,而是要身体力行,更要持之以恒。

(2)让消费物超所值

在面对消费时,有的女人会将大部分资金投资在穿衣打扮上,有的女人则将资金投资在内在的素养上。其实,女性应该开拓视野,正确对待闲散资金,将钱用在刀刃上。利用知识生财,利用金钱生钱,才是高明的理财方式。

(3)强迫储蓄 定期投资

月光族的你,每月都将钱用得一分不剩。假如你采用"零存整取"、"定期定额"等强迫性的储蓄与投资,对于你来说是理财的最佳手段。因为你的部分资金会自动转到投资帐户,眼不见为净,几年后成效绝对令你满意。

婚姻专家点评: 其实,想要做一个会理财的女人,让老公放心地将每月的薪资全部交给你,是很容易做到的。利用女人善于理财的天赋,合理地使用每一分钱。改变日常的消费习惯,然后将家里的闲散资金再做合理的投资,并有效地规避因投资带来的风险。当老公看着你将日子打点得越来越红火的时候,心里还不乐开花啊!

2. 学会管理家庭开支

勤俭持家是中华民族的传统美德。

虽然我们的生活条件比从前要富裕很多,但是也不能丢掉勤俭持家的传统习惯。它不仅是"传家之宝",也是我们积累资金改善家庭生活、提高生活质量的重要手段。

不少家庭过日子,只注意怎样增加收入,却忽视了对家庭支出的管理,这样就是赚得再多,也会入不敷出,这就需要女人对家庭的日常开支做一个合理的规划。事实上,细心的女人特别注意日常开支,这对家庭提高生活水平有着极其重要的作用。管家的女人对家庭的支出一定要有计划,要学会科学、合理地使用资金,使有限的资金在你的手里发挥最大的效力,这就是为什么要学会理财的最根本原因。

家庭节支,潜力巨大。对每一个家庭中的"财政大臣"来说,都应该对日常生活支出好好算算,一定要做到精打细算,不乱花一分钱。其实每个家庭,就是一个小小的"独立核算单位"。家庭有收入,也有支出。俗话说:"由简入奢易,由奢入简难。”在今天,勤俭持家有着更为重要的意义。

对于一般家庭而言,开支大体由四个方面组成:

(1)固定支出。例如水电费、房租费等;

(2)必要支出。例如交通费、伙食费、教育费、书报费、卫生费等;

(3)大项支出。例如购大件商品、汽车、电脑、电冰箱、家具等;

(4)机动支出。例如购买衣物费、社交费、零花钱等。

为了确保能做到合理开支、科学理财,必须及时地调整家庭支出计划,持之以恒,使家庭开支经常保持科学合理的状态。

婚姻专家点评: 家庭开支,这是每一个女人都要面对的问题,也是必须掌握的一门技能。俗话说:“吃不穷,穿不穷,算计不到一辈子穷。”别小看这一天的开支,累计起来的数目高得吓人。所以,作为家庭财政大臣的你,要好好利用你手里的权力,合理地搭配日常的家庭开支,并做好记录,这样会对你的理财实践有很大的帮助。你的老公看到你将家庭料理得井井有条,也会乖乖地将收入如实上报。

3. 老公不是赚钱的机器

贤惠的妻子,不要常常抱怨老公的赚钱能力,只要他肯努力地付出就行。

俗话说:嫁汉嫁汉,穿衣吃饭。现在社会上有不少女人仍然将此当作金玉良言,在择偶时把经济条件放在首位。女人天生就爱比较,无论几个女人在一起,大部分不是比老公就是比孩子。有时看到挣钱比自己老公多的男人,内心就会生出一种不平衡感,免不了回家抱怨老公几句。在这些女人眼里,男人能不能赚钱,是衡量男人有用没用的一个重要标准。

记得高中的一个男同学,为了养家糊口,他四处打工奔波,非常辛苦,几乎一个月也回不上一趟家,可是还遭到老婆的抱怨,总觉得跟他很吃亏。他苦恼极了:难道男人只是赚钱的工具?难道男人不需要别人的关心?

贤惠的妻子,不要常常抱怨老公的赚钱能力,只要他肯努力地付出就行。因为金钱只是生活中的一部分,更多时候还是需要情感的满足。不要在他劳累以后还要抱怨,那只会打击他,伤了他的心,因为男人毕竟也是人,也有一颗需要安慰的心。

其实在这个世界上,男人女人都一样,都是感性的动物,都非常需要别人的关怀和安慰。作为男人也不例外,坚强的外表下也有一颗非常脆弱的心。假如女人对她的老公说:别太累了,我不需要很多钱,有你在我身边就够了。这句话就足够让男人感动一辈子。

人活一世，草木一秋，钱不是最主要的，只要男人有家的责任感，努力地付出就行了，毕竟成功的男人是少数，大多数还是平凡的人。

“家家有本难念的经”，成功男人的背后也必须有一个任劳任怨的妻子，作为妻子的你必须忍受情感的寂寞，因为成功男人一般都是工作狂或是应酬特别多，在美丽光环下的女人也不一定快乐多少。而在一个平凡男人的背后，你可以尽情释放自己的情绪，虽说钱紧张点，可是活得自由自在。

作为妻子的还应该记住：家庭也是两个人的，彼此都要付出一点，才会减少另一方的压力。如果一个女人在婚后仍然长期把老公当作自己的提款机，认为自己应该享有不断取款的权利，那就错了。很简单的道理，因为银行也有倒闭的时候，也有入不敷出的时候。

聪明的妻子，在婚姻中绝对不会躺在老公创造的财富上，或依靠老公的实力过日子。而应当将老公的财富和实力作为发展、充实自己的基础或条件，不失时机地使自己不断成长，在残酷的社会竞争中有一技之长，多学一点安身立命的技能。

婚姻专家点评： 男人不是赚钱的机器，男人最渴望的是温馨的家。在这个属于自己的天地里，自己可以像小孩一样顽皮、任性地撒娇。毕竟再成熟的男人，都有孩子的一面，再幼稚的女人也有母性的一面，这是人类的天性，是改变不了的。而一个女人若不懂得爱情，只知道把男人当作赚钱的机器供她去享受，再好的男人最终也会逃离。

4. 在你们的收入范围内生活

开销大于收入的妻子无疑是个脑筋糊涂、奢侈浪费的妻子。超越能力的消费，虽然可能使她的外表装饰得华贵，但不会动人。

生活在当今经济飞速发展的年代，女人所面对的是一个不成比例的挑战，买同样的物品却要用掉比五年前或是十年前多得多的钱。各类物品价格的上扬、生活消费水准的提高、孩子教育费用的增加等等，使得妻子在用每一分钱的时候都要精打细算。

应该提倡有计划有预算地花钱，不要毫无目的地乱花钱。预算开销可以告诉你如何削减那些不太重要的花销项目，将资金储备起来办重要的事。例如：孩子教育经费、购买房屋、养老保险金，以及添置一些必须的电器、家具等等。

假如平时女人没有养成计划用钱的习惯，从现在开始就应当学习如何处理家庭财务。这也是帮助你丈夫走向事业成功最重要的一面。如果你的丈夫有相当高的收入,但花销起来也大手大脚,你就应当帮他缩紧钱包,逐步培养他计划用钱的习惯。

(1)学会记录日常开支,清楚了解家庭的支出情况。分析细目中哪些是应该开销的,哪些是可以节俭的,以便日后注意。

(2)列出家庭每月或每年的实际开支计划需求。首先将每月必须开支的部分列出来,比如食物开销、水电费、房租、孩子的教育费、医疗费等等。其次计划出本月或者本年度拟购置的一些贵重物品,如小汽车、彩电、空调等等。制定这些预算时你必须遵循的一个最根本的原则,就是要在你们的收入范围以内支出。否则,你就应当尽量减少那些不太重要的开销计划。

(3)每月要储存一定数额的钱以便应急。虽然现在你和你的丈夫、孩子都平平安安,你的亲朋好友也都顺心安康,但一些意想不到的灾害难免有随时降临的可能。假如你将每个月的收入都用于开销,你就无法应付这些意外的紧急事件。所以,留有一定的活动资金以备应急对一个家庭来讲是十分重要的。

(4)将剩余的钱用于投资,来为家庭获取更大的利益。前面已经说过,要储存一部分钱留着应急。对于一个收入较多的家庭,你也不必将所有的剩余的钱都存入银行,因为银行的利息毕竟太少。你可以将这些钱拿出一点去做一些适当的投资:或者买一幢房子,然后出租给别人,收取租金;或者去办一个首饰店、具有特色的服装店,雇请一两名精明的人来经营。这样也可以获得更大的利润,达到钱生钱的目的。

每个家庭的实际情况各不相同,虽然可以参考其他成功妻子的家庭预算计划,但不能完全照搬。你所制定的这个计划,一定得是符合你的家庭情况的。

婚姻专家点评: 家庭的经济收入和支出问题,常常影响夫妻之间的感情,成为夫妻冲突的导火索。家庭经济状况要做到量入为出、合理使用。作为妻子,应该做丈夫的好后盾。如果你平时没有养成计划用钱的习惯,从现在开始就应当学习如何处理家庭财务。切记,夫妻双方一旦在钱的问题上纠缠不清,夫妻感情势必受到影响,就更谈不上夫妻关系的进一步发展了。

5. 理智处理老公的"小金库"

现在大部分家庭里都是妻子当家,掌管着财政大权,对丈夫实行经济管制。其实,这种"管制"往往有三个目的:首先,杜绝丈夫在外沾花惹草;其次,免得丈夫胡乱花;其三,就是将老公牢牢地抓在手里。因而,很多女人觉得一旦掌握了经济命脉,丈夫就会乖乖地听其摆布。其实这是一种非常愚蠢的想法,并且还会产生相反的效果，甚至会使男人产生逆反心理。所以，即使发现丈夫有那么一点“私房钱”，有一个“小金库”，也不要大惊小怪。聪明的妻子一定要认真分析，细心观察老公留私房钱的动机所在。

现如今，大多数都是妻子独揽家庭的财政大权。女人心细，对家庭开销也了解得比较全面，当家理财有诸多方便之处。然而，夫妻在开销问题上不协商、闹摩擦的也为数不少。

对一些“妻管严”家庭，男人偷偷摸摸建起了“小金库”。这样一来，麻烦事就多了。丈夫整天提心吊胆，生怕妻子发现唯一的秘密。若是有的妻子睁一只眼、闭一只眼，倒也是相安无事。要是妻子精明而又不宽容，也就难免“祸起萧墙”了。

有的女人先是怀疑丈夫有外遇或是把钱给了公婆，争吵不断。接下来就是你留一手我也留一手。倒头来是截留了多少钱财，也就等于截留了多少感情，酿成了夫妻同床异梦的可怕后果。

夫妻各存各的“私房钱”，有的是纯属感情不和，自备退路；有的是赡养父母，意见不统一；有的是家庭消费，各有所好；有的还是经济拮据，互不相让；更有甚者是互不平等，对对方限制过死等等。无论是哪种原因，共同点只有一个，就是家庭责任感的淡薄，没有真正把家庭作为一个整体，自己没有完全融入其中。

夫妻双方各留“小金库”表面看来，是钱的问题，实际上是一种感情裂痕的积累。主要原因就是在家庭资金的用途上没有很好的沟通，造成各自都留有自己的备用金，缺乏家庭的责任感。家庭因经济问题造成夫妻纠纷，空气紧张，终日提心吊胆，偷偷摸摸，还有什么家庭幸福可言？

夫妻之间既要互相尊重，又要以诚相待，家庭的经济账目要公开，财政开支要协商处理。假如你想添置一台空调、给孩子报个学习班、给你父母一些生活费等，一定要和你的老公商量着来。切不可以认为：反正钱在我手里，我想怎么用就么用。这种想法是行不通的，早晚会引起家庭矛盾。

有这样一对青年夫妇，在结婚不久，妻子突然提出要掌管家庭的全部财政，丈夫听后没表态。第二天回家时买了几斤妻子爱吃的水果，趁妻子高兴之时，对他妻子说：“你说，我买水果给你与你自己买了自己吃，哪种做法更让你高兴？”

妻子回答说：“那当然是你买给我吃啦！”

“如果我把所有的钱都上交了，我拿什么表示对你的关心呢？”

妻子心领神会，于是同丈夫商量了“开放”与“封闭”相结合的理财之道。

婚姻专家点评： 以前常常是妻子留私房钱，以防止某一天被丈夫抛弃，或者遭遇不测，而现在老公也留起了“私房钱”，这正说明女性的地位得到了提高。贤惠的妻子要想老公留“私房钱”，一味靠经济手段来是不可能的。最好的方法就是用理解、宽容、支持的态度对待老公的私房钱。

6. 反对家庭“剥削和压迫”

在爱情面前人人都是平等的，不论彼此地位多么悬殊、学识差距多么的巨大，男女双方只要产生了爱情，就不再有高低贵贱之分。

一个家庭的幸福与不幸，规律和共性总是有的。一般说来，欢乐的家庭总是很默契地相互配合、平等地相处，在贫、富、苦、乐中相知与扶助，对配偶很是尊重与器重，没有家庭的压迫和剥削。而悲剧式的婚姻则往往相反。除社会原因渗透和自酿的苦酒之外，普遍原因是把婚姻理解为占有对方。

当女人还是小姑娘的时候，受到父母的疼爱，想要什么父母会尽量地满足她的要求，从而养成了娇生惯养的习惯。可是一走进家庭，走进两个人的世界，两人走过那种甜言蜜语的恋爱阶段，回归到生活的琐碎杂事中，自身的缺点便暴露无疑。耍小姐脾气，摔脸色给老公看、甚至大动干戈、舞刀弄枪。使得老公大气也不敢喘，只能一味地哄你。这样的情形偶尔拿来用用还是可以的，假如你使用过多，那便是在酿造一杯苦酒了。

晚上和老婆一起吃晚饭看电视时，大力对老婆说：“你有时候，真的不讲理。”话音刚落只听他老婆说：“和你，我从来就不需要讲理，家就不是讲理的地方。再说你是男的，还比我大 1 天，你就得让着我，处处都不能和我顶嘴。我在我们家一直是中心，在你们家也得以我为中心。”“那我在我们家也是中心啊。”“因为我是千金，你只是个小子。还有，以后你的工资全部上缴，不能留私房钱，要是让我看见了，看我不拧掉你的头。”

由于新婚不久，大力也想趁着这个机会说说家务的事，便说：“咱们现在结了婚，成了一家子，那以后的家务事是少不了的，咱两分分工如何？”他老婆说：“好啊。首先，脏活累活得男人干。如擦地、刷马桶、擦桌子等等、还有男主外，女主内。和外人打交道你得干，买菜、交水费、取报纸和牛奶都是你的活。你是学理工的，我是学文科的，带电的东西得你干，我可不会那些。如修洗衣机、电冰箱、电饭锅、电熨斗……厨房里油烟那么大，可毁皮肤了，做饭也得你干。”大力听得哑口无言：“行，行，那你干什么呀？”“我也有很多要干的呀。我可以陪着你、监督你、赞美你、安慰你，我就围着你转啊。”

婚姻专家点评： 家庭里虽然没有道理可讲，但是也要尊重你的老公，也要体贴你的老公。婚姻的幸福是相互的付出，是两人的事情，并不是一方必须为另一方做出牺牲。女人如果在家里企望用剥削和压迫来提高自己的地位，那是愚昧的、自私的、不可取的，这样你会将婚姻推向坟墓。

十、看好老公

——经营得好又要守得住

(一)绝不可犯的错误

一生只爱一次是幸福的。但不幸的是,那些被情感伤害了的人们,却往往会不止爱一次。所以,只要你还不想把太多的时间花在为自己的情感疗伤上,就该审视一下:是不是在这场婚姻里,曾经为爱犯了“错”。

1. 自欺欺人的原谅

婚姻中的女人为了自己心爱的男人,也为了这个家的稳定,付出了所有的精力。

男人在外面做了对不住你的事情;男人在外面花天酒地,不到三更不回家;男人在工作中受了委屈,回到家对你大发脾气……你觉得男人在外面受了气,对自己发泄那是应该的,结果你还是原谅了你心爱的男人。其实原谅要有自己的原则。就好像钱袋里的金子一样,每一次给予都那么合情合理。相反,就要变成一种毫无价值的浪费。

男人总喜欢在下班后,与朋友一起到酒吧喝酒聊天,常常要过半夜才回家,回家后你若责备他,男人却总是说:“下次注意,下次一定早点回来。”你想这时大家还年轻,以后慢慢就会好起来的。偶然一次,你不经意间发现自己的男人和一个女人在一起吃饭,而且谈得很是亲热。而男人在面对你的责问时,一再声明和那个女人纯粹是友谊关系,没有什么别的事情。你还是原谅了自己的男人。男人都这么赌咒发誓,女人当然也就相信以后不会再有什么事发生了……

殊不知,女人这种自欺欺人的原谅,反而会培养起男人对女人的不重视。长此以往,男人会觉得一切只有自己才是重要的,从而忽视女人的感受和对女人应有的责任。因为女人会原谅,男人不会顾忌再犯一次错误。

婚姻专家点评: 女人的宽容不能一味地只是给予,毫无条件地给予反而会助长男人的嚣张气焰。男人一次又一次地在你面前撒谎,而你明明知道他在你面前说的全是谎话,而你为了这个家,还是忍气吞声原谅了他。殊不知这种自欺欺人的原谅,只能给自己的内心增加痛苦,终究会使不负责任的男人离你而去,你的这种原谅换来的只是你的泪水。

2. 没有原则的宠爱

虽然说,爱一个人是没有条件和理由的。但是没有原则的宠爱,你会亲手毁掉自己的婚姻。

爱是相互的,不是单方面的付出。爱他不是一味地为他着想,而是要用你的爱来激发男人的奋斗精神,而不是一味地宠他。过分的宠爱,会在宠爱男人的过程中失去自我,而变得只会一味迁就男人。

在休假日,女人兴致盎然,想和男人一起去逛街,买换季衣服。可男人偏偏不去,非要坐在家里看跆拳道。于是,女人为了讨男人欢心,或者是一种潜意识,心甘情愿放弃了自己的计划,陪着男人一起坐到电视机前。男人过生日时,女人精心挑选了男人最喜欢的手机送给他,可男人却说那个外形太笨拙,他喜欢外形比较秀气的。女人又被泼了一盆冷水,却还暗暗责备自己太粗心,居然不知道的男人的好恶。第二天女人还悄悄去商店为男人买喜欢的手机款式……

女人是否扪心自问过:自己快乐吗?或许有的女人觉得要是和心爱的男人呆在一起,看见他高兴,她也快乐。如果是这种情形的话,也许在短时间内不会有不好的感觉,但一旦长久呆在一起,女人就会产生不满。爱本来就应该是平等的、相互尊重的。女人过分地娇纵男人,会让男人觉得女人对他的好都是应该的,反而不会珍惜你。相反,男人还会反复地比较,如果有哪天你不像以前宠他了,男人反而会觉得你对他不够好,从此两个人就埋下了感情不和的种子。

婚姻专家点评: 爱应该在平等的基础上相互付出,而不是只有女人对男人的爱,男人也应该好好地爱自己的女人,这才是公平的爱情。如果女人过分地宠爱自己的男人,会让爱情的苹果腐烂变质,结果给家庭埋下隐患,甚至引起战争。

3. 一厢情愿的热情

有的时候,在爱情中只有一头热,另一头却是冰冰凉,那结果就不是金石为开了。

婚姻中的女人很相信"精诚所至,金石为开"这句名言,认为:我只要对他好,处处为他想,他一定也会对我好,处处也为我着想的。但有的时候,在爱情中只有一头热,另一头却是冰冰凉,那结果就不是金石为开了。一厢情愿的热情只能给自己酿上一杯苦酒,自己再悄悄地含着眼泪喝下去。

女人每次都悄悄记下曾与自己深爱着的男人共同度过的美好日子。曾在相识周年的纪念日里，细心为男人挑选精致的礼物，或者冥思苦想一个意味深长的举动，会给男人突如其来的惊喜。相反的是，男人却愣愣地看着你，怎么也想不起来是什么日子。女人也曾热情地邀请男人一同出席好友的聚会，想让更多的朋友知道他们的关系，可男人却淡淡地告诉女人，他更愿意在家里休息、睡觉……

这样的爱情也是非常脆弱、危险的，男人往往会这样认为："结婚是因为她爱我，我才和她结婚。"而现实生活中真正出现了男人心爱的女人时，男人会毫不犹豫地将你舍弃。

婚姻专家点评： 爱是两颗心的碰撞，是两颗心的相属，是心与心的交融。爱是彼此心甘情愿的，它永远不是一个人享受快乐、一个人享受委屈。爱永远不是单方面的付出，一厢情愿的热情只能给你自己增加无限的痛苦。

4. 变本加厉的嫉妒

嫉妒，在爱情上发挥，只要拿捏得有度，也是一件好事，这说明一方在乎另一方。只有这样，女人才会关注到男人身边的每一个女人，悄悄地拿自己与她们相比较。爱的嫉妒便由此产生了。但过多的干涉与嫉妒，有可能激起对方的逆反心理，对你产生反感。

假如女人和自己男人一起逛街，碰到漂亮女人同自己男人热情地打呼，女人则毫无理由地对那个漂亮女人产生厌烦感，于是冷嘲热讽，甚至拂袖而去。再如，女人不经意间在相册里发现自己的男人和别的女人合影，即便女人知道他们之间没有什么关系，也会断然要求自己的男人把照片从影集中撤出，甚至烧毁，除非那女人的长相实在不敢恭维……如果是在这种情况下出现爱情危机，那女人一定要冷静下来，思考你是想留住男人的心，还是男人的身体。每个人都是独立的个体，如何把两个个体融合到一起，那要看女人是如何融入到男人的生活空间中来。

深爱丈夫的女人往往亲自将丈夫赶出了自己的世界。或许并不是真正猜疑老公，不过是单纯地想让老公做到只对自己忠诚。但如果聪明的女人还没有丧失理智，那就该知道男人永远不可能是妻子的唯一。没有妻子，男人也会有最爱的女人。所以，要大度，只要小事糊涂、大事清醒就行了。与其花时间来嫉妒，还不如两人好好相爱。

婚姻专家点评： 嫉妒有时候并不是一件坏事，只要嫉妒拿捏得有度，男人还是可以接受的。嫉妒有时候甚至是夫妻之间的调味品，就好像女人吃醋一样，偶尔吃一次，心里说不出的那种酸溜溜的感觉，别有一番滋味，而一旦过分就会出现爱情危机。

5. 盲目过分的信任

夫妻之间相互信任是应该的，假如谁也不信任谁，整天相互猜疑，那这个日子还是别过了。但是盲目过分的信任，也会导致两人感情的淡化，甚至走向破裂。

周末，丈夫告诉妻子，他要在单位加班，不能陪妻子一起去看那场久违了的音乐会。没有过多的解释和理由，妻子完全相信了丈夫的话。

如果，男人在和女人约会时，竟然接了另外一个女人半小时的电话，并且还温柔细语地，问及对方，关心对方竟超过了你。然后，男人对女人说是外地的远房表妹。于是，女人再也不追究了……

虽然这种小事情可以有很多。但是女人不能忘记，爱情的基础虽然是源于相互信任，但信任又不等于放任。

女人不能一味地不闻不问，要有度，要细心地观察，哪些可以问哪些根本不用问。如果什么都不问，导致的结果就是男人在不知不觉中离女人越来越远。将来总有一天，男人突然离女人而去，女人仍然是一头雾水，不知所措。男人就像女人手中的风筝，放得太高太远，女人还不知道真正是哪一天，男人已经松开了女人的手。

婚姻专家点评： 夫妻相处倘若没有信任作为基石，那这个婚姻从一开始就埋下了隐患。可是信任也要以事实为依据，不能盲目的信任。此时，只有真正了解了事情的前因后果，才可以作出判断：是相信他，还是不信。

6. 不合情理的期待

男人总喜好在女人面前许下很多承诺，给予女人很多期盼，但是每次的期盼过后，往往都会使女人很失望。男人也会找出很多理由，来辩解他为什么没有兑现他的承诺。

如果你的老公说，月底发了薪水，一定给你买喜欢的那件首饰。可到了发薪水的日子，老公却告诉老婆，他把买首饰的钱给花了，买了他最喜欢的数码相机，现在是兜囊羞涩。自然，老婆的首饰也就闭口不谈了。老公还说，老婆下次我带你去欣赏帕瓦罗蒂的音乐会，于是老婆就天天关注报纸上的消息。谁知，没多久，当老婆向他提出约请时，他却轻描淡写地告诉老婆，他已经与单位的几个同事一起看过了，并不怎么精彩。

一句话，顿时让老婆再也提不起精神……

男人总是不断地给女人希望，为女人制造一些可以想象中的快乐，于是女人就开始了漫长的等待。但女人的等待总是毫无结果，原因是男人总是说得多、做得少。假若男人对这样一些小事都无法兑现，你又怎么可以相信他会给你一个美好的未来呢？

婚姻专家点评： 女人或多或少总能听到男人在耳边许下的承诺，这些承诺对女人来说就是一个个的期盼、一个个的等待，但是等待的结果却是失望。那男人总会找一些合理的借口，为自己毁掉承诺辩解，也有可能会用冠冕堂皇的语言，来放弃对女人的承诺。所以这种男人的承诺只能听，而不可信。

7. 无可奈何的忍耐

没有原则的忍耐，将成为一种软弱，只会增加男人的霸道，使男人变本加厉。

婚姻是建立在相互支持、相互理解的基础上的。并不会因为女人的妥协和忍耐，而使家庭变得幸福美满，这只是女人单方面的想法。没有原则的忍耐，将成为一种软弱，只会增加男人的霸道，使男人变本加厉的。男人不会因为你的忍耐，而后悔对你粗鲁的举动。

女人在整个恋爱过程中，即使处在盲目狂热状态中，有时也会十分清醒相互之间在恋爱中存在的问题。但当女人转身时又会对自己说："相处了这么长时间，放弃未免太可惜了。""就算换了男友，说不定也是一样，不见得比现在好多少，又增添了那么多麻烦……"总之，为自己找一些能够欺骗自己的理由来说服自己。

事实上，女人只是为她爱的男人寻找开脱的借口。但女人，你不觉得这种爱太辛苦吗？太不平等吗？更何况，在你们的爱情关系中，你已经清醒地认识到这只是一种忍耐，一种无可奈何的忍耐。假如你有这样的感觉时，你应该问问自己：他真的就这么值得你去爱吗？为爱他而忍耐他吗？

婚姻专家点评： 爱是相互的，并不是属于一方的；爱是两个人的宽容，而不是一个人的忍耐。虽然说忍耐是一种美德，但无可奈何的忍耐不再是一种美德，而是一种懦弱。懦弱的女人只会给自己带来痛苦，而得不到真正的爱。

8. 盲目的牺牲奉献

盲目的牺牲奉献，很容易造成日后的悲剧。

女人可以将一颗心奉献给自己心爱的男人，为了她心爱的男人，女人心甘情愿地付出，这就是爱的伟大。但是女人千万不要以为：你付出了，你奉献了，就一定能得到男人的爱。这个想法是很危险的。

在夫妻关系中，恰恰女人会有这种概念——以为只要女人为家庭或爱牺牲、奉献，就可以得到男人全部的爱。虽然这样的奉献会一时得到爱，也难免会造成日后的不幸，或是一方的痛苦。现实社会当中把盲目的牺牲奉献当作爱的筹码的女人还真不少，女人的这种做法，是在亲手给自己酿造一杯苦酒。

(1)爱情固然是要付出，但付出时最重要的是先审视对方的情感趋向或感觉需要，而不是自己一定要有壮烈行为，才可以表达对对方的爱。

(2)爱情是有条件的，爱对方最好的方法就是先充实自己、提高自己。

(3)爱情不是完全付出，但更重要的是要懂得如何保护自己。知道如果保护自己的女人，才有谈爱的基本条件，才能有爱别人的能力，才能有更多的吸引力！

婚姻专家点评： 盲目的牺牲奉献，没有看清自己的需要，是全依赖他人，只为别人而活，很容易导致爱的盲目、相处的恐慌，以及分手时的震怒。这种“无我”的爱，很容易造成日后的悲剧。

(二)爱他，但不惯着他

二十岁时那个愿意为你付出一切的男人，可能会在你三十岁的时候抛弃你；而三十岁时懂得去迁就你的男人，可能就是陪伴你一生的男人。要爱他、疼他、宠他、尊重他，但一定不要惯着他。

1. 迁就太多就成了懦弱

在家庭中两个人都是主角，要有自己的主见，懂得适当拒绝。没有谁迁就谁的问题，迁就太多就成了懦弱。

家庭里的两个人都站在同一个平台上，没有高低大小之分，老婆为老公做些事情、老公为老婆做些事情都是相互的。两人应该互相尊敬、互相爱抚。他娶了你这样一个好妻子，那是他的福气。在家庭中两个人都是主角，要有自己的主见，要懂得适当拒绝。没有谁迁就谁的问题，迁就太多就成了懦弱。

女人不能一味地去迁就男人而没有一点自己的见解，这是很危险的苗头。如果女人没有自己的主张，没有自己的想法，即使有自己的看法也不好与男人辩解，因为你爱他，喜欢这个男人，就一味地迁就他，这样反而助长了男人的一些坏习惯。好男人都是调教出来的，不是一味地顺从迁就出来的。如果你一味地迁就，甚至会增加男人嚣张的气焰，美满的婚姻也许会走向末路。一味的迁就与忍让只能换来痛苦！

有时候，女人过分地迁就男人会被男人误认为那是女人的一种懦弱。尽管有"退一步海阔天空，忍一时风平浪静"的说法，但现实生活中，有时候却恰恰相反，你的忍让只会增长男人的"阳刚之气"，甚至会得寸进尺。所以，在夫妻相处的过程中，应对不同的事作出不同的应对，避免陷入窘境。

贤惠的妻子应该知道如何来增强自己的魅力，增强自己的内涵，增长自己的知识，增加自己的自信，在迁就男人的时候，要把握好一个度字。男人有时候是很在乎自己的面子和成绩，在众人面前可以适当地迁就一下，留点面子给男人。假如在家里就要看情况了，尽可能地少迁就男人，但是也不要撒泼、蛮不讲理。

一个和谐美满的婚姻关系需要夫妻双方做好自我调节、彼此接纳、互相适应。在互不妥协的问题上，可尝试自我调节，改变自己，而非一味要求对方作出改变，例如丈夫喜欢运动，妻子虽不爱好但也可适当迁就，尝试一些能与丈夫共同参与的运动，既有益身心，亦可促进双方感情，何乐而不为？

婚姻专家点评： 幸福的婚姻在于心灵深处的沟通和自我调节。如果女人对男人迁就太多，在男人的心里会觉得女人很懦弱，这样会在男人心里产生一种鄙视的感觉，对于婚姻来说是很危险的信号。作为女人一定要有自己的主张、自己的观点，这样对维护两人的平等关系是有益而无害的。

2. 对老公的"好"也要适度

细心的呵护不可滥用，用得多了男人就会想：这是理所当然的，是你应该做的。反而不会领情，那你的一片好心也就没有起到应有的作用。

婚姻中的两个人，相亲相爱、卿卿我我。细心的女人处处为男人着想，为男人烹调出香喷喷的饭菜，午夜送上一杯清茶，是多么的惬意。但是对男人无微不至的关怀,一定要适度,这种细心的呵护不可滥用,用得多了男人就会想:这是理所当然的,是你应该做的。反而不会领情,那你的一片好心也就没有起到应有的作用。

在家庭生活中,无论男人女人都有自己的责任义务,贤惠聪明的妻子会将属于自己的责任担负起来,把属于男人的责任交还对方。这样,彼此不但有机会相互成长,而关系也会在两个成熟个体的互动下变得真实和健康。

(1)做事要有自己的主见

俗话说:夫唱妇随。贤惠的妻子可以将男人尊成一家之主,但是你千万不要大事小事都去请示他,让他作主,或者他说什么就是什么,从不表达自己的意见。否则,他烦你啰嗦不说,还会嫌你傻得没一点主见。应该拿家中大事与他商量,甚至直接让他做主,而生活中的琐碎小事就自己做主得了,这样他也乐得轻松。

(2)适当限制男人的自由

贤惠的妻子不会将男人霸道地拴在身边,有时候可以给男人放放假,让他享受一下生活的自由。但是像哥们叫他喝酒、打麻将、推牌九等活动还是最好限制一下。否则日久天长,不知道会发生什么事。聪明的女人,可以偶尔让他和哥们聚一聚,不要让兄弟笑他“妻管炎”就可以了。

(3)不要承包男人应尽的义务

婚姻中的女人,理当孝顺父母、照顾孩子,但不要将男人应尽的义务也包下来。否则日复一日,男人会忘了自己对家应尽的责任不说,年迈的父母会伤心儿子对他们漠不关心,孩子幼小的心里也会错以为爸爸不爱自己。贤惠的妻子,最好在丈夫空闲时间,和他携手去挑选一份礼物送给父母,陪父母唠唠家常、说说闲话;安排晚饭后,让他带着孩子去散散步,或周末一起带孩子郊外游玩,让他感知孩子成长的快乐。

婚姻专家点评: 好男人是女人调教出来的,别再抱怨男人什么也不懂,那是因为你对他的照顾太周到,好过了头。记住在尽自己应尽的责任和义务时,也要让男人知道他在家庭中的责任和义务,不要让他总做甩手掌柜,也让他承担一些家务事。一个幸福美满的家,是靠两个人共同创造的,而不仅仅是单方面的付出和努力,这样才不会在生活中失去平衡。

3. 适当的妥协,但不能完全屈服

妥协并不是投降,也不是屈服,而是维护幸福婚姻的手段。

夫妻之间的事情没有谁对谁错的问题,互相让一步,说两句知心话,没有什么大不了的事情。夫妻之间的妥协，并不是屈服，也不是认错，而是妥协一方成熟的表现。因为你是他的老婆，他是你的老公，再怎么闹也就你们两个人，闹完了事情还得你们两人做，没有人替你们。

妥协是成功婚姻必不可少的条件。为了对方的偏好而愿意让步的做法，会使婚姻更加和谐成熟。

但是你要明白的是，妥协并不是向对方屈服或投降。单方面的一味宽容，就像单方面独权一样不利于婚姻的发展。健康的妥协所包含的内容是：为了婚姻的利益，而做一些个人方面的调整，及一些个人牺牲。说起妥协，有这么一对新婚的夫妇，他们在谈论夫妻之间妥协的话题时说："我们的婚姻，无须妥协。因为我们会争着谦让对方。"听起来这就像蜜月开始时所说的话。像这对年轻夫妇便是一对成熟和幸福的夫妇。

婚姻专家点评： 妥协并不是投降，也不是屈服，而是维护幸福婚姻的手段。夫妻之间的针锋相对，到最后一定是两败俱伤，使得家庭破裂。适当的妥协，反而会使感情的基石更加牢固，婚姻的大树更加茂盛。夫妻一方的妥协是一种美德、是一种成熟、是一种爱的表现，幸福的婚姻离不开这种美德的滋润。

4. 不要对男人付出太多

女人付出太多，也许会使你的男人失去以前的勤快，变得懒惰，养成一种依赖的习惯。

女人一般认为：敢于为爱而牺牲一切是伟大的，越是愿意为爱人牺牲的人，就越证明爱的深度。于是，许多沉醉在爱情中的女人，纷纷做出一些无谓的牺牲。结婚后，会改变自己以前的生活习惯，配合男人的时间，分享男人的爱好，以男人的生活方式为自己的生活方式，渐渐与自己以前的朋友疏远。直到有一天，突然发现自己已经完全没有了自己的兴趣、时间、习惯、口味，甚至连爱看的电视节目都被他所同化。

步入婚姻中的女人，千万记得别对男人付出太多。对你的付出，男人有时候会生出感激之情，并投桃报李。但有的情况下，付出太多也许使你的男人失去以前的勤快，变得懒惰，对你的依赖性增强。对男人付出太多还会给自己带来心灵上的摧残，丧失良知的男人则会尽可能地调动并利用你的女性的柔弱，压榨你的金钱、柔情和各种社会资源，从中获得好处，再将你一脚踢开。所以，不要对你的男人无私奉献，你把他当成上帝，匍匐在他脚下，到头来只能是咎由自取，自酿的苦酒。

男人其实很奇怪，对他好没错，但对他太好他又容易出圈。他享受你的照顾一旦成为习惯，会觉得你对他这样好是理所当然的。其实在生活中，男人也是有责任的。你可以洗衣做饭洗碗，但是有时候也应该让他尝试尝试，感受一下做家务的辛苦；家里的保险丝坏了，一定要让他去换；外出购物，那些重的东西留给他来提。不要让他以为你无所不能、无所不会。

婚姻专家点评： 现实生活中有的一味地付出，换来的却是破碎的家庭。要想得到男人的爱，最好先把自己变成男人心里的一块宝。在令人沉醉的两性感情中，永远不要失去自我，不要让男人把你的爱抢夺一空。要想长久地拥有爱，必须在男女双方的平等的权利上保持平衡。

5. 男人的懒是女人惯的

人总会被一种惯性所左右的，这种惯性一旦形成就很难转变。

女人确实聪明能干、勤劳贤惠，判断力和沟通力都超级卓越。她们觉得与其撒娇央求、威逼利诱或手把手地教丈夫去做一件事儿，还不知自己做完就得了。因此，在许多家庭中常见到女人抱怨男人不做家务，但男人做了家务，女人又觉得方法不对或者不符合要求，又将男人推到一边，最后男人只好当甩手掌柜了。

人总会被一种惯性所左右的，这种惯性一旦形成就很难转变。所以妻子再贤惠也要懂得适当让丈夫分担一些家务，让丈夫觉得家务本来就是两个人的事。时间长了，丈夫帮妻子做家务就顺理成章了。若妻子将家务全部承包下来，以体现对丈夫的关心，时间久了他将会形成一种习惯，一种依赖性的习惯，进而变得懒惰。随着时间的推移，家务越来越繁重的时候，如果你抱怨他不帮你，他会觉得家务事本来就是你应该做的，有什么好抱怨的。你会觉得自己很委屈，可这委屈是你亲手造成的。

男人被惯的坏习惯，也可以使用点小手段让他在不知不觉中加以改正。那就是不妨装傻，并加以适当的赞赏，你的老公一定会乐呵呵地接受。

聪明的妻子给家里买个电脑桌，她把零件摆了一地，冲着坐在沙发上看球的老公嚷："怎么安不上去呀？"老公过来看了看图纸，又看看地上的零件，开始拼装，半小时后，电脑桌拼装完成。她无限羡慕地赞他："真不愧是我的老公，这空间想象力和动手能力就是比我强，要动真格的还得你出马！"

老公欣赏着自己的"杰作"，听着夫人的赞美之辞，大受鼓舞。以后房间里的坏灯泡让老公换；家里的空调让老公去洗。老公乐呵呵地做着她为他安排的每一件事情。聪明的妻子是看在眼里，喜在心头。

婚姻专家点评： 男人的品行与妻子对他的态度有很大的关系。要知道，当男人意识到无论如何努力也不会得到妻子的赞扬时，那他就会慢慢放弃努力。而贤惠的女人会激发男人男子汉的意识，让男人体会到家中的妻子需要男人，离不开男人，让男人在家里有用武之地！

6. 不必永远为对方着想

女人以为只要在家里对丈夫礼貌、体贴、处处为他着想，不让丈夫讨厌自己，就是个好妻子。然而事实恰恰相反，久而久之，丈夫会厌烦失去自我的你。时时事事为对方着想，总是克制自己的需要、欲望，一心为他着想，一切以他为中心，这是很危险的想法，是要不得的。

一味地为他着想，并非是唯一表达爱的方式。一个女人为家庭和老公牺牲过多，虽然容易赢得外人的赞赏，但却容易失去家庭的幸福。女人总觉得多为自己的男人着想是爱男人的一种表现，可是事实证明：女人的这种"着想"只会把男人宠坏，男人习惯了你处处为他着想，习惯了事事都依赖你为他解决，当这种行为变成习惯以后，便不会懂得珍惜你对他的爱。

家庭中，女人往往心甘情愿地随着柴米油盐把自己磨练成凡事都围男人转、为男人着想、以男人为中心。长此以往，便会养成男人的大男子主义思想，失去了对家庭的责任感和应尽的义务。女人，不要因为"传统美德"而放弃自己的自尊，一味地为男人着想，实际上这是没有原则的爱，会导致自我的迷失。对伴侣过度迁就宠爱，事无大小都供奉代劳、唯恐不周，长年累月之后便会使他形成理所当然的习惯。偶有"侍奉不周"，便成为冲突摩擦的导火线。而且长久如此，若男人对你没有做出相应的回报，自己也会感到心理不平衡，使感情容易产生裂痕。

做女人，做男人的妻子，千万不能太以男人为中心，不能总是无原则地为他着想。婚姻中的两位主人翁，权责都是平等的，谁也不欠谁的。女人要有自己的主见，懂得适当拒绝。要实实在在过好自己的日子，就得有点个性，太温顺的女人男人都喜欢，但不会迷恋。要想长久地抓住男人心，就得有点属于自己的个性，做个有个性的妻子，让美满的生活掌握在你的手里。

婚姻专家点评： 婚姻中的男人和女人都是平等的，不论学历、钱财、容貌的高低好坏。如果家庭需要女人以失去自我来维系的话，那家庭也就失去了存在的意义。女人不要把自己看得太低，爱情也不是一味地付出，都是相互的。作为女人，你不要把自己当成男人的仆人，处处为他着想，俯首贴耳地为他服务，好似他的奴隶，这样你反而得不到男人的尊重和对你的疼爱。要切记：对男人不要一味地为他着想，要做个有个性、有主见、外柔内刚的女人。

7. 没有哪个女人能够满足一个男人的全部需求

人的思想是很复杂多变的，不同时期的要求各不相同，女人无论如何也满足不了男人的全部需求。

当家庭中的女人为了自己心爱的男人而天天辛苦地忙碌着，为了缓解男人在工作中的压力而不让他为家庭琐碎操劳。但你将这些家务全部承包起来的时候，有的男人却没有一点感激之情，反而坦然受之，甚至换来的却是冷淡的目光。

妻子都有一种被珍爱、被保护的内在需求。当她们感到丈夫在关心她，就有了一种安全感，感到有了保障；反之，则有一种不安全感。所以，女人总是想方设法了解丈夫是否对她关心、爱护，因此总想满足丈夫的全部要求。这是非常幼稚、非常不现实的想法。因为人具有多种多样的性格特征、多种多样的情趣、多种多样的要求，性别的不同又加大了这种差异，更何况一个人的兴趣、爱好、需求会随时间和环境的变化而变化的，另一个人怎么可能全部去满足呢？作为妻子千万不可自己给自己提出不现实的要求，不可自己和自己过不去。

生活中也见过不少女人生活得不如意。她们总是诉苦："你说为什么呀？我样样都想着他，好吃的留给他，家务活全留给自己，他发脾气我不接茬儿，怎么他还是对我不满意呢？"这其实就是女人失去了自我，没有了自己的个性，男人成了女人的全部。女人总想满足丈夫的一切需求，可是越是这样丈夫越是不满她的做法，幸福也就离她们越来越远。

婚姻专家点评： 家务事并非一项简单的工作，它既需要体力，也需要智力。贤惠的妻子在创造家庭快乐的时候，也在不断地完善自我。她不仅能够照顾好全家的饮食起居，抚养和教育好子女，并能够从中感到一种成就感和无限的快乐。她的独立、自我、自信及对家庭事务的处理能力让男人无后顾之忧，进而赢得男人的心。

8. 别总说"男人天生那样"

家庭中的男人和女人都要承担自己的责任和义务。

两口子过日子，谁也没有理由把自己的责任和义务强加给别人。但是，很多爱过头的糊涂老婆，却为男人承担全部的责任，还为男人找着托辞。

婚后男人的懒和女人的惯是分不开的。他们从来不会帮你洗衣服、拖地、收拾餐桌、下厨房。总之，他们从来不会帮你做家务。碰上这样的懒男人，女人会说：“这也没办法，谁让他是男人呢，男人天生就这样。他天天在外面为事业奔波，太辛苦了，懒就懒吧。”事实上，并没有多少种工作可以令男人累到懒得洗碗、懒得说话的地步。这些都是女人长期给惯出来的。

不要以为你所表现的宽容、大度，会使男人从心底里十分感激，当男人失去你的时候会感到后悔，这都是自欺欺人。贤惠聪明的女人，千万别给自己挖个坑，然后自己再跳进去。

要管理好自己的男人，但并不是严格地控制男人。这样反而会使男人产生逆反心理，使男人逃离。要知道好男人都是好女人塑造出来的，只要掌握好火候，完全有可能将你的男人打造成令人艳羡的精品。

婚姻专家点评： 婚姻生活中的模范男人不是天生的，而是贤惠的妻子使用各种手段调教出来的。千万不要以为男人就这样，天生就这坏毛病是改不了的。家庭中的男人和女人应该互相理解、互相扶持、互相关心、互相爱护。女人千万不要说“男人天生就这样”，然后将料理家庭的重担全都扛在自己的肩头。

9. 爱，不必刻意把握

女人永远不要让男人知道你在深深地爱他，他会因此而自大。

爱情就是捧在手中的沙，当你轻捧的时候，它就圆满地被你掬在手中；当你握紧的时候，它就会从你的指缝间溜走。生活中也是如此。当女人一心为心爱的男人付出的时候，换来的却是一纸离婚的协议书。爱是双方的，爱是相互的，爱应该深深埋在心里。

阿慧在出嫁前一天问母亲：“妈，我就要结婚了，婚后我该怎样把握爱情啊？”母亲温情地笑了笑，然后从地上捧起一捧沙。阿慧发现，母亲的手里捧着满满的沙子，没有一点撒落。接着母亲用力将双手握紧，沙子立刻从母亲的指缝间泻落下来。此时母亲再把手张开时，原来满满一手的沙已所剩无几，其团团圆圆的形状业已被压得扁扁的。阿慧望着母亲手中的沙子，心领神会地点了点头。

阿慧的母亲告诉女儿一个道理：爱情无需刻意去把握，越是想抓牢爱情，反而越容易失去爱情，失去彼此之间应该保持的宽容和谅解，所以爱情需要适当地松手。爱情是手中的沙，握得愈紧失去的愈多。让爱轻松，让爱自由，爱也会回报你更多。

但总有痴迷的女人爱到了顶峰，爱得迷失了自我，不让男人自由地呼吸，恨不能将其装在自己的口袋里，永不放手。时间久了，难免会给男人造成恐惧、压抑的心理，使他倍感爱的沉重。结局也就可想而知：往往是一方深情款款付流水,爱化为恨;另一方却逃之夭夭,唯恐躲避不及。

婚姻专家点评: 爱是不需要言语表达的,是溶化在点点滴滴的生活里。爱就像手中的沙,攥得越紧,漏的也越多。贤惠的女人懂得适可而止,知晓给对方一个自由的天地和思考的空间,该放手时且放手,绝无窒息压抑之感,相反会收到意想不到的效果。

10. 不要把自己塑造成一个全职的保姆

在女人心里,自己的一切都是为了丈夫,可有时候丈夫也未必领情。在丈夫的眼里,女人在家里就应该这样,在男人的心里一切都成了理所当然。

好女人历来被称为贤良的母亲、贤惠的妻子。女人无时无刻不在奉献着自己的青春,无时无刻不在为这个家而操劳。为了丈夫的事业,承担起所有的家务;为了孩子的健康成长操碎了心。在家庭生活中,女人心甘情愿地把时间和精力都给了这个家,把丈夫和孩子放在首位,尽可能地让他们过得舒服,却不在意亏了自己。即使是一个在工作中颇显精干的女人,在家庭生活中也会表现出女人特有的淑贤。

女人为了家付出了一切,处处以丈夫为中心。在女人心里活着是为了丈夫,可有时候丈夫也未必领情,在丈夫的眼里,女人在家里就应该这样,一切在男人的心里都成了理所当然。丈夫也许忘了你的生日、结婚纪念日等值得你们纪念的日子而毫无愧疚之感。更有甚者,丈夫会忘恩负义地在外面沾花惹草,到家还欺负老婆。要知道,家庭中的家务和夫妻之间的关爱,都是相互的,你千万不可把自己塑造成一个全职的保姆。你越自重、越有个性,老公会越爱你。

婚姻专家点评: 夫妻间的照顾是相互的,不是你心甘情愿地付出就一定会得到男人的报答,得到男人加倍的爱你、疼你、体贴你。这样反而会使男人变得更加懒惰,更加依赖你,有时稍有怠慢也许会对你大发脾气,那你做家庭的“全职保姆”还有什么意义呢?

11. 慎对男人的承诺

对于承诺,男人往往毫不吝啬自己的言语。

男人一向喜好对女人承诺,以博得女人的欢心,牢牢抓住女人的心。但是女人在面对男人的承诺时，一定不要掉进男人设的温柔陷阱里，不能自拔。因为有时候男人的承诺是很廉价的，要对他的可信度加以评估。

男人知道，女人的爱情离不开承诺，没有承诺，就是没有将来。男人若不向女人许下承诺，女人难免会想身边的这个男人或许是求片刻欢愉而已。

男人的承诺，无论说得多么扣人心弦、荡气回肠，内容都离不开对女人一生一世的照顾，一生一世只爱你一个人。对着相爱的女人，他说："无论将来变成怎样，我答应你，我会一直照顾你、保护你、爱你，我的心里只有你。"

常常会听到男人时不时地在你面前承诺，不过此时的承诺不再是恋爱时的那种甜言蜜语和海誓山盟，而是变得生活气息更浓一点。当看着你辛苦地在厨房里操劳的时候，男人会说："老婆，我就爱吃你做的菜，娶到你是我一辈子的幸福，我要用一辈子的时间来爱你。"此时你可要考虑考虑了，男人是在耍他的小手段，使你心甘情愿地为他做菜，以满足他的胃口。

对于男人的承诺，女人听起来很是悦耳，也很喜好听男人承诺，在心里会激起层层涟漪。但是男人承诺有时候只是说说而已，贤惠的女人，也不必太在意这个承诺是否可以兑现。男人真正的承诺会溶入家庭琐碎的生活中，在朝朝息息的相处中，这些都不需要言语表达，是两颗心的碰撞，是心与心之间的默契。

婚姻专家点评： 在家庭中，男人对你的承诺，只是他们调节枯燥生活的一种手段。当男人说："我会爱你一辈子，一生只爱你一个人。"可是因为某种原因夫妻变为陌路，那你的男人还是会去找一个心仪的女人组织新的家庭，那他在你面前的承诺还有什么意义呢？所以，对男人的承诺一定要慎重，不要太在意。

12. 适当地家丑外扬，能敲山震虎

适量、适当地外扬"家丑"，有助于扭转危机。有朋友参与其中，双方都有台阶可下，反而对解决家庭矛盾起到了帮助的作用。

在邻里看来，几天前尚且相敬如宾的夫妻，突然间就分道扬镳了。没有人知道他们早已是分居多年，就是他们之间的朋友也不知道其中的缘由，任事态恶化而不可收拾。

一般在家庭中，夫妻吵架、闹意见、发生摩擦等这些都是家中的丑事，夫妻两人都碍于面子不想让周围的亲朋好友知道，只能憋在心里，自己化解。

但男人在酒桌上常常会说:"不谈家事,喝!一醉方休。"许多男人一心追求事业的成功,以此来掩盖家庭的不幸,用婚外情弥补婚姻上的缺憾;女人则常常互邀逛街、玩牌来冲淡家庭的不快。

家丑外扬不是单纯的发泄,也不是简单地对朋友诉说,而是对付男人的策略,也是解决问题的方法。长期的压抑与闭塞、煎熬而习惯成自然,那是一件多么可悲的事呀。

适当地家丑外扬,让男人知道女人的厉害,让他在心里产生愧疚之感,知道什么是尴尬。回到家,一定会对你说:"以后我不对你发脾气了,咱俩的事情,就不要对外人讲了。咱俩的事,咱俩解决多好啊,让别人知道那么多,面子上对你也不好啊。"

"有时候被老公无端的猜疑很是恼火,简直冤枉死我了。"

雅雅对这种无端的猜疑而七窍流血,她心里拿定注意,不能就这么善罢甘休。

于是,雅雅立即打电话通知了老公的父母和所有的亲戚,要求他们全部到她家来,并扬言:"如果老公拿不出我与那个同事有暧昧的证据来,他必须当面向我道歉。"

雅雅气汹汹地握住电话,不厌其烦地对每个亲人诉说。

老公则在一旁拼命地制止。雅雅也不理会,当雅雅声称要把电话打给那个男同事,请他来对质时,老公终于忍不住了,恶虎一样冲过来按住雅雅的手:"好了,好了,别闹了!老婆,求你了,我相信你,我错了,我就是有点吃醋,其实没有真怀疑你的意思。"

婚姻专家点评: 家丑不可外扬,这早已是过时的教条了。家丑适当地外扬,可以起到敲山震虎的效果,使家庭的矛盾不至于激化,问题得到及时的解决。家丑外扬是借助外界舆论的压力,使要面子的男人不得不向你妥协,将战争的主动权握在你的手里。

13. 情话,可听不可信

在男人怀里撒娇的女人,智商往往是很低的。

爱情被誉为世界上的常青树,永远不会老去。爱情也是这个世界亘古不变的话题。即使两鬓斑白,也有一丝的情愫在心里。可自古以来便有痴心女子,负心汉的说法,在男人怀里撒娇的女人,智商往往是很低的。有的女人对男人在耳边的甜言蜜语、卿卿我我的情话,听在心里,喜在眉梢。但是男人的情话只能听,不能信。在那些甜言蜜语的背后,还不知道有多少诡计阴谋。为了自身的考虑,还是增强一下你对男人甜言蜜语的免疫力为好。特别是听到如下话语时，女人就更应该提高警惕。

（1）你并不漂亮，但是你很特别

这句话对于所谓的成熟女人的杀伤力最大。

（2）我很喜欢你

这是情场上使用频率最高的词语。一定要听清楚，想明白，是喜欢，并不是爱。一不小心你误当作这就是爱，后果可要自负的。

（3）这些都是我们彼此的需求

人的需求包括生理和心理两个方面。需求处在不断变化之中，时过境迁，总有物是人非的那天，你要做好随时退场的心理准备。什么天荒地老、海誓山盟，那些都是爱情的传说，都是电视里的故事。若你信以为真的话，就别怪不得别人了。

（4）我喜欢和你在一起的感觉

现代人的生活节奏太快，来自于工作、家庭、社会的各种压力总让男人的身心疲惫憔悴，打拼得久了，他也需要调整。如在风中飘摇的小船，要有个港湾靠靠。他对你说这句话，不代表他爱你，可能只是他太累了，想在你这里得到抚慰。

（5）我可以叫你宝贝吗

女人都喜欢被人宠、被人疼，尤其是对自己心仪的男人，纵是任何铁石心肠的女子，也会顿时方寸尽失。此时不凡反问一句：我是你最好的宝贝，还是最后的宝贝？

婚姻专家点评： 生活中男人表达出来的那些甜言蜜语，对女人来说是很有杀伤力的。所以，当男人在你面前说那些情话的时候，要多问一个为什么。情话后面有什么需求，隐藏着什么目的，要把男人肚里的虫子给挖出来。男人的情话，只能听而不能相信。

14. 不要迷失自己

很多家庭中的女人不是在为自己而活，而是在为家庭、为丈夫、为儿女而活。

家庭中的女人在料理家务上，往往是倾尽所能、全心全意、心甘情愿的。女人的付出只是为了家庭更温馨、生活更美好。为了家庭生活尽善尽美，女人为丈夫的衣、食、住、行操心，为儿女的升学考试担忧。家庭中的女人不是在为自己而活，而是在为家庭、为丈夫、为儿女而活。

女人忙碌的身影，是每个家庭中的一道风景。她们耐心地做永远也做不完的家务，即使闲暇时，脑子里也在思索着家里怎样布置才更漂亮，怎样做菜会更合丈夫的胃口，儿女是不是该请个家教等等。即使是职业女性，也会在工作之外为家务操劳，甚至为了家庭、为丈夫失去自我。

甚至许多曾经崇尚个性生活、生性喜欢自由的女人，在婚后也甘心被家庭俘虏，放弃了自由支配生活的权利，而将时间全部给了家庭，否则便觉得有愧于家庭、愧对丈夫。

结婚后的女人成了妻子、妈妈、儿媳妇，再也做不回自己。她们不再拥有自由的时间，而是把时间都馈赠给了家庭成员。她们没有享受到美好的生活，却忙得不可开交，经常精疲力竭，她们体现了中国妇女无私奉献和牺牲的精神。

家庭中的女人，在为家庭而忙碌的时候，一定要给自己一点时间，参加家庭之外的聚会，别让自己远离社会，与社会脱轨。纵使家务再多，最好也别放弃自己的工作，并拥有自己的朋友和自己的自由空间，在工作中不断提升自己，在生活中提升自己的魅力。别让自己只为丈夫和孩子活着，别终日呆在围城之内，要让自己活得自在、活得快乐。否则，当男人的事业日渐成功，岂不是突显自己的渺小。诚然，男人喜欢贤惠的女人，但并不喜欢保姆型的女人。生活中有很多女人放下自己的个性和追求，将自己封闭在围城之内，结果却丢失了自己。女人若是丢失了自己，那女人的魅力也将不复存在。

婚姻专家点评： 女人心里装的都是家人，能够做出无私奉献的往往都是女人。但是，婚姻是需要夫妻两人来共同经营的，婚姻中的男女需要互相理解、欣赏、互相帮助，而不是单方面的付出，那是不公平的。婚姻不仅需要付出，也需要给予。女人，别在婚姻中迷失了自己，用自己的魅力让对方更欣赏你、爱你。

（三）出格的男人别依着他

男人出格叫风流，女人出格则叫放荡。这本身是不公平的说法。绝大多数男人出格的原因，往往都与薄弱的责任心有关。此外，这样的男人常常还带有很强的孩子气，因为只有孩子对许多事不需要负责。虽说男人大都生性花心，但只要妻子控制得好，他们也不是那么容易得逞的。

1. 出格男人的六个征兆

模范丈夫的表现大致相同，但背叛妻子的男人却各有千秋，当一个男人开始背叛的时候,他的言行举止里总会露出一些蛛丝马迹。

(1)男人开销突然增大

出格后的男人,为了讨别的女人欢心,是掩要吃饭、旅游、送玫瑰、买首饰、喝咖啡等这些必要的开支的,这才能体现一个男人的“绅士风度”和“浪漫”。男人为了留住这段风花雪月,只好拼命攒私房钱。如果男人没有额外收入,通常会找种种借口,不把工资如数交给老婆;如果有额外收入,男人也不会像从前那样分文不留全部上交老婆。有的男人甚至不惜戒烟、戒酒来省钱。

(2)经常加班

男人一旦有了外遇,总要在工作之外抽时间和情人约会,自然不能准时回家。老婆自然会打电话、发短信,询问男人怎么这么晚还不回家,和谁在一起。时间一长狐狸尾巴就露出来了。聪明的妻子若发现男人突然经常加班,便要引起注意了,最好电话联系一下他的公司证明一下,然后再想一个对策,解决男人的外遇问题。

(3)应酬太多

应酬对于男人而言,既体面又风光,好像没有应酬就不足以证明男人的能力,不足以证明他事业有成。女人也知道应酬多的男人交际都很广,也能给生活带来足够的物质保证,所以也喜欢有应酬的男人。于是,许多男人就会披着应酬的外衣,在外面堂而皇之地发展婚外情。

(4)心不在焉

当男人回到家里,不论干什么都心神不宁,尤其对电话铃声特别敏感,而且拒绝在妻子面前接听电话,或者接电话时说话声音很小,有种遮遮掩掩生怕被你听到一样。当妻子问他有什么事,他又会以蛮横的态度否认:“我能有什么事?你在怀疑我么?”若出现这种情况,可以十分肯定地告诉你:他在外面有了“情况”。

(5)懒于性事

如果你的男人在床上心不在焉,对你的所有暗示都漠不关心。如以往每次做爱前,你们都有“前戏”,现在却突然取消了;对于你风情万种的肢体语言、深情妩媚的眼波,他一点反应都没有。就算是做爱,也是例行公事,草草了事,完全是在应付,毫无激情可言。这时,你就该提高警惕了,男人的出轨往往是从对妻子身体的厌倦开始。

(6)朋友出面以证明他的清白

男人在外面晚归或经常迟迟不归被老婆怀疑时,经常会有他的哥们儿自告奋勇站出来替他澄清事实。其实,这些哥们儿都是和他一样的狐朋狗友。男人在外面花心,怕后院起火,最常用的伎俩就是把这些狐朋狗友推出来当挡箭牌,让妻子相信:他虽然夜夜晚归,但绝对为老婆守身如玉!

以上几种情况虽不能百分之百证明你老公确实有外遇。但是，如果上述六种现象他一应俱全，说明你们的婚姻已经出现了危机。

婚姻专家点评： 婚姻中出格的男人，只要细心的女人稍加留意，便会看出蛛丝马迹。若真有出格的现象，此时的女人不必为男人的出格而虎视眈眈、大动肝火，只需动用一点小智慧，就可以将你男人夺回来，赶走男人身边的“小狐狸”。

2. 男人容易出轨的六个关键时刻

男人在交际场合面临的诱惑越来越多，在传统道德观念受到强烈冲击的背景中，“外遇”几乎成了每个家庭都必须面对和防范的头等大事，一味地痛恨外遇、谴责外遇是没有用的。

虽说男人大都生性花心，但只要妻子控制得好，他们也不是那么容易得逞的。尤其是在以下几个男人容易出轨的关键时刻，只要把握住了，就可以及时对男人发招，做好预防措施，将出轨扼杀在萌芽期。

(1)夫妻分居

无论是什么原因造成的夫妻两地分居，都是夫妻之间最容易出轨的时刻。由于分居，身边缺少了爱人的体贴，心里一定会感到寂寞空虚，特别是漫长的夜晚。所以，两地分居的夫妻，一定要保持密切的联系，运用现代的联络手段如：写情书、发电子邮件、通电话等，尽量织起感情的天罗地网。如果条件允许的话，最好在节日或一些对你们有纪念意义的日子，如生日、结婚纪念日等，安排时间小聚一下更好。假如夫妻的分居是因为矛盾冲突而引起，则应冷静思考，切忌一味地赌气，避免事态发展到不可收拾的地步。因为赌气只能使人失去理智，使人在外寻求感情上的慰藉，出轨也就顺理成章了。

(2)女人怀孕前后

在这个时期的妻子往往自顾不暇，所以一些玩性未泯的丈夫，很容易表现出烦躁不安，偷偷向其他异性寻找生理上的安慰。为此，怀孕期间的妻子要努力克制自身的情绪波动，尽量保持自己的吸引力，尤其要让你的丈夫知道他将要做父亲了，利用这种添丁的喜悦来增进双方的感情。

(3)事业成功

丈夫经过努力，事业达到了辉煌，在社会上有了一定的地位，投怀送抱的机会也就多了起来，妻子除了高兴之外，自身也要有一种压力感，并努力把压力转化为动力，不断寻求进步。千万不能持夫贵妻荣的老调子，因为这只能令你坐享其成，不思进取。一旦丈夫觉得你跟不上时代的步伐，就可能自个儿往前跑，到时你只能望尘莫及,哭也来不及了。

(4)工作受到挫折

男人为了家庭的幸福和婚姻的美满,在不断地努力工作,假如你的丈夫正面临失业的处境,又假如工作不尽人意、事事都不顺心的时候,难免就会心情宕荡,茫然若失。如果这时得不到妻子理解和强有力的关杯与支持,很容易在别异性那里寻找安慰,此时作为妻子的你千万不能大意。

(5)婆媳关系不和

婆媳不和常常会累及婚姻,妻子处理不好也许会对自己的婚姻造成危害。婆媳不和对于丈夫是一个颇棘手的同题。当他无法处理的时候,就会置之不理,随其发展,到最后甚至是独自逃离。

(6)家庭中的变故

当家庭中发生一些重大事故的时候,夫妻双方都是很悲痛的,谁也不想看到这样的事情在家庭里发生。在这种巨大的悲痛之下,妻子整天埋怨丈夫,将会使丈夫不堪折磨,只好逃避,外出喝酒、赌博、夜不归宿,直至有了婚外情,弃家而去。所以,当类似情况发生时,指责、埋怨、愤恨、挣扎都是无补于事的,只有用平和、积极、共同进退的心态才能面对不幸。这一点对于比较情绪化的太太,尤其值得注意。

婚姻专家点评: 由于现代社会的诱惑太多,男人稍有不慎便会出轨。这就需要聪明的妻子,把握好以上几个丈夫容易出轨的关键时刻,就能事半功倍,保护幸福美满的家庭。

3. 及时发现老公的"异常"情况

一般而言,当老公在家里的行为习惯有了很大的改变时,通常就预示着某些不想让他人知道的事情正在上演。因此,当老公有异常情况发生时,就有必要引起女人的注意了。

(1)最近经常加班

老公近来总说要加班或者出差,在家的时间越来越少。虽然并不是所有的工作狂都代表感情出轨,但有些男人会在下决心出轨之前,渐渐从正常的家庭生活中解脱出来。这时,妻子最好婉转地和老公聊聊他的工作,或从侧面了解一下他的真实工作情况,但最好给他留有余地,不要正面挑衅。

(2)对你表示不满

倘若老公开始挑剔你的服装品味,经常对你做的事情鸡蛋里挑骨头,当你向他诉说工作的辛苦时，他却总是建议你去看心理医生。这时，他可能是希望你做得更好，但也可能是他在给自己出轨找借口。妻子最好弄清他的真实想法，看他下一步要怎样做，以便制订相应对策。

(3)抱怨不受你的重视

老公开始抱怨妻子有了孩子忘了老公，觉得妻子陪他的时间比孩子少，时常受到冷落。很多妻子生育后会把关注点放在孩子上，这很可能导致男性在其他人身上寻求重视，在不知不觉中出轨。最好的方法是尝试与老公深谈一次，告诉他现在孩子更需要照顾，但你对他的爱并没有减少。

(4)无话可说：拒绝交谈，甚至连目光都不会落在你身上

许多男人在婚后渐渐失去了同妻子聊天的兴趣，常常强调“我已经成长了，而你却没有”，并以此为理由拒绝进一步对话。妻子此时要率先打破沉默，与他对话。你要保持冷静，并鼓励他多提意见，帮你成长。

婚姻专家点评： 夫妻之间的生活习惯是很难改变的，毕竟两个人朝夕相处，卿卿我我。老公的一丝变化都会被细心的妻子发现，但发现老公有异常情况时，一定要慎重行事，把事实真相搞明白，最好不要捕风捉影，胡乱猜疑。即使没有问题，你的胡闹也会闹出问题。

4. 男人婚外恋的强盗理论

男人总能找到让你无法想象的充分理由来为自己辩解，有的甚至为婚外恋披上了理论的外衣。

在现代社会里，婚姻以外的恋情和婚外性行为，这原本比较敏感的话题似乎变得越来越平淡。可毕竟婚外恋对家庭和社会，还有那个插足者都在不同程度上造成了心理上的伤害，尤其对家庭中的成员妻子和孩子造成的伤害更为严重，原本幸福美满的家庭，就因为男人自己的私欲而给家庭带来了严重的伤害。

(1)瓶子理论

两只蜗牛掉进了一只看似精美的瓶子。女蜗牛装了一肚子的委屈和怨气，于是倒在男蜗牛的怀里哭泣，诉说着内心的痛苦。男蜗牛这段日子心里同样不好受，于是也把郁闷统统倒了出来。因为同病相怜，他们紧紧地拥住了对方。

这个看似完美、无懈可击的瓶子理论，给婚外恋套上童话般的衣裳，实质上却非常牵强，稍加思考便可看出他的强盗嘴脸。至少，以婚外恋来惩罚自己不满意的婚姻，是可怜的。而那个不经风雨的瓶子，无意间被一粒沙子给砸破了。两

只蜗牛最后竟然连一句再见的话都没说一声，便各奔东西了。他们依旧得回到各自的家庭“承受痛苦”，并且从此背负起背叛婚姻的罪名。

（2）掌声理论

在幼儿园里有一个很会跳舞的小男孩，特别是霹雳舞跳得很棒，每次上台表演下面都会响起掌声。可有一次，无论老师如何劝说他都不肯上台了。老师问他为什么，他嘟囔着小嘴说：“丽丽今天没有来，我看不见她为我鼓掌，所以我今天不想上台跳。”原来丽丽是他的女同桌，今天家里有事情，请假了。所以说，来自自己所中意的异性的认可，是男人本能的渴望、至高无尚的荣耀和激情的源泉。

有这种想法的男人，至少是顽固不化的男权主义者。再深究下去，还会发现，真正的罪魁祸首，是他们的人生观和价值观出了故障。他们拿所谓的“掌声理论”为婚外恋找借口时，实际上已露了原形。

（3）扇区理论

将人的情感比喻为一个圆型的话，那每个人的情感可以分成若干个扇区，从概率论的角度来讲，妻子可以占据丈夫的扇区面积，正常情况下很难达到100%，总会存在空白区域。剩下的那一部分怎么办？有些男人便不忍荒废，于是顺理成章地有了婚外恋。

和谐美满婚姻的缔造与维护，除了靠真切的爱情，还需要什么？扇区理论的支持者一定不知道。因为在他们心里，在爱情中遵守伦理道德简直可有可无。他们以为，一张磁盘唯有全部装满方能体现出它的价值。可是他们却不明白，往磁盘里存入一个带有病毒的文件，就算文件小得可怜，被破坏的依然是整张磁盘。

婚姻专家点评： 男人的这些强盗理论，看起来很是完美，让人听起来也似乎合情在理，其实他们是在不懈余力地为自己犯下的错误找一个合理的借口，让人感觉到他之所以这样是出于无奈，是被迫的，是不想为而为之的。但是，聪明的妻子在这张嘴脸的后面一定会发现那颗无耻的心，揭开这张不知羞耻的嘴脸。

5. 正视婚姻的“七年之痒”

男女婚姻到了第七年，极易产生求新求变的欲望，进而造成感情、婚姻上的裂变。从此，“七年之痒”成了婚姻中一道必须慎重逾越的关口。七年之痒没有一个明确的时间界限，只不过说了婚姻的一个变化过程：热恋——结婚——无趣——厌倦——逃离。基本是在七年左右，婚姻过于熟悉，新鲜感完全丧失。

谈到婚姻的转折，最常听到的一句便是“七年之痒”。其实，现代人的婚姻，往往等不到七年，便已“痒不可支”。

重视婚姻里几个关键的时刻，往往都是婚姻最脆弱的时刻。激情的厮守是否变成无味的相对，甚至最终分手，作为当事人并非完全不可把握。预知这些时刻，调整好自己的心态，去认真面对。可以说，这才是避免夫妻关系危机产生的重要秘诀。

(1)爱情过早耗尽的时候。“先立业后成家”的口号时时有人挂在嘴边，而更多人未说出的理由其实只是“我还没有玩够”。而婚姻的第一个重要时刻，便是结婚的时机本身。最佳时机如何判断？最简单同时又是最重要的一个标准，就是你最爱对方的时候。选择最相爱的时候结婚，无疑是给了婚姻一个最佳态的开始。好的开始是成功的一半——这句话你一定听说过。

(2)职业生涯的第一个高潮。工作有时候像一个漩涡，能把人深深地拖进去。事业当然重要，但如果因为事业而牺牲了家庭，这是否值得，一直是人们谈论的话题。简单来说，如果你还爱这个家，那么在必须做出一些牺牲才能维持这个家的时候，你认为自己该犹豫吗？职业生涯的第一个高潮，往往会使年轻的时代宠儿欣喜不已。全情投入的同时，却忘了自己的家庭如同公司一样，需要悉心经营。如果你能顺利度过这个极容易影响婚姻的时期，那么以后，你会比较容易正确地处理工作与家庭的矛盾。

(3)一方充电的时候。充电本身永远都是对的，如何适应充电带来的一系列变化，如价值观、人生观的改变，婚姻中的双方都需及时调整。与之相类似的情况是一方在人生道路上取得一个飞跃之后，糟糠之妻或之夫如果一味责怪对方“变了”，这是非常不明智的。倘若因为一方取得了进展，反而牺牲了原本和睦的感情，未免太过遗憾。所以，把你充电的理由及收获及时与伴侣分享，并鼓励伴侣也去充电。

(4)被认为没有问题的时候。永远都别认为你的婚姻绝对不会出问题。当你这样想的时候，问题已经很有理由出现了——由于你的忽视。应该随时了解和关注你的配偶。从经济学的角度来说，预防所需要的成本是最低的，最积极的预防也比最简单的补救来得轻松易行。

婚姻专家点评： 婚姻的七年之痒多半是性爱之痒和缺少激情浪漫。当性爱出现疲惫时，也是婚姻疲惫的关键开始。这时的男人就会在外面经意或不经意地寻找能带给自己激情燃烧和浪漫的女人。所以，必须要注意婚姻的经营方式，一定要注意防止“七年之痒”的发生，因为这对婚姻是具有毁灭性的危害。

6. 识别婚姻里的八大埋伏

有人说得好："当妻子站在卫生间，默默地一件一件地洗着衣服的时候，而丈夫正拿着一张报纸，在沙发上看得津津有味的时候，一场时时有机关、处处是'埋伏'的战争，就已经静悄悄地开始了。"婚姻里的小埋伏那是天天都存在于夫妻之间，但可以影响到婚姻和美的大埋伏却要加以注意了。

（1）仓促结婚会留下隐患

假如一方被爱情冲昏了头脑，立刻就跑到婚姻登记处，心想赶紧套住这个人。可是等到链子真给套上了，才发现这个人并不是自己要找的理想中人。还真成了鸡肋一块，食之无味、弃之可惜。

但婚姻也没有必要像有些人说的那样"恋爱两年、同居三年"，为婚前的共同生活时奠定一个硬性的标准。只有在了解对方的基础上，让心理有所准备，并且也具备一定的现实基础之后，婚姻生活才会有一个美好的开始。

（2）对方过分忙碌与冷淡留给婚姻的遗憾

忙碌对家庭而言是件好事。但是因忙碌却忽略了夫妻间原本就应该存在的感情，或者也因此冷淡了对方，这好事也难免会变成坏事。有一些人就是因为"忙"，没有时间和对方很好地沟通或者根本不沟通，结果造成家庭破裂和双方各奔东西。婚姻本来就是一场战争，它不是以放弃现在的代价去换取将来。可以肯定的是，夫妻间的感情就像养花草一样，需要双方不断地浇水施肥、用心照料才不至枯萎。

（3）孩子成了沟通感情障碍的"第三者"

很多人把孩子比喻为爱情的结晶。爱孩子本身是没有错的，有时候，作为新妈妈的妻子由于忙碌照顾宝宝而对丈夫有所忽略，其实这也无可厚非。只是你不能忘记身边的另一半同样需要你的爱，这种爱和对孩子的爱是截然不同的，它会更简单和更宽容。比如你在为宝宝选购奶粉的同时，没有忘记顺便给丈夫买件衣服或者一条领带，对方就会很满足了。

（4）生活越来越平淡，了无生趣

日子平淡也有错吗？俗语讲"平平淡淡才是真"嘛！但心理学家却不这样说，从古到今多少年来，一直在情感上有两种内心的矛盾缠绕着人类：一方面人们总想在这个缺少安全感的世界里寻求平淡安稳；而另一方面，平淡就意味着被束缚，这种选择是以失去生活情趣为代价的。所以，恐怕也只有寺院里的得道高僧，能忍受如此的寂寞与平淡了。除此以外，世上正常人没有一个可以真正忍受得了长期平淡生活的。也许结婚了，有更多的事情需要面对，不可能再像恋爱时那样天天疯狂。然而，一个小小的意外惊喜，就足以令平静的情感湖面涌起一道道美丽的波澜。

(5)彼此期望的落空

在社会学家的眼里,期望的落空是幽默产生的渠道之一。比如,你期望一只母鸡能生出一个鸡蛋,而它屁股后却落下来一盒香皂,人们就会哈哈大笑。同理,当你对所爱的人期望有所落空时,你会不会也去笑一笑呢?其实那笑容中包含了你对他的宽容、理解与鼓励。

(6)吵架和伤害的区别

吵架和伤害对方是有区别的。如果双方只是带着愤怒的表情发表不同观点,这是吵架;如果还要顺便侮辱一下对方的人格、践踏一下对方的自尊,这就是伤害。吵架可以做到“床头吵架床尾和”,伤害却会留下阴影,对方也许不会说出来,心里面却可能一辈子都难以消除。朋友可以容忍你的缺点,但绝不可能容忍你的缺点对他造成的伤害,夫妻之间也是如此。

(7)差距在不经意间扩大

男人和女人之间本来就有差距,比如女人喜欢罗曼蒂克,男人却喜欢诺曼底;女人喜欢时装,男人喜欢的却是穿时装的模特。对于夫妻来说,在生活情趣、价值取向、兴趣爱好等方面有所差距,不仅能让二人世界更加丰富多彩,还正好可以符合那个“互补”的规律。怕的就是在这些差距之外,却找不到两人之间共同的情趣点。如果没有及时的交流与沟通,没有彼此的帮助与调整,终有一天会产生一股莫名的厌恶之情,那时看他哪儿都会觉得不顺眼了。

(8)在感情生活上缺乏色彩

有人说,夫妻间的爱情终究是要变质的,由美丽浪漫的爱情演变成血肉相连的亲情。这是因为婚姻比恋爱实际而漫长。于是在这种实实在在的婚姻之下,感情生活处于“疲惫”状态,不再有“创新”,变成了油盐柴米中一根根粗硬的线条。其实男人如果经历的风雨多了,就会有深度;女人如果居家的日子久了,也会当现成熟女人的魅力。成熟男人和成熟女人身上的魅力,绝对是一道亮丽的风景线,重要的是应该懂得如何在对方面前去展示,懂得如何找到新的方式来表达彼此的爱慕与眷恋,而不能仅仅是因为有一份共同的婚姻生活,就让这一切失去了色彩感。

婚姻专家点评: “走进婚姻的殿堂就万事大吉了,心爱的男人就是属于我自己的了”,这种想法是要不得的,也是很幼稚和不成熟的。在婚姻中到处都有埋伏、到处都有危机,稍有不慎,辛辛苦苦建立起来的婚姻便会毁于一旦。所以婚姻需要时时、刻刻的呵护和监控,九能幸福美好。

7. 七个地方高挂节能灯

现在社会中的各种诱惑太多，金钱的、情感的，使人防不胜防，稍不留神就掉进了别人的陷阱。所以在交际中，一定要时时挂起节能灯，为自己省点电，免得以后给自己带来不必要的麻烦或者惹出些流言蜚语。

（1）网络

无论你是否在网恋，或者仅仅是对网络中每天和你“共度”的人的依赖，这份感情都无疑是泼出去的水，覆水难收。一万个美好的未来，抵不上一个温暖的现在，网络那边的人再怎么懂你，也不会出现在你家陋室的厨房里为你烧饭。所以，删除掉那些姓名不详、面目模糊的QQ和msn。这样，情感不仅仅被有效节约下来，还避免了被伤害导致“亏本”的可能。

（2）办公室

和珠联璧合的人一起工作，堪称绝佳享受，但因此而衍生出来的过多的情感，却属于需要节约的范畴。一旦突破了心照不宣的暧昧，随之而来的大多是公私不分的混乱和麻烦，所谓甜蜜也成了饮鸩止渴。

（3）金钱

人人都喜好钱，但是太过了就不好了，如果想要收获感情，最好先适当控制对金钱的欲望。

（4）聚会

聚会是点到为止的社交活动，如果一个人有赶赴不完的聚会，那他很可能就是个寂寞无边并且恐惧孤独的人。奔波在各种各样的聚会中，认识各种各样的人，耗费了大量的情感和精力，因为疲惫而没有结余给自己。回到家里已经没有力量说话，直接阻碍了和爱人、家人必要的情感交流。

（5）知己

人生得一知己足矣，可惜知己往往不是老公，所以这位仁兄对于你来说，其实一半是天使、一半是魔鬼。而他到底是什么，决定权在你手里。能够节约好自己对他的情感，那他就是天使。

（6）艳遇

精致的女人大多“早早的有了婚姻，却迟迟断不了艳遇”。随时发生的爱情如同质量上好的精华素，让青春常驻红颜。旅行、出差、星巴克喝一杯咖啡的时间，都有故事上演。不过，就如同精华素不宜过早过多地使用一样，艳遇中的情感也需要节约甚至吝啬些。

（7）善良的利用者

有时候你的朋友、同事，甚至上司，每次都是制造麻烦以后来求你可怜，但是得到帮助以后对自己的“恶行”依然不思悔改，借的钱不还，还不断地借，吃定你的善良，利用你的宽容。你一次一次心软，一次一次被辜负。谁也不是谁的上帝，收回廉价的同情心，这不会换来她（他）最后的改观，只会让你在她（他）心目中越来越像傻瓜。

婚姻专家点评： 女人的情感太过于丰富，一不小心就会付出。在工作中、在社交场合，这些容易付出情感的地方，还是要保持清醒的头脑。节约一下自己的感情，多为自己想想，也为婚姻多考虑考虑，不要因为自己的不慎而给家庭带来伤害。

8. 把多情的老公扼杀在出轨的边缘

单凭一种迹象，还不足以证明男人已经出轨；可是如果他真地出轨了，一定会情不自禁地流露出以下痕迹。

前面已有论述，男人出轨有很多原因，有的是长期的分居造成性的渴望；有的是因为夫妻之间感情发生了裂缝；还有些是感情过于丰富，追求更多的所谓爱情需要。那么夫妻在生活中一旦出轨，必然会或多或少表现出来，及时发现才会将这种不好的势头扼杀在萌芽之中。俗话说，不怕一万，就怕万一，幸福的婚姻是需要呵护的。

（1）他突然不再吃醋了。如果除此表现之外，他还没有太过明显的动作，那么可以说明此时只是处在出轨的初级阶段，只要处理得当，将男人的出轨扼杀掉还是没有问题的。一般男人变心往往是从女人对自己的忽视开始的，再旺盛的火焰如果从不添柴也总有烧完的时候，所以最好检讨一下自己平日是否的确冷淡了他。其实，男人的内心有时像个孩子，要时不时地哄哄他，宠宠他，让他对你永远都有兴趣。

（2）他对你的身体失去了往日的热情。结婚多年的夫妻之间出现这种现象并不奇怪。男女之间，性的吸引不会永远新鲜刺激，当激情归于平淡，性行为习以为常之后，一些新的性感符号会对他产生冲击。由于夫妻之间依然相爱，这种冲击还没有对婚姻造成实质性的伤害，此时还可以修补和改进，但这已经是一个危险的信号，需要引起高度重视。还有就是由于“审美疲劳”的症结作祟，可以试着改变一下自己的形象、卧室环境，尽量在生活中加入全新的元素。有时间咨询一下性爱专家，在夫妻的性生活中增加新奇、刺激的方式，以使性生活趋于完美。

（3）他突然变成火药桶。当男人突然变成火药桶，那十有八九是他感情已经另有归属。男人的背叛大致可分为两种类型，有人念及情分，不愿意做得太离谱；有的人完全不念旧情，只想尽快与你有个了断，为新的感情扫平障碍，这时

他的言行举止就会超常狂躁，甚至缺乏理性地伤害到你的身心，故意找碴儿打架。所以，当男人有了此类举止，多半是选择离开你的前奏。这时你要好好想想自己，你还爱他吗？还有必要挽回这段婚姻吗？爱是非理性的，但是你挽回爱的行动应该是理性的，对方越是暴跳如雷，你就得越是平静如水，用你的柔弱对刚强，也许你还有赢的可能。如果你确认他不再属于你，你也不想再属于他，这时你最聪明的做法就是放手。

（4）突然特别亲热。他的态度突然变得特别亲热，很有可能是为了掩盖着什么，虽然仅以此还难以判断他是否已经出轨，但却是一种信号，值得警惕。经过仔细观察确认他有出轨的行为后，你也不要急于行动。看他还能否对你表现出亲热，即使是假装的，也至少说明他还在乎你，也许此刻他正处于矛盾之中难以取舍。如果此刻你采取过激的行为，反而会令他反感，只能加速你们婚姻的破裂。这时的你最适宜采取“温柔策略”，一如既往地对他关怀备至，甚至可以设计一些让他惊喜而又合其口味的浪漫温馨的场景，以加重在他的天平中你这一方的重量。任何人都会选择他认为最好的、最适合自己的女性作为终身伴侣，你的“任务”就是让自己做到最好。

婚姻专家点评： 虽说男人出轨已经不再是什么新鲜的话题，但谁也不愿意遇到这样的事情。当男人有风吹草动，露出蛛丝马迹，值得怀疑的时候，就要把他扼杀在出轨的悬崖边。

9. 封杀“花心”丈夫秘笈

俗话说：“十个男人九个花。”假如你心爱的男人走在大街上，看着眼前的美女目不转睛而忽视了你的存在，但当你问他原由时，他往往会说：“爱美之心人皆有之。”

（1）花心的男人很容易受到身边女人的影响，从而选择不同品位的服饰，不同品牌的香水、烟、酒等。一旦他突然改变了习惯，很可能就是他的身边有了别的女人。

破解秘笈：买一串项链给他，嘱咐他每分每秒都要戴着。如果他约会别的女人，就一定会摘下这串项链，因为戴着妻子送的饰品去和另外一个女人亲热，那就很尴尬了。你只需静静地观察，并细心地“关心”他是不疏漏就可以了。

（2）女人一般都有自己钟爱的香水品牌，所以如果有一天他的身上残留着陌生的香味，那他就很可能是与别的女人有染了。

破解秘笈：花心男人在与其他女人约会后，身上一定会留有那女人的气味，

如果你发现他把早上刚穿的干净衣服放到洗衣机里，那就一定是有问题了。

(3)花心男人一般都很狡猾，伪装得十分隐蔽，不露一点马脚，令你无从发现。但如果与他相会的另一个女人和你相熟，那么破绽就出现了。

破解秘笈：破绽就出现在与你熟悉的那个女人身上。女人都有一种独占欲。所以，你会发现她对花心男人细心而温柔，对你却躲躲闪闪，甚至抵触，那么就没有比这更能说明问题的了。

(4)刚和另一个女人鬼混完就来到你的身边，花心男人也会心怀愧疚。因此，他会无来由地大献殷勤，例如帮你洗衣服做家务，或送你小礼物。

破解秘笈：和他缠绵一番，当他心怀激荡的时候，在他的耳边轻声地说："昨天，我的一个朋友看到你……"如果他心里有鬼，一定会马上反问："看到什么了？"

(5)为了有时间和其他女人约会，花心男人经常谎称自己工作忙，需要加班，或者有生意上的应酬。

破解秘笈：打电话到他的单位，看他是否真的忙着工作，或者打电话给他的朋友，看对方说话是否语无伦次。这件事也可以让你要好的朋友去做，这样更稳妥一些。如果结论是他说了谎，那你就需要重新认识这个男人了。

婚姻专家点评： 虽说男人天性就花心，但也需要有机会发挥，如果女人控制得好，一见苗头便封杀掉他赖以生存的土壤，那男人的花心也就自个儿枯萎了。只要女人能够把握住，处理的方法得当，细心呵护好自己的爱巢，便能够保护好自己幸福美满的婚姻不受侵犯。

10. 赢回变了心的老公

要扭转婚姻危机，首先要改变自己。

现代社会发展日新月异，作为女人，怎么才能不被时代所淘汰？怎么才能赢回变了心的老公？下面以这个真实的例子，体会一下这个家庭的女主人是如何处理这种情况的。

2003年元月，元元和老公一起从哈尔滨来到北京做生意。

白天忙完后，他们经常一起上网。就在那个时侯，她的老公和网上的一个女孩聊得热火朝天，不亦乐乎。后来，元元无意间竟然在老公的手机上看到了那个女孩发来的短信，从短信的内容上看，那个女孩已经对她老公有些动情了。

元元平静地问老公这个人是谁。她老公说网上随便聊聊的，是江苏的，就算谈到爱，也不可能那么远见面。于是，元元并没有惊动老公，悄悄进入老公的QQ里，看他们两个人的谈话记录。

元元发现那个女孩根本就不是江苏的，而是浙江宁波的，而且她老公居然

还对那个女孩说他是单身。元元当时气得肺都要炸了。

但元元不甘心失败，不抛弃、不放弃，“要想尽一切办法，要挽回老公的心。”元元心里想着。

有一天，直到半夜元元的老公才回来，醉醺醺的。走进来，口齿不清地说，“元元，我给你买了点宵夜，有点凉了，给你热热。”不等元元回答，他已往微波炉走去。看着他的背影，元元很是感动。

“他对我，仍然是有感情的呀。我不愿意相信任何一个与他陌路相逢的女子，能抵足我在他心中的份量。”元元心里想着，眼泪差点掉下来。

元元走出门去，给老公冲杯牛奶，老公有点受宠若惊，接过去一口喝了，烫得龇牙咧嘴。元元嗔怪说，“瞧你急的。”

元元的老公有点发愣，看着元元呆呆地笑，半晌才说：“老婆你好久没对我这么好了。”

元元一怔：“我不过是给他倒了杯牛奶，就算是对他好了吗？”

元元心里不由得暗暗惭愧。“自从到北京后，我整颗心都放在生意上，不仅疏忽了对他的关怀与照顾，对他的感受也从来没有顾及。”

一瞥眼间，元元看到老公袖口上，一颗纽扣正摇摇欲坠。元元忙说：“来，把衣服脱下来，我给你钉扣子，都快掉了。”

拿着他的衬衣，元元心里不禁感慨：“这衣服不正像我的婚姻吗？如果我不及时地把扣子钉紧钉牢，衣服就会受到风雨的侵袭，穿衣服的人也会因此患上或许很难治愈的重感冒。”

元元的心里虽是波涛汹涌，但还是尽量保持表面上的平静。

元元和老公聊起了一些生意上的琐事，正说着，元元老公的手机“叮”一声，他抱着元元的双手僵硬了一下。

元元不动声色地捅捅他，有人给你发短信呢。元元的老公说，估计是那些乱七八糟的短信，不用理的。

元元笑着不语，走进了卫生间。透过虚掩的门，元元看到他着急地看起了短信，手指还飞快地摁开了手机键回短信。元元看着镜子里的自己，捏紧了拳头鼓励自己，加油！

他们的生意越做越大。元元又从老家找来两个亲戚，都是20岁的小姑娘，帮自己看摊位。这样，她的时间一下子多起来。元元用这些时间找工作，去美容院、健身房，在图书馆一泡就一下午。等她老公回来，迎接他的是一个干净整齐的家，一桌子热腾腾的家常小菜。

元元看得出他很快乐，吃了饭就和元元一块看电视。这其间元元屡次听到他的手机短信叮铃的声响，却被兴致高涨的他忽略了。趁着剧中一个惊骇的情节，元元扑到了老公的怀里……

欢爱过后，元元沉沉睡去。半夜里醒来，手下意识地伸过去，元元才发现他

并没躺在身旁，元元起身一看，书房里亮着灯，发现老公正坐在电脑前噼啪地敲着键盘。

元元闭闭眼，忍住将要夺眶而出的泪水，去厨房冲了杯牛奶给他。他有些慌乱，元元轻声说："别太累了。"

回到床上元元再次动起了心思，看来温情政策的力度不够挽回他流落在外的心思呀，也许元元得来点强硬的。

找了个牵强的借口，元元买回了台笔记本电脑，晚上吃完饭就趴在电脑前。偶尔与她老公的交谈中总是不经意地提起，网上真是什么东西都有，真神奇！又故意地请教他，怎么在网上写博、论坛发贴，怎么用 QQ 查找好友，并一再地懊悔没有早日学会上网，真是可惜了。

他开始用探究的目光打量元元。

后来，元元交了个网友，并且与他还建了个爱情公寓，甚至还弄了个博，专门记载元元在婚姻与外遇之间辗转徘徊的挣扎心情。周末出门前，元元故意装作忘了关掉电脑，好让老公轻而易举地发现秘密。

事实上那一晚，元元不过是与大学时的旧日同窗去 K 歌了。元元与自己赌了一把，"我也已经做好了准备，如果他爱我，他会试图挽回我；如果他不爱我……不不不，关于这一点，我根本就不愿意去想！"元元后来跟他的好朋友说。

晚上回到家已是凌晨一点了。元元的老公正在家里拖地板，元元打个哈欠说："我去睡了。"

不一会儿，元元的老公也上了床。元元背朝着他，他突然一把把元元紧紧搂在怀里，像个孩子似地哭起来。

元元吓了一跳，推推他，老公呜咽着说："老婆，我爱你。我不能没有你。"

元元被他的情绪感染了，不由得抱紧了他。

第二天还没醒来，元元的老公过来掀元元的被子了，嘴里叫着：懒鬼老婆起床啦。元元一翻身坐起来，两口子闹成一团。

如今几年过去了，元元和老公已经有了爱的结晶。而在他们的 QQ 里闪动的头像也都是他们的朋友，聊天大都是多方语音聊，嘻嘻哈哈聊得不亦乐乎。

婚姻专家点评： 虽然元元为了挽回老公的心颇费了些周折，但听完她的故事，我们觉得这些周折很值得。她至少让很多处于婚姻危机状态中的女人学会了一件事：要扭转婚姻危机，首先得改变自己。很多人在婚姻出现问题时总会将问题的焦点集中在第三者身上，而忽略了婚姻本身存在的矛盾。能走入婚姻的两个人至少当初是深爱过的，当感情出现危机时，首先应该想的是问题的症结在哪里，只有解决了内部矛盾，才能彻底抵抗外部的攻击。反之，就像治病只治标不治本，即使这次好了，当更强的病菌袭来时，还会不会那么幸运呢？